天津外国语大学"求索"文库

公共服务组织间合作网络供给研究

李洪佳◎著

天津出版传媒集团

天津人民出版社

图书在版编目（ＣＩＰ）数据

公共服务组织间合作网络供给研究 / 李洪佳著. ‐‐
天津：天津人民出版社，2020.6
（天津外国语大学"求索"文库）
ISBN 978-7-201-15714-6

Ⅰ.①公… Ⅱ.①李… Ⅲ.①社会服务—研究—中国
Ⅳ.①D669.3

中国版本图书馆 CIP 数据核字(2019)第 282191 号

公共服务组织间合作网络供给研究
GONGGONG FUWU ZUZHI JIAN HEZUO WANGLUO GONGJI YANJIU

出　　版	天津人民出版社
出 版 人	刘　庆
地　　址	天津市和平区西康路35号康岳大厦
邮政编码	300051
邮购电话	(022)23332469
电子信箱	reader@tjrmcbs.com

责任编辑	郑　玥
封面设计	刘　帅　汤　磊

印　　刷	天津新华印务有限公司
经　　销	新华书店
开　　本	710毫米×1000毫米　1/16
印　　张	17.25
插　　页	2
字　　数	260千字
版次印次	2020年6月第1版　2020年6月第1次印刷
定　　价	78.00元

天津外国语大学"求索"文库

天津外国语大学"求索"文库编委会

目 录

► 第一章
　导　论

第一节　问题的提出与研究意义

一、问题提出

公共服务供给方式的选择受到经济与政治环境的影响。20 世纪初期,世界上大多数国家都把政府垄断作为提供公共服务的唯一方式。这种供给方式的选择主要受到市场失灵的影响,认为政府垄断供给可以解决市场失灵所带来的公共服务供给不足的问题。政府通过等级的官僚制来提供公共服务,在提供公共服务的过程中形成了权责明确的"命令 – 服从"的关系,并认为政府"只要执行专业但无需判断力的日常工作任务,公共管理者就可以赢得认同"[1]。伴随着西方国家经济的突飞猛进和人们需求的日益增加,这种政府垄断的供给方式使政府财政赤字不断加大,政府部门人浮于事,公共服务质量和效率低下。

20 世纪 70 年代, 一些学者开始倡导改革传统的政府垄断的供给方式,认为政府并不是万能的,它过分地关注程序而忽视了顾客的需求,建议用企业的管理方法来改革政府。这场运动被称为"新公共管理"。新公共管理的前提假设是无论是公共部门还是私营部门都可以使用相同的管理方法, 从而打破了政府与市场之间的厚厚壁垒。新公共管理的主要原则是分权的政府、引入竞争、顾客导向、结果导向、注重服务供给的效率。虽然新公共管理打破了传统的政府垄断供给公共服务的地位, 使公共服务供给由单权力中心向多权力供给主体转变,但并没有改变政府的中心地位,其他供给主体在供给

---

① 姚引良:《地方政府网络治理多主体合作效果影响因素研究》,《中国软科学》,2010 年第 1 期。

体系中仍处于边缘地位。而且由于强调竞争,新公共管理导致了公共服务的"碎片化"。

早在1967年,来自不同研究领域的学者已经意识到许多公共问题具有动态的复杂性。这种复杂性主要表现为:①很多的公共问题很难界定其因果关系,即对于问题是什么及如何解决该问题很难达成一致意见;②很多的公共问题是由多元的、相互重叠的、相互联系的次问题组成的,这些次问题涉及不同的领域,跨越不同的政府层级。这种问题的解决需要整合不同政府部门的职能,整合不同政策领域的职能,整合公众、专家和政府的职能,整合不同的资源。"治理"被看成是应对这种问题的有效方法。治理意味着政府和社会关系的转变,即政府是在一个复杂的社会环境中运作的机构,而不是孤立存在的。在治理的框架下,不仅需要社会自治力量来协助政府进行社会管理,而且应当是政府与社会自治力量一道去进行治理,从而形成多元合作的局面。随着后工业社会的带来,人们对公共服务需求的复杂化程度也在不断增加。一方面,人们对公共服务需求的异质化特征越来越明显,另一方面,人们对公共服务的要求也越来越高。因此,为了更好地满足公众的需求,各国都把公共服务的合作供给作为提供公共服务的有效方式。

中国也一直在探索公共服务供给模式的创新。公共服务的供给从计划经济时期的政府对于所有的公共服务职能的大包大揽,变迁到20世纪90年代的公共服务的市场化改革,再到党的十七大提出的"建立健全党委领导、政府负责、社会协同、公众参与的社会管理格局",直到党的十九大提出的"加强社会治理制度建设,完善党委领导、政府负责、社会协同、公众参与、法治保障的社会治理体制"。这些改革的推进,打破了传统计划经济体制下政府垄断的公共服务供给模式,公共服务供给的主体从单一的政府部门扩展到包括政府部门、私人部门、社会组织等,公共服务供给的方式也由单方垄断过渡到多元主体间的合作。多元主体间的合作供给是需求的结果,也是人们理性选择的结果。它对于提高公共服务供给的效率,满足公众的需求,解决人民日益增长的美好生活需要和不平衡不充分的发展之间的矛盾具有积极的作用。

我国的公共服务合作供给在实践应用中仍存在一些问题。我国的公共服务合作供给只是强调公共服务供给中的多方参与,但却无法给出多方主体参与的具体框架,试图整合政府、市场和社会组织等多种力量,却缺少明确的操作规程,从而导致了公共服务合作供给在实际应用中的变异。不同供给主体间的合作关系不是建立在平等协商基础上的有机团结关系,而是以政府为中心的"中心－边缘"式的机械团结关系。虽然在供给公共服务的过程中,政府已经注意到了私人部门和社会组织的优势,但重心仍过多地放在了政府身上,没有给其他供给主体自由的发展空间,充分表达的机会和平等实现利益的途径。为了维持与其他供给主体间的关系,政府建立了一套基于合同的问责机制。合同能够约束不同供给主体的行为。但不同的供给主体参加合同是为了保证或者提高自身的福利。对于供给主体来说,参加合同的目的非常明确,那就是对个人利益的追求。这种目的是很自私的。如果人们只是为了履行合同而进行互动,那只能称得上是协作,而不是合作。这种协作关系使得双方主体在合作的过程中仅仅交换彼此所拥有的运作性资源,而忽视了合理性资源的交换。此外,还有一个问题在我国的公共服务合作供给中比较常见,就是合作关系基本上是一次性的。随着公共服务供给的完成,合作关系也走到了尽头。这种"一次性的买卖"不会使合作主体珍惜未来的合作机会,从而在合作的过程中会存在投机的行为。

公共服务多元合作供给为解决我国公共服务供给中存在的问题找到了出路,但在合作的过程中需要新的理论在细节和微观层面促进合作关系的发生和发展,以期达到最佳的合作效果。因此,本书的主题就是如何为不同供给主体间合作提供细节或微观层面的支持。为了破解公共服务合作供给研究的瓶颈,同时更是为了促进实践中不同供给主体间关系的优化,亟须以新的理论、新的视角、新的分析框架来形成对不同供给主体间关系的重新认识。组织间网络作为回应时代要求的一种新的公共管理理论,以多元合作主体之间的交换关系而不是行动主体本身为研究视角,不仅吸收了交易成本经济学的部分研究成果而且还融合了社会网络理论,从本质上看既包含了合作的价值理性,又为合作的实现提供了机制,因而具有工具理性,更符合我国公共服务供给的实践。所以本书提出将组织间网络理论应用到我国公共服务供给的实践中,将公共服务的组织间合作网络供给作为实现公共服务合作供给的路径选择。那么公共服务合作供给为什么需要组织间网络?组织间网络能为不同供给主体间的合作提供什么样的支持?公共服务组织间合作网络供给应该如何建构？它在实际应用中应该如何运作？公共服务的组织间合作网络供给的构建和运作需要什么样的支持和保障？本研究正是围绕这几个问题展开的。

二、研究意义

1.1.2.1 理论意义

本书试图超越传统的政治学、行政学和经济学关于公共服务合作供给所进行的研究，引入社会学的社会网络理论、企业管理的组织间网络理论，应用多学科的研究成果，开启公共服务合作供给的新的探索之旅。本研究具有重要的理论意义：

首先，在研究中引入跨学科的理论——组织间网络理论。组织间网络理论发端于社会学，后在组织学和企业管理等学科得到了广泛应用。公共管理学中应用组织间网络理论的研究还处于起步阶段，已有的研究对组织间网络理论的引介还停留在概念的阐发阶段，没有系统地讨论组织间网络理论在公共管理学科尤其是公共服务合作供给中的适用性问题。本书在这方面尝试着进行突破。

其次，丰富了公共行政学理论体系。公共行政学是综合性、边缘性的独立学科，这是其最大的学科优势也是最突出的特点。因此，行政学在发展过程中需要不断借鉴来自各个学科的知识来丰富和完备自身的理论体系，本研究应用多学科理论知识的尝试无疑会对公共行政学理论体系的发展，尤其是公共行政学理论体系中的政府职能理论和组织理论等起到促进作用。

最后，通过区分公共服务合作供给的工具理性和价值理性，深化了对公共服务合作供给的微观操作层面和细节的认识，为公共服务的合作供给提供了新的理论，从细节和微观层面促进合作关系的发生和发展，从而达到最佳的合作效果。

1.1.2.2 现实意义

随着服务型政府的提出，政府开始把提供公共服务放在首位，不断加大对公共服务的财政投入,并开展与私人部门和社会组织的合作。但从现有的合作情况来看,我国目前的公共服务多元合作供给是一种以政府为中心,以其他组织为外围的中心 – 边缘结构,把视线过多地放在了政府身上。多元化还处在一个较低的水平上,是政府可以控制的多元化。这种多元合作供给并没有从根本上解决我国公共服务供给效率低下,缺少回应性和分配不均等问题。公共服务的合作供给需要整合不同参与主体的力量,促进各个参与主体间形成高效的合作机制。本书提出的公共服务的组织间合作网络供给不仅强调公共服务的多元参与,还注重参与主体之间的关系和结构,对于形成不同参与主体间资源共享、优势互补的合作关系具有重要的作用。因此,本书对于解决我国目前公共服务供给中存在的问题,优化合作供给模式具有一定的现实意义。

第二节　相关研究综述

一、国外研究综述

1.2.1.1 公共服务供给的理论和模式

美国最早的公共服务供给通常是由个人或志愿者提供的,政府不再是公共服务供给的主体。正如库克在其文章中所指出的:"在美国的一些地区,公民每年选举人员来完成诸如维护和平秩序、维修道路、征集税款以及其他需要等。"[①]但随着公共服务需求总体上呈现出持续增加的趋势,公共服务需求的内容也随着经济社会的发展而发生变化,以个人或志愿者作为供给主体的供给方式已经难以满足公众的公共服务需求。政府开始作为公共服务供给的主体出现。"公共服务供给的职能在整个 20 世纪开始以正式组织机

---

① Cook,Edward M.,*The Fathers of the Towns:Leadership and Community Structure in Eighteenth-century New England*,Johns Hopkins University Press,1976,pp.23-62.

构的形式出现。"①20世纪70年代,在二战后最严重的经济危机的压力下,西方国家新自由主义兴起,其核心就是提倡自由价值观,反对国家干预,恢复自由经济传统,在公共服务供给领域提倡引入市场机制和公私伙伴关系(PPPs)。新公共管理理论是在公共服务领域引入市场机制和公私伙伴关系的理论基础。在1984年的一项对美国一千多个市、县的问卷调查中,发现了地方政府公共服务供给中新的管理风格中就包含了重要的部门间协作的因素。实际上,在美国,政府已经成为非营利人类服务机构的重要收入来源之一,远远地超过了作为生计来源的私人捐助和服务收费。20世纪80年代,里根政府缩减赤字的政策伴随着社会组织也只能更多地以市场服务的形式获得生存和发展的资源,从而导致联邦政府不是社会组织的替代者或竞争者,而成为了其伙伴,其中联邦政府为社会组织提供资金并鼓励其参与到新的公共服务领域中,并在缺少可选择的社会组织的情况下甚至自己创造新的社会组织。②

进入21世纪以来,政府与社会组织以及私人部门合作提供公共服务的范畴甚至扩展到了国防领域。"911事件"后,美国的国防被重新定义为政府各层级的执法机构和私人安保公司、商业和工业、市民协会及其他许多组织之间的协作。③

新公共管理理论最显著的特征就是将市场机制引入公共服务供给领域,即通过社会公共服务供给民营化,减少政府在公共服务供给领域的干预,利用私有机制来满足公众的需求。民营化过程不是财产简单地由公共部门向私营部门转移,而是政府和企业之间角色和关系的改变,包括所有权、运营、控制和管理。萨瓦斯总结出政府促成民营部门进入公共产品和服务领域的三种途径,即授权、撤资和置换。④

公私伙伴关系是新公共管理理论的一种实现模式,广泛应用于各类公

① [美]理查德·C.博克斯:《公民治理:引领21世纪的美国社区》,孙柏瑛译,中国人民大学出版社,2005年,第105页。
② [美]莱斯特·M.萨拉蒙:《公共服务中的伙伴——现代福利国家中政府与非营利组织的关系》,田凯译,商务印书馆,2008年,第34~72页。
③ [美]罗伯特·阿格拉诺夫,迈克尔·麦奎尔:《协作性公共管理:地方政府新战略》,李玲玲等译,北京大学出版社,2007年,第3页。
④ [美]E.S.萨瓦斯:《民营化与公私部门的伙伴关系》,中国人民大学出版社,2002年。

共服务供给实践。"PPPs 作为一项政府改革的重要工具,从上世纪 80 年代开始就被全球多个国家开始运用,并成为颇受欢迎的对传统公共服务供给模式补充或替代的制度安排。"① PPPs 的概念目前还很模糊,学者们依据不同的原则从不同的角度来定义 PPPs。有的学者认为 PPPs 的概念包含所有涉及公私元素的形式;有的学者则将 PPPs 的概念范围设定得比较窄,即私人对公共基础设施的投资。将 PPPs 限定于基础设施建设的学者也有其一定的现实支撑,从各个国家 PPPs 的运行和发展经验来看,成功的案例多出现在基础设施建设领域,而在教育、医疗等领域的失败也引起了人们的反思;有的学者将 PPPs 视为国家和私有化的中间道路;② 萨瓦斯将 PPPs 定义为:将传统上公共部门的行动由私人部门代替的任何安排,③ 这一概念包含的内容较宽泛,包括合同制、联合经营等。PPPs 的兴起得益于其被预期的效果,包括成本的减少,效率的提高,服务质量的改善,风险的分担以及最大程度利用现有的资源和竞争,或是作为一种政府创新路径进而带来更多新的资源或竞争的可替代方案。④ PPPs 的内容显然并不仅仅包含简单的传统管理、监督以及合同条款执行等原则。因而,在 PPPs 中公共部门与非公共部门的角色既非对抗性的,也非完全一致的,而更应该是互补的。但 PPPs 也存在着一定的限度,一是 PPPs 的成功案例多集中在如公共交通、监狱建造等基础设施领域,而较少涉及有关公民宪法权利的公共服务领域,二是 PPPs 强调私人部门在公共服务供给中作为公共部门合作伙伴的作用,而忽略了社会组织也能在公共服务供给中发挥重要的作用,因而 PPPs 虽然已经开始关注到公共部门和非公共部门合作供给公共服务的事实,并且学者也开展了大量的研究,但由于其存在的两个限度,所以也未能提出更加普遍意义上的公共服务供给中主体间关系的理论框架。科臣强调了在这样的模式下政府应该扮演的角色,这主要包括两个方面,一是应当精心起草合同协议为服务提供、资

---

① Gibelman,Margaret and Demone,Harold. Purchase of Service Forging Public-private Partnerships in the Human Services, *Urban and Social Change Review*,1981(1):21-26.

② Leitch,S. and Motion,J.,Public Private Partnerships:Consultation,Cooperation and Collusion, *Journal of Public Affairs*,2003(3):273-278.

③ Savas,E.S.,Privatization and Public-private Partnerships,Chatham House,2000.

④ Bovaird,Tony. Public-private Partnership:from Contested Concepts to Prevalent Practice. *International Review of Administrative Science*,2004(70):199-215.

金提供以及质量等设立条款和先行的条件，设置必须实现的绩效标准或指标;二是政府甚至能够确定概要使用的定价结构。①

西方学者对公共服务供给的实证研究,主要集中在基础设施项目领域,如电力设施、自来水供应系统、公共建筑及污水处理等。也有学者研究地方层面的问题,如跨流域的环境治理、公共教育的供给与治理和危险污染物处理。史内弗里(Keith Snavely)和德赛(Uday Desai)也主要研究了地方层面的公共部门与非政府组织在公共服务供给上的合作问题,指出这种联合在促进社区发展和满足社区的社会、政治和经济需要方面起了非常重要的作用;地方政府与非政府组织(NGO)通过联合供给社会福利,共享人力和财政资源,进行政策对话和培训项目的合作,促进了公民社会和社会资本的培养,促进了社区和地方经济发展。

西方各国由于政治、经济、文化、地理的不同,改革道路及选取的改革模式也不尽相同。英国著名公共管理理论家、改革分析家波利特,在深入分析各国改革面临的社会经济力量、政治理念、政治行政体系的差异后,将各国的改革模式归类、总结为维持现状派(德国、欧盟)、现代派(加拿大、芬兰、法国、荷兰、瑞典)、市场化派(澳大利亚、新西兰、英国)、小政府派(英国撒切尔夫人时期、1990 年新西兰时期、1996 年澳大利亚自由党执政时期)。②其中,维持现状派的改革幅度最小,属政府改良性质,通过精简机构、收缩预算、加进财务管理、节约开支等手段,提高政府工作效率。改革最为彻底、激进的属市场化派,通过私有化、公私合作方式,将竞争机制引入公共服务各个领域中,即引用企业化管理的商业模式,再造政府管理机制。

与波利特的分类不同,唐纳德·凯特认为,世界上各国的改革最终可归结为两种模式:以新西兰为代表的威斯敏斯特模式,以及以美国为代表的重新创造模式,其他的只是这两种模式的延伸和变革。这两种模式最大的区别在于:威斯敏斯特模式重新界定了政府应该做什么,并将那些政府不能或不应该继续执行的功能私有化、社会化。美国模式则力求寻找廉价、有效的政

---

① [美]安瓦·沙主编:《公共服务提供》,孟华译,清华大学出版社,2009 年,第 176~177 页。
② 赵成根:《新公共管理改革——不断塑造新的平衡》,北京大学出版社,2007 年,第 12 页。

府,而不是缩减政府的活动范围。①威斯敏斯特式的改革者偏重于私有化及其他市场类改革机制,通过自上而下的改革,尽可能将政府管理私营化、市场化。他们更注重于公共管理是实际产出而非输入,通过给政府经理人以很大的自由决策权,以保证政策的灵活性,并要求其对结果负责。澳大利亚、加拿大、英国的改革,都是该模式下的一种变革。澳大利亚也倚重经济理论来提高公共经理人工作的努力程度,但它的改革集中于消除有效行政的障碍,注重对政策结果的评估。②加拿大则将主要精力用于精简机构和规模上。唐纳德·凯特认为,美式的政府再造模式重在改变官僚行为而不是政府工作结构和流程,力争通过政府裁员、政府采购改革、客户服务计划等,再造一个反应灵敏、成本低廉、运作高效的新政府。

在这场声势浩大的多元治理改革中,介于政府、企业之间的第三部门组织,得到了快速发展,主动或被动地承担起了填补政府、市场供给公共服务的薄弱或空白区域,并在公共服务供给方面显示出了强大的生命力。但目前,第三部门组织发展仍面临一些共同的困境,如资金瓶颈,"公益性"与"自身可持续发展"之间的矛盾与冲突。在社会捐赠、服务收费等方式仍无法满足组织正常运转需求时,自然对政府的依赖性就很高了。在一项名为"霍普金斯项目"中,萨拉蒙研究团队发现,在 22 个研究对象国中,有 13 个是会费主导型国家(即第三部门组织,以会员费作为主要收入来源,以拉美国家及美、日、澳等国为典型);9 个是政府主导型国家,分别是爱尔兰、比利时、德国、以色列、芬兰、法国、奥地利、英国、罗马尼亚。③其中,爱尔兰和比利时最为明显,政府资金占到了第三部门组织资金来源的 70%以上;德国来自政府的援助资金也占到了其资金总额的 64%;④占比最低的国家罗马尼亚也接近50%。资金瓶颈所带来的营利性倾向,以及组织自身的自律性(活动的透明性、公开性问题)、服务能力等问题,也直接导致了组织的社会公信力问题。这些问题的解决既是第三部门组织面临的严峻挑战,也是发展机遇,只要各

---

①　[美]唐纳德·凯特:《有效政府——全球公共管理革命》,张怡译,上海交通大学出版社,2005年,第 55~56 页。

②　同上,第 12 页。

③　[美]莱斯特·M.萨拉蒙:《全球公民社会——非营利部门视界》,贾西津、魏玉译,社会科学文献出版社,2007 年,第 49 页。

④　王名、李勇、黄浩明:《德国非营利组织》,清华大学出版社,2006 年,第 28 页。

组织部门能够成功解决上述难题,必将迎来一次质的飞跃。

1.2.1.2 组织间网络的兴起

组织间网络是近几年来在企业管理学和社会学中逐渐兴起的一种全新的管理理念与方式。威廉姆森(Oliver Williamson)在其《市场与层级制》一书中认为企业根据交易费用的大小来决定所需的商品和劳务是通过市场购买还是企业自己生产。交易费用决定了企业边界的大小。他还从层级制与市场之间区分出了中间性组织。在他看来,中间性组织是指由于交易的特点具有混合性而产生的一种协调此类交易的制度安排。[①]虽然威廉姆森的研究还未跳出等级制的直接协调与市场的自动协调的二分法,但他已经开始关注中间组织的存在。后来,拉尔森(Richard Larson)在威廉姆森研究的基础上提出用市场、组织间协调和科层的三级结构来代替市场与科层的两级结构。借鉴亚当·斯密(Adam Smith)的把市场比作"看不见的手"和钱德勒的把科层比作"看得见的手",拉尔森(Richard Larson)把组织间的协调比作"握手"。这种存在于市场与企业之间的中间力量就是网络。[②]查理德森(G.B.Richardson)从互补性的视角来论证网络组织的存在。在他看来,每个企业的职能只是整个生产和服务过程中的一个小的部分。因此,各个企业的活动之间不是相互孤立的,而是互为补充的。相互补充的活动需要协调,从而把每个企业的能力体现在生产和服务的整个过程中,其结果就是形成了企业间复杂的组织安排。[③]普费弗(J.Pfeffe)和萨兰西克(Gerald R. Salancik)综合了早期的组织间协调的研究,认为企业的分工创造了企业相互依赖的网络,这些相互依赖的企业之间经过相互结合,能产生一种整合效应。同时,这种相互依赖的网络能够协调企业组织间的关系。[④]

后来,组织间网络研究主要沿着三个方面发展:一是新经济社会学派从

[①] [美]奥利弗·E. 威廉姆森:《市场与层级制》,蔡晓月、孟俭译,上海财经大学出版社,2011年,第37页。

[②] Larson,Richard. The Handshake between Invisible and Visible Hands:Toward a Tripolar Institutional Framework. *International Studies of Management & Organization*. 1993,23(1):24-52.

[③] Richardson,G.B. The Organization of Industry. *The Economic Journal*,1972,327(82):883-896.

[④] Pfeffe,J. and Gerald R. Salancik. *The External Control of Organizations:a Resource Dependence Perspective*. Stanford University Press,2003:12.

社会关系嵌入性的视角来研究组织间网络的问题。格兰诺维特(M. Granovetter)在威廉姆森研究的基础上提出:"在把秩序引入经济生活中时,企业间的社会关系比市场和等级制思路所假定的更为重要,而企业内部的权威不是那么重要。一种平衡的和对称的论证需要关注在市场关系中的权力和企业内部的社会联系。必须对权力关系加以关注,免得我们强调的社会关系在市场中的润滑作用使我们忽视这些关系在冲突行为中的作用。"[1]他认为经济行动是嵌入在持续的个人关系网络中的,而不是由分裂成原子的个人完成的。如果没有相互信任,任何两个主体间都不可能开展交易。[2]布莱恩·乌兹(Brain Uzzi)作为组织行为学派的代表也是从社会关系嵌入的视角来研究组织间网络的。不过,他的研究与格兰诺维特不同。他认为格兰诺维特的论点虽然有效地解释了在经济行动中的经济学图式和社会结构图式之间的差异,但还不能具体地说明社会关系如何作用于经济交换。社会关系有时促进经济交换,有时阻碍经济交换,经济行动嵌入在持续的社会关系中的基本观点,还存在着理论上不确定的缺陷。因此,他的研究主要是为了提出一种对嵌入性可能多样的明确说明。[3]

二是众多学者从组织变革的实践角度,依从交易成本经济学理论,在三重维度基础上具体研究单个网络组织形式如合资企业、分包制企业和战略联盟等的治理。柯诺克(David Knoke)等讨论了战略联盟的建构、执行和结果。他们认为成功的战略联盟需要依赖不同组织间的有形的物质资本和无形资本的投入。无形资本包括组织间的适应能力、信任程度及组织平衡共同利益与自身利益的能力。成功的战略联盟不仅为联盟双方提供了有形的物质资本所带来的收益,而且还能使联盟双方可以以不同的方式调整和控制商业关系。[4]古拉蒂(Ranjay Gulati)通过生物制药、汽车行业和新材料等领域

---

① [美]马克·格兰诺维特:《镶嵌:社会网与经济行动》,罗家德译,社会科学文献出版社,2007年,第10页。

② Granovetter, Mark. Economic Action and Social Structure: the Problem of Embeddedness. *American Journal of Sociology*, 1985, 91(11): 481–510.

③ Brain Uzzi. Social Structure and Competition in Interfirm Networks: the Paradox of Embeddedness. *Administrative Science Quarterly*, 1997, 42(1): 35–67.

④ Emanuela Todeva and David Knoke. Strategic Alliance and Corporate Social Capital. *Koelner Zeitschrift fuer Soziologie und Soziapsychologie*, 2002: 345–380.

在 1970 年到 1989 年公布的企业数据,对这些行业中的企业联盟进行研究,指出企业联盟中的成员因为重复联系能够产生组织间的信任,信任是企业联盟治理机制的重要组成部分。信任在企业的相互交易过程中发挥着重要的作用。信任不仅能节约交易成本,而且还赋予企业联盟一定的灵活性,使它能迅速适应不断变化的环境,从而实现那些利用契约无法实现的联盟关系。①

三是在四重维度上探讨组织间网络。琼斯(Candace Jones)等通过引入供给稳定条件下的需求不确定性、人力资产专用性中的定制化交易、时间压力下的任务复杂性和网络成员间的频繁性交易构建出交易的四重维度,以探讨组织间网络的交易环境平台。他认为结构嵌入是组织间网络的协调机制的基础。因为结构嵌入扩散提高协调自主组织的价值和规范,它扩散了关于组织行为和战略的信息。因此,结构嵌入允许网络成员在需求不确定性下使用隐含的开放式合同来进行复杂的定制化交易。它使利用限制性进入、文化范围、集体制裁和名誉等机制来协调和保障交易成为可能。②

1.2.1.3 组织间网络与公共服务供给的关系

公共服务供给属于公共行政学的范畴。在公共行政学中,组织间网络主要描述政府与非政府部门(包括私人部门和社会组织)之间的正式的或非正式的关系。公共行政学中对组织间网络的研究可以划分为两个流派:管理复杂网络和行动者中心制度主义。克林(Erik-Hans Klijn)等是管理复杂网络的代表。他们认为组织间网络作为一种水平的自我协调机制可以避免科层制所造成的不稳定问题及市场协调产生的市场失灵。组织间的网络通过经常的互动、共享的价值观和相互信任使得行动者不再只关注自身的利益,而是通过相互依赖、协商互动以一种非科层的形式开展活动。为了进一步区分组织间网络与传统模式的区别,克林等还比较了网络模型与理性中心规则模

---

① Ranjay Gulati. Social Structure and Alliance Formation Patterns:a Longitudinal Analysis. *Administrative Science Quarterly*,1995,40(4):619-652.

② Candace Jones,William S. Hesterly,Stephen P. Borgatti. A General Theory of Network Governance:Exchange Conditions and Social Mechanisms. *The Academy of Management Review*,1997,22(4):911-945.

型。理性中心规则模型将注意力主要放在政府身上,把政府看作是关键的行动者,其他非政府组织的作用则被忽略了。而网络模型提供了一个相互依赖的行动者之间的互动及利益协调的框架。政府需要依赖其他行动者开展活动,而且政府与其他的行动者处于平等的地位,他们通过平等协商来确定共同的问题并相互协调来使自己的行为符合共同利益的要求。①行动者中心制度主义把组织间网络看作是限定行动者的规则和制度安排,其主要代表人物是麦斯·普朗克(Max Planck)。他认为公私行动者之间通过形成组织间的网络来交换资源从而实现共同的利益。网络作为一种非正式的制度安排对行动者的投机行为进行限制,从而克服集体行动的困境。②

西方学者在将组织间网络与公共行政学中的公共服务供给联系起来方面已经作了一些具有开创性的研究。随着组织间网络在公共行政领域的兴起,许多学者提出合作性的组织间网络是公共服务供给的有效机制,并对组织间网络合作供给公共服务的绩效、困境和提升网络化供给有效性的途径进行了研究。

1.关于组织间合作网络供给公共服务的绩效的研究

公共服务的组织间合作网络供给需要多个组织共同生产或提供公共服务,这就使得评价网络化供给的绩效比评价单个组织的绩效更加复杂;另外参与网络化供给的每个组织都有自己的服务对象,因此网络化供给要面对多个服务对象。但对于网络化供给来说,满足所有的服务对象的需求是很困难的。网络化供给对于一些服务对象来说是有效的,但对于其他的服务对象来说却是效率低下的。因此,评价公共服务网络化供给的绩效困难重重。但这并不妨碍有些学者对网络化供给模式的绩效标准进行研究。

乔普·库本简(Joop Koopenjan)认为网络化供给模式与传统的单中心供给模式不同,主要表现为:①网络化供给模式涉及众多的利益相关者,包括内部利益相关者和外部利益相关者,每一个利益相关者都有他们自己的期望、利益和目标,这些对于确定网络化供给有效性的标准会产生一定的影

① Erik-hans Klijn,Joop F.M.Koppenjan. Public Management and Policy Networks. *Public Management*,2000,2(2):135-158.

② 颜良恭:《新制度论、政策网络与民主治理》,参见徐湘林主编:《民主、政治秩序与社会变革》,中信出版社,2003 年,第 79 页。

响;②网络化供给需要参与方投入大量的资源,因此在评价网络化供给的效果的同时不能忽视网络合作的成本,比如合作过程会影响到未来进一步合作的可能性,因为在合作过程中建立的信任是一种资源,也是网络化治理所带来的结果,但这些并不能体现在事前所确定的目标中;③网络化供给是一个动态的过程,事先确定的目标在互动的过程中可能会发生变化。因此,乔普·库本简(Joop Koopenjan)认为评价网络化供给模式的有效性与评价政府或市场单中心的供给模式不同,不能通过事先确定的目标的实现程度来对其有效性进行评估,而是根据事后利益相关者的满意程度。但乔普·库本简(Joop Koopenjan)并不排斥事先制定好的目标,只是要求在使用的时候要考虑它的缺点并结合网络化供给的特点。①曼德尔(Myrna P. Mandell)和基斯特(Robyn Keast)也是通过分析传统的适合于官僚制和新公共管理的绩效评估的缺陷来提出评价公共服务网络化供给有效性的标准。他们认为传统的绩效评估主要关注的是单个组织的效率。

实际上,网络化供给的有效性应该关注整个网络的效率及网络成员之间的关系,而且传统的绩效评估忽视了与网络的职能和评估等相关的许多因素,比如不同的网络类型有着不同的目的,网络发展阶段不同其评价的内容也不同,因此他们建议评价网络化供给的有效性不能只从一个方面而是应从多个角度来进行评价,包括环境层面、组织层面和操作层面这三个维度。②与曼德尔(Myrna P. Mandell)和基斯特(Robyn Keast)的多维度评价网络化治理有效性的观点相似,普罗文(Keith G. Provan)和米尔沃德(H.Britnton Milward)在其后期对网络化供给公共服务的研究中,建议评价网络化供给的有效性应从社区、网络自身和参与成员三个层面来进行。他们认为每一层面都有不同的绩效评估标准和不同的利益相关者。每一层面的有效性离不开其他层面的有效性,但这并不是说某一层面的有效性会导致其他两个层面的有效性。有效的网络化供给应该在这三个层面都是有效的。③

① Joop Koopenjan. Creating a Playing Field for Assessing the Effectiveness of Network Collaboration by Performance Measures,*Public Management Review*,2008,11(6):699–714.

② Myrna P. Mandell,Robyn Keast. Evaluating the Effectiveness of Interorganizational Relations through Networks,*Public Management Review*,2008,11(6):715–731.

③ Provan K.G.,Milward B.H. Do Networks Really Work? A Framework for Evaluating Public-Sector Organizational Networks. *Public Administration Review*,2001,61(4):414–423.

2. 关于组织间合作网络供给公共服务的困境的研究

公共服务的组织间合作网络供给是建立在政府部门与私人部门、社会组织和公民社会多元互动的基础之上的，这有利于动员多方的资源来提供公共服务，但同时也带来了责任模糊和界定不清的问题。许多学者已经意识到从单中心的供给模式向多中心模式转变所带来的责任不清的问题。科利巴（Christopher J.Koliba）、米尔斯（Russell M.Mills）和齐亚（Asim Zia）认为网络化供给模式的出现提出了新的问责方面的挑战。当政府不再是唯一的权力中心，当市场机制应用到公共服务中，当协调和合作被看成是整合行政行为的机制时，这种新的挑战就出现了。他们还以卡特里娜飓风为例，详细讨论了网络化供给的问责体系，认为这次灾害暴露出了美国政府在危机管理的领导体制、组织协调、紧急疏散、信息通报和人员搜救等方面存在的问题。但最突出的问题是不同部门对于应该在危机管理中负什么责任、对谁负责认识模糊。

针对这次危机管理中问责的困境，他们提出了网络供给中的政治、市场和行政三种责任，并对每种责任进行分类，共提出了八种问责对象。①戈德史密斯（Stephen Goldsmith）和埃格斯（William D.Eggers）也坚持责任问题是网络化供给模式所面临的最艰巨的挑战。谁应当对网络化供给中出现的问题负责？政府作为公共利益的代表如何确保其他供给主体不会损害公众的利益？网络化供给之前政府主要以外部控制的方式来确保服务供给的公共性。这种方式与网络化供给格格不入。因为网络化供给的优势在于它能及时、灵活、创新、有效地回应公众的需求。他们认为从网络中获得相应的结果需要一个综合性的框架，而这个框架需要包含针对以下七个责任性关键领域而制定的一系列战略：设定目标、调整价值观、建立信任、构建激励机制、测评绩效、共担风险、管理变化。②

---

① 3Christopher J.Koliba，Russell M.Mills，Asim Zia.Accountability in Governance Networks：an Assessment of Public，Private，and Nonprofit Emergency Management Practices Following Hurricane Katrina. *Public Administration Review*，2011，（4）：210-220.

② ［美］斯蒂芬·戈德史密斯、威廉·D.埃格斯：《网络化治理：公共部门的新形态》，孙迎春译，北京大学出版社，2008 年，第 105 页。

3. 关于影响组织间合作网络供给公共服务的有效性的因素的研究

公共服务的组织间合作网络的有效性受到多个因素的影响。普罗文（Keith G. Provan）和米尔沃德（H.Britnton Milward）通过对比四个社区的精神健康组织来分析网络结构和环境与供给网络有效性之间的关系。在他们的研究中，供给网络的有效性指的是顾客健康状况的改善和顾客满意度。他们的研究发现网络的有效性受到网络结构和环境的影响，比如网络的整合程度、外部控制和系统的稳定性等，认为如果分权的整合不会提高网络的效率，那么由一个机构主导的整合将会提高系统的有效性。而且外部的财政控制也会影响网络的有效性。他们认为政府的直接的、集权的和整合的外部控制会提高网络的有效性。

还有一个因素也会影响网络的有效性即系统的稳定性。但系统的稳定性要与其他的因素结合才能发挥作用。[①]普罗文（Keith G. Provan）和塞巴斯蒂安（Juliann G.Sebastian）在普罗文（Keith G. Provan）和米尔沃德（H.Britnton Milward）的早期研究的基础上来研究供给者小群体之间的关系或子网络之间的关系对网络有效性的影响。虽然他们仍把顾客满意作为评价网络有效性的标准，但他们的研究与普罗文（Keith G. Provan）和米尔沃德（H.Britnton Milward）的研究不同，他们不是分析网络有效性与整个网络的整合程度之间的关系。他们的研究发现如果子网络之间有着更大的整合程度，即使整个网络的整合程度不高，但仍然会有着较高的顾客满意度。[②]以上的研究虽然有所不同，但都关注网络结构和网络有效性之间的关系。在网络化供给模式的研究文献中，还有其他一些学者也关注同样的问题。曼德尔（Myrna Mandell）和斯蒂尔曼（Toddi A. Steelman）在他们的研究中分析了结构的三个方面的特征会影响网络的有效性：①成员的导向，即成员对网络目标的承诺；②成员是如何被组织起来的，即成员之间联系的强度和相关成员被吸纳到网络中的程度；③期望的目标，即所涉及的问题的复杂性和成员希望改变的程度。

---

① Provan K.G.，Milward B.H. A Preliminary Theory of Interorganizational Network Effectiveness：a Comparative Study of Four Community Mental Health Systems. *Administrative Science Quarterly*，1995，40（1）：1-33.

② Provan，K.G.，Sebastian，J.G. Networks within Networks：Service Link Overlap，Organizational Cliques，and Network Effectiveness. *Academy of Management Journal*，1998，41（4）：453-463.

他们认为一个有效的供给网络要求成员有共同的目标和密切的联系。密切的联系使成员意识到相互依赖的重要性并愿意为了共同的目标而调整自己的行为。同时,有效的供给网络需要包括所有的利益相关者,"除非广泛的参与能够囊括所有的利益相关者,否则网络化供给的有效性会大打折扣"[1]。施耐德等(Mark Schneider et al.)也注意到了结构和网络化供给有效性的关系。他们认为网络治理中的各个成员间存在着高度的相互依赖关系。分权式的网络化的机构可以削弱正式的权力链条的作用,在成员间建立共同的愿景并维持一种信任关系。共同的愿景和信任会提高供给网络的效果。[2]

　　除了网络结构会影响到供给网络的有效性外, 一些学者还认为网络管理对网络化供给的有效性也会产生重要的影响。网络化供给的核心是网络成员之间的相互依赖关系。资源的相互依赖使成员间的相互作用成为必然。但如果没有合适的网络管理战略, 供给网络很难实现其目标。克林(Erik-Hans Klijn)、斯坦(Bram Steijn)和艾德伦波斯(Jurian Edelenbos)通过对荷兰的环境保护的网络成员进行问卷调查来分析网络管理和供给网络绩效之间的关系以及什么样的管理战略会提高网络化供给的绩效。他们的研究证明网络管理和网络化供给的有效性是一种正相关关系, 网络管理是实现供给网络目标的重要影响因素。他们的研究同时也证明不同的管理策略对网络化供给的效果的影响程度是不同的。他们界定了四种管理策略:连接的战略(connecting strategy),指的是识别潜在的参与者和资源并让他们愿意把资源投入到网络中;开发内容(exploring content),指的是寻求目标的一致性和改变成员的认识并创新解决问题的方法;安排(arranging),指的是创建新的临时的组织;过程协议(process arrangement),指的是草拟临时的用以指导成员间相互作用并保护各自的核心价值观的规则。在他们看来连接的战略在保障网络化供给的有效性方面起到重要的作用。因此,作为网络管理者的

---

① Mandell,M.P.,Steelman,T. Understanding What can be Accomplished through Interorganizational Institutional Innovations:the Importance of Typologies,Context and Management Strategies. *Public Management Review*,2003,5(2):197–224.

② Schneider,M.,J.Scholz,M.Lubell et al. Building Consensual Institutions:Networks and the National Estuary Program. *American Journal of Political Science*,2003,4791:143–158.

重要任务就是识别网络的重要的潜在参与者并动员他们参与到网络中来。[①]

艾德伦波斯(Jurian Edelenbos)和克林(Erik-Hans Klijn)通过比较六个相互作用的决策制定的案例也证明了网络管理在网络化供给中的作用,"通过对六个案例的比较分析,我们发现好的过程管理对于决策制定过程的成功起到非常重要的作用"[②]。网络管理离不开网络管理者。网络管理者的能力会影响到网络化供给的绩效。因此,有些学者研究有效的网络化供给需要网络管理者具备哪些能力,比如丹尼拉·克里斯托夫利(Daniela Cristofoli)认为当网络管理涉及多个利益相关者时,网络供给要想取得较好的绩效,就应由一个网络管理者来监督规则和程序的执行情况,网络管理者的技能对网络的绩效会产生很大的影响,在某些情况下,它甚至比网络结构和机制的作用更大。他们认为网络管理者的能力主要有两种:培育网络的能力和启动网络的能力。前者认为网络管理者应扮演好网络的推动者和协调者的角色,从而能够缓解网络成员间的关系并建立网络成员对共同使命和目标的承诺;后者认为网络管理者应该扮演网络的领导者的角色,由其建立一个大家都认可的使命并采取相关的战略来实现这一使命。当网络管理者具备这两项能力的时候就可以保证网络化供给会取得好的效果。[③]

网络成员也会对供给网络的有效性产生影响。普罗文(Keith G. Provan)和米尔沃德(H.Britnton Milward)认为网络内部存在着不平等的现象,使网络中的某些组织相比其他组织来说更强大和更富有权力。网络化供给的绩效取决于网络成员能否把网络整体目标当作自己的目标。[④]曼德尔(Myrna Mandell)和斯迪尔曼(Toddi A. Steelman)认为网络成员的导向、网络成员的组

① Erik-Hans Klijn, Bram Steijn, Jurian Edelenbos. The Impact of Network Management on Outcomes in Governance Network. *Public Administration*, 2010, 88(4):1063–1082.

② Edelenbos, J., E.H.Klijn. Managing Stakeholder Involvement in Decision-making: a Comparative Analysis of Six Interactive Processes in the Netherland. *Journal of Public Administration Research and Theory*, 2006, 16(3):417–446.

③ D.Cristofoli, J.Markovic, M.Meneguzzo. Governance, Management and Performance in Public Networks: How to be Successful in Shared-governance Networks. *Journal of Management & Governance*, 2014, 18(1):77–93.

④ Provan KG, Huang K, Milward HB. The Evolution of Structural Embeddedness and Organizational Social Outcomes in a Centrally Governed Health and Human Services Network. *Journal of Public Administration Research and Theory*, 2009, 19(4):873–893.

织方式、网络成员的预期目标会影响到网络供给的绩效。他们还认为只有那些网络成员对网络有着强烈的使命感，愿意为了整体目标而贡献自己力量的网络才能取得最好的绩效。[①]

二、国内研究综述

国内学者对于公共服务的研究方兴未艾，主要集中于对西方发达国家理论和先进经验的介绍。孟春等人提出要从四个层次考察公共服务供给中需要解决的问题：①回答什么是公共服务和公共服务的范围，界定政府的边界和规模；②回答提供多少公共服务，怎样融资并且生产、定价；③公共服务的运行机制，强调如何保证公共服务的效率和公平；④公共服务供给的制度建设和激励的问题，有效评估服务绩效并且审核以充分保证公共服务的可持续性。[②]唐娟等人指出了公共服务供给的制度安排存在着主体结构和操作过程两个层次，主体结构涉及由谁供给的问题，操作过程讨论如何供给的问题。通过总结谁来组织生产，得出三种公共服务模式：权威型，以政府为主、以权力为运作方式、以满足公共需要为目的提供公共服务的模式；商业型，以私人部门为主体，以市场交易为方式，以盈利为目的的提供公共服务的模式；志愿型，以营利组织、非营利组织或个人为主体，以慈善帮助为方式，以满足社会需要为目的的提供公共服务的模式；[③]还有的学者将国外公共服务总结为三种模式：盎格鲁－撒克逊模式、欧洲模式和东亚模式，并在此基础上指出政府在公共服务供给中应该承担首要责任。[④]

近年来，中国公共服务供给的市场化、民营化改革在各地兴起，政府将大量的公共服务供给项目外包给私人部门，各地也有很多项目取得了成功，

---

① Mandell MP, Steelman T. Understanding What Can Be Accomplished Through Interorganizational Institutional Innovations: the Importance of Typologies, Context and Management Strategies. *Public Management Review*, 2003, 5(2): 197~224.

② 孟春、陈昌盛：《公共服务：一个分析框架》，载《公共服务创新——首届中欧政府管理高层论坛论文集》，国家行政学院出版社，2004年，第97~98页。

③ 唐娟、曹富国：《公共服务供给的多元模式分析》，《华中师范大学学报》（人文社会科学版），2004年第3期。

④ 刘晓苏：《国外公共服务供给模式及其对我国的启示》，《长白学刊》，2008年第6期。

但也不乏失败的状况,如公交民营化改革的失败①等,改革虽然将政府的部分公共服务供给职能转交给非政府部门,但改革并不意味着政府责任的市场化,政府仍然是公共服务供给的最终责任人,但其职能要进行相应的转型。

王名等人在总结中国民间组织参与公共服务购买的六个案例的基础上,以政府部门与民间组织的关系是独立性还是依赖性,以及购买程序是竞争性还是非竞争性为比较的两个维度,总结出三种模式:依赖关系非竞争性,独立关系非竞争性以及独立关系竞争性购买,并进而分析了这三种模式的特点。②但从北京、上海等公共服务供给创新的先发地区来看,在政府购买非营利组织服务的过程中存在着诸多的问题,如社会大环境有待成熟,非营利组织能力不足以及相关法律制度不健全等,这要求政府在财政投入和培育非营利组织等方面加大力度改善,并完善相应的法律法规制度。③还有的学者则超越了与政府合作的性质,进而考量一种更加一般性的公共服务的"复合供给模型",即在公共服务供给的各主体之间进行两次分工,初次分工将公共服务的规划者和生产者角色分离,表现为公共部门将其公共服务的生产者角色转交给非公共部门以实现各个主体间的比较优势;二次分工是初次分工后,公共部门所选取的生产者将自己不能或不愿直接生产的公共服务,通过多种形式整合其他服务资源来组织生产,并指出这样的安排有利于发挥各方优势,整合各种资源以满足公民的异质性需求。④

总体来看,对内对公共服务供给的研究可以分为政府主导、市场化、社会化、多元化等方面。

(一)政府主导论

政府主导论者从公共服务型政府建设、公共管理职能的履行、公共服务体制的完善等方面论述了政府在公共服务供给中的主导作用。

---

① 邹东升:《公共服务市场化并非政府责任市场化——对公交民营化改革的审思》,《理论探讨》,2009 年第 4 期。

② 王名、乐园:《中国民间组织参与公共服务购买的模式分析》,《中共浙江省委党校学报》,2008 年第 4 期。

③ 郑苏晋:《政府购买公共服务:以公益性非营利组织为重要合作伙伴》,《中国行政管理》,2009 年第 6 期。

④ 郁建兴、吴玉霞:《公共服务供给机制创新:一个新的分析框架》,《学术月刊》,2009 年第 12 期。

　　李军鹏从公共服务型政府建设的角度分析了政府对公共服务的提供。李军鹏认为公共服务型政府就是满足社会公共需求，提供充足公共产品和公共服务的现代政府，公共服务型政府有以下五个特征：①政府的作用集中于公共服务；②政府的主要职责是实现和保障社会公正；③政府是公共利益的鲜明代表；④政府权力是有限权力；⑤现代政府是法治政府。①廖晓明、黄毅峰认为政府要从建立现代公共服务理念、提高国家公务员素质和服务能力等方面创新公共服务供给体制。政府必须掌握公共服务供给的规划决策权，要从弥补市场失灵、优化公共服务供给资源配置等方面做好公共服务供给的宏观调控，要加强对公共服务供给单位的资质审查、供给过程的有效监督、供给绩效的考核评估。②杨雪冬认为公共服务是政府的内在属性之一，提供各种类型的服务是政府履行公共管理职能的重要形式。杨雪冬指出改善公共服务，实现政府协调社会关系的功能，必须从两个方向入手，一是社会取向，提高社会经济文化诸领域的自治能力，鼓励它们承担、参与和监督公共事务管理；二是政府取向，即通过提高政府自身的公共管理能力，及时有效地回应社会需求。③刘厚金从完善公共服务体制的视角探讨了政府在公共服务供给中的主导作用。刘厚金指出在公共服务体制运作的过程中，政府是责无旁贷的主导者，国家必须从构建公共服务的制度环境、建立公共财政体制、推行公共服务均等化等方面完善公共服务体制，让生活在其中的公民获得基本的依赖感、可靠感和安全感。④

　　(二)市场供给论

　　市场供给论者主要从公共服务市场化的内涵、政府职能转变、公共服务市场化改革的方式、公共服务市场化的阻力和推动力、困境和路径选择、公共服务市场化的保证和原则等方面对公共服务市场化进行了研究。

　　①　李军鹏：《公共服务型政府》，北京大学出版社，2004年，第53页。
　　②　廖晓明、黄毅峰：《论我国政府在公共服务供给保障中的主导地位》，《南昌大学学报》(人文社会科学版)，2005年第1期。
　　③　中国(海南)改革发展研究院：《聚焦中国公共服务体制》，中国经济出版社，2006年，第126页。
　　④　刘厚金：《我国政府公共服务的体制分析及其路径选择》，《上海行政学院学报》，2011年第2期。

句华认为公共服务市场化至少包含了下述七层含义:一是理念的认同;二是市场价值的肯定;三是市场纪律及激励的约束;四是市场机制的引入;五是市场技能的借鉴;六是市场主体的介入;七是市场资源的利用。[①]李艳霞提出了公共服务市场化的保证与原则,指出公共服务市场化的实行需要成熟化的市场经济、民主化的公共决策、法治化的政府行为、成熟有效的技术支持作为条件保证;在实践操作过程中应坚持公平、服务和多中心的原则。[②]邵峰提出了公共服务市场化改革的七种方式:一是部分公营事业私有化;二是业务合同出租;三是公共服务社区化;四是建立政府与私营企业的伙伴关系;五是服务承诺制;六是在部门行业引入价格机制,有选择地实行公共服务使用者付费制度;七是进行内部合同式管理,将提供公共服务的职能从政府部门分离出来,成立半自治的执行机构来承担公共服务职能。[③]李向京、廖进中认为公共选择理论、委托－代理理论、产权理论为公共服务市场化提供了理论依据。实施公共服务市场化要确定其转换成本不会超过社会、政府以及市民处所获得的利润。推动公共服务市场化,要寻求合理的途径将公共企业成功出售,要充分发挥竞争机制和激励机制的作用。[④]孔凡河、蒋云根指出我国公共服务市场化面临着制度安排缺失、社会整合乏力、思想观念滞后等诸多困境。克服上述困境应该完善市场化制度建构,发挥政府的主导作用。[⑤]童伟认为公共服务市场化就是把原来由政府直接提供的部门社会服务,通过合同出租、业务出租、共同生产或解除管制等方式转交给私营公司或者其他社会法人团体,由这些团体按照"成本－效益"最优方式为公民提供公共服务。在公共服务市场化过程中,政府是"购买者"而非"生产者"。[⑥]李砚忠指出行为惯性、利益掣肘、意识形态、失败范例是我国公共服务市场化的阻力。

① 句华:《公共服务市场化的内涵和动因》,《社会科学战线》,2003 年第 3 期。

② 李艳霞:《浅析公共服务市场化的保证与原则》,《学术交流》,2003 年第 1 期。

③ 邵峰:《公共服务市场化的国际比较及启示》,《深圳大学学报》(人文社会科学出版社),2005 年第 1 期。

④ 李向京、廖进中:《经济全球化趋势下我国公共服务"市场化"需求分析》,《求实》,2006 年第 6 期。

⑤ 孔凡河、蒋云根:《我国公共服务市场化的多维困境以及路径选择》,《学习与探索》,2006 年第 5 期。

⑥ 童伟:《从市场检验到政府职能转变——北京市公共服务供给模式改革分析》,《中央财经大学学报》,2007 年第 10 期。

高层推动、民主诉求、融资渠道、他山之石是我国政府公共服务市场化的动力。进一步推动公共服务的市场化,政府要创建一个良好的法律环境,要拓宽政府的融资渠道、扩大群众的民主参与。[①]

(三)社会提供论

社会提供论者从公共服务社会化的内涵、非政府组织提供公共服务的优势、公共服务社会化对民主政治的有效推进、公共服务社会化的策略、公共服务与社会组织的培育、公共服务社会化模式的构建、NGO 与政府间关系等方面对公共服务社会化进行了研究。

房艳、马敬仁指出公共服务社会化的实质是政府收缩公共服务的范围,改变传统的大包大揽的做法,将原来由政府承担的一些公共服务职能转移给非政府公共组织和私人部门。同时,还指出推进公共服务社会化要发挥非政府组织的潜力,推行公共服务的社会化配套改革。推进公共服务社会化有三种模式:政府市场化模式、以非政府部门为主体的私营商业型模式和志愿型用户自我服务模式。[②]卢海燕指出发挥非政府组织的力量有利于提高公共服务的质量和效率、有利于实现社会公平、有利于满足多元化的社会需求、有利于提高公共服务的回应性。正确定位政府和非政府组织的关系,加快制度创新,提高非政府组织筹集社会资本的能力是提升我国非政府组织公共服务能力的基本思路。[③]韩东从民主政治建设的角度论证了推进公共服务社会化的必要性。韩东认为公共服务社会化构成了对扩大公民民主参与的一种有效回应,公民对与自身日常生活息息相关的公共服务的参与实际上为日后更高层次的政治参与打下了坚实的基础。[④]桑玉莲阐述了推行公共服务社会化应采取的策略,主要包括:凡属于经营性或竞争性的项目应当营造市场竞争机制;大力发展社会中介组织,政府职能外移,将不必由政府承担的

---

① 李砚忠:《关于我国公共服务市场化若干问题的分析》,《社会科学》,2007 年第 8 期。

② 房艳、马敬仁:《公共服务社会化——中国行政改革的必由之路》,《广西青年干部学院学报》,2003 年第 5 期。

③ 卢海燕:《非政府组织——构建完善的公共服务体系之路径》,《河南师范大学学报》(哲学社会科学版),2006 年第 1 期。

④ 韩东:《论我国公共服务社会化在社会主义民主政治建设中的作用——以 PIM 为例》,《湖北社会科学》,2009 年第 3 期。

社会服务职能移交给社会组织、"第三部门";由社会组织向社会直接提供公共服务;放松对市场的限制,扩大准入的领域;推进事业单位的社会化;加强对公共服务社会化的监督。[1]史传林根据治理理论和公共产品理论以及我国农村的现实情况把农村公共服务社会化供给划分为三种模式:政府在农村公共服务供给中起主导作用、社会化主体处于从属地位、协助和配合政府提供公共服务的"参与型"供给模式;政府与农村社会化主体处于相对平等地位、两者的资源交换和相互增权的"合作型"供给模式;社会化主体独立承担农村公共服务的决策、资金提供和服务输送,不再充当政府配角与合作者的"主导型"供给模式。[2]何云峰、孟祥瑞指出公共服务社会化需要社会组织的发展,而社会组织在初创期的发展通常要解决资金和能力建设两大难题。政府通过资金支持和能力培育两个方面的努力,发挥其对新生社会组织的催化作用,推动社会组织以及整个公民社会的发展,推动公共服务社会化的发展,进而通过社会化的方式提高政府公共服务产品的丰富多样性和质量。[3]顾丽梅探讨了公共服务提供中的 NGO 的定位与作用,公共服务提供领域的NGO 与政府间关系,指出 NGO 在公共服务提供中的定位主要表现为参与公共服务的提供、承担社会责任、维护社会稳定、降低政府风险等。在公共服务的提供中,NGO 与政府之关系主要表现为合作与支持的关系,竞争与冲突的关系以及管理与监督的关系。[4]

（四）多元参与论

多元参与论者大多从农村公共产品的供给、政府一元化提供公共服务的不足、公共服务模式的构建等方面提出政府、社会中介组织、市场中介组织、公民自治组织等都可以成为公共服务的供给主体。

古明加研究表明,我国农村公共产品单一的政府供给的低效率和低质量决定了农村公共产品供给主体应当多元化。从组织形态上看,农村社区、

---

① 桑玉莲:《我国公共服务社会化发展策略探讨》,《商业时代》,2007 年第 28 期。
② 史传林:《农村公共服务社会化的模式构建与策略探讨》,《中国行政管理》,2008 年第 6 期。
③ 何云峰、孟祥:《政府对新生社会组织的催化与公共服务社会化》,《上海师范大学学报》(哲学社会科学版),2011 年第 4 期。
④ 顾丽梅:《公共服务提供中的 NGO 及其与政府关系之研究》,《中国行政管理》,2012 年第 1 期。

私人和非营利组织都可以成为农村公共产品的供给主体。政府必须营造一种有益于实现农村公共产品供给多元化的良好政策与制度环境，间接扶持和引导各种供给主体进入农村公共产品供给市场。①艾医卫、屈双湖认为现行的农村公共服务的供给面临着公共需求的增长升级、多样化和服务主体的单一错位、能力退化等困境与压力。因此，必须构建农村公共服务多元化供给机制，一方面要构建农村公共需求的有效输入机制，实现公共需求的及时表达和及时汲取；另一方面要构建和完善政府主导、市场优化、社会协同、农民参与的农村公共服务多元供给机制，提高政府、市场、社会及农民多个主体的积极性，增强对农村公共需求的回应力，促进农村经济快速发展和农村社会稳定。②张瑾研究指出多元供给是实现公共服务供需平衡的必然选择。公共需求多样化导致公共性异质程度扩大，公共性异质程度的加大使得公众对公共服务的期望越来越高，满足异质化的公共需求需要公共服务的多元供给。单靠政府作为公共服务的供给主体不可能有效满足多样化的公共需求。打破政府的垄断服务，让社会公众多方参与到公共服务中来，才能彰显公共服务的公共性精神。因此，公共服务的具体供给方式应是政府、社会中介组织、市场中介组织、公民自治组织等多元主体共同参与。政府应努力为社会主体的多方参与创设有利的制度环境，要收缩政府职能，还社会组织生存空间，要以秩序服务为公共服务的多元供给主体提供公平的竞争平台，要加强对其他公共服务主体的有效监督。③

程宇用多中心治理的范式分析了公共服务多元化的必要性，指出为了满足民众普遍高涨的公共服务需求，积极实现公共服务供给与公共需求的平衡，需要大力创新公共服务的供给范式，其中多中心治理是重要的范式选择。多中心治理范式是对公共服务供求变化的回应，它主张公共服务的供给是一个多元主体合作、协同的过程，改变了政府作为单一公共服务供给主体

①　古明加：《论我国农村公共产品供给主体的多元化》，《辽东学院学报》（社会科学版），2007年第4期。

②　艾医卫、屈双湖：《建立和完善农村公共服务多元供给机制》，《中国行政管理》，2008年第10期。

③　中国（海南）改革发展研究院：《聚焦中国公共服务体制》，中国经济出版社，2006年，第342页。

的模式,构建起了政府、市场和社会三维框架下的多中心供给模式,从而有效地克服了单一依靠政府或市场来实现公共服务供给的不足。夏志强、毕荣指出改革开放以后,随着经济的日益发展和社会分工程度的不断提高,公共服务的社会需求不断扩大,政府难以维持对公共服务大包大揽的局面,公共服务供给不足成为新时期的主要社会矛盾。"政府失灵""市场失灵"和"志愿失灵"的普遍存在,表明任何单一主体都无法充分满足社会对公共服务的需求,摆脱公共服务供给困境的途径,并非是在政府、市场和第三部门之间进行非此即彼的选择,而是需要三者紧密合作,建立多元化的公共服务供给与协调机制才能共同完成公共服务的使命。[1]董明涛、孙钰从农村公共产品供给的视角分析了农村公共服务的多元化供给,并提出了农村公共产品供给的模式,指出农村公共产品供给主体合作模式构建的目标是政府、市场、第三部门等供给主体在合作模式的指引下,共同行使公共权力,共同承担风险和责任,充分整合和优化配置各种供给主体所拥有的资源,发挥各个供给主体的整合优势,使农民公共利益得以实现。农村公共产品供给中政府更适合供给农村纯公共产品,为农村经济社会的发展提供重要的物质基础和公共基础设施;市场、第三部门更适合提供农村准公共产品。培育良好的合作氛围,加快政府职能转变,增强对非营利组织的支持,协调多元供给主体间的权利与利益关系,是农村公共产品合作供给模式顺利运行的路径选择。[2]

国内对将组织间网络应用到公共行政领域的研究较少,主要集中在社会学和工商企业领域。工商企业领域组织间网络的兴起是由多种因素决定的。曹杰认为激励的市场竞争、多样化的市场需求及信息技术的发展推动了组织间网络在工商企业领域的应用。[3]何苏华认为企业合作网络的兴起是因为它能够实现规模经济、共享网络利益、降低交易成本和分散经营风险。[4]还

① 夏志强、毕荣:《论公共服务多元化供给的协调机制》,《四川大学学报》(哲学社会科学版),2009年第4期。
② 董明涛、孙钰:《我国农村公共产品供给主体合作模式研究》,《经济问题探索》,2010年第11期。
③ 曹杰、刘宁:《动态联盟形成的原因及发展趋势问题研究》,《南京财经大学学报》,2006年第1期。
④ 何苏华:《企业合作网络的成因及其运行机制》,《佛山科学技术学院学报》,2003年第3期。

有些学者主要研究组织间网络在工商企业领域或社会学中的运行机制。张宝贵建议企业组织间网络的治理机制应注意如下的问题：①企业组织间网络治理机制的核心是网络成员的互动；②企业组织间网络治理机制具有动态性；③隐性合同在企业组织间网络治理机制中发挥重要作用。①何苏华主张应该基于信任来建立组织间网络的运行机制。信任可以通过以下五个方面来建立：①基于合作伙伴的声誉、资源和能力来选择网络合作伙伴；②建立对机会主义行为的防范机制，消除网络成员的投机心理；③公平合理地分配网络利益；④注重网络成员间的相互交流；⑤主张建立互信的网络文化。②罗珉、何长见认为与市场的价格机制和等级制的命令机制不同，网络治理机制是基于网络成员间的社会关系和社会资本。组织间关系具有无固定疆界的特征，因此基于组织间关系的网络治理机制不仅能够使网络成员资源互补，协同发展，而且还能够为网络成员的未来合作积累社会资本。任何有组织的活动都需要协调组织成员之间的关系。组织间合作网络也不例外。但是组织间合作网络的协调不像科层制或者市场通过正式的制度来协调不同行动主体的关系，而是通过非正式的制度，比如社会资本、信任、权力、习俗等来进行协调。③彭正银则基于琼斯的四重维度提出了组织间网络治理的三个重要机制：互动机制、整合机制和激励机制。互动机制是网络组织间网络治理的内生机制。互动机制有利于组织获得其他主体的优势资源，而且还有利于不同主体间知识和信息的交流。互动机制还可以促进双方之间的相互理解、增强相互信任。整合机制能够使参与者在共同目标上达成协调一致，通过减少不确定性与资源的结构重组，维护网络的整体功效。激励机制不仅是网络组织的内生需求，而且反映着网络组织实施治理行为的效果。④总之，组织间网络已经成为企业之间相互合作与风险分担的有力工具。

随着组织间网络在工商企业的流行，有些学者开始注意到了组织间网络对公共行政领域也具有启示作用和借鉴意义，将组织间网络应用到政府

① 张宝贵：《企业间网络组织的治理机制》，《经济论坛》，2005 年第 24 期。
② 何苏华：《企业合作网络的成因及其运行机制》，《佛山科学技术学院学报》，2003 年第 7 期。
③ 罗珉、何长见：《组织间关系：界面规则与治理机制》，《中国工业经济》，2006 年第 5 期。
④ 彭正银：《网络治理：理论与模式研究》，经济科学出版社，2003 年，第 10 页。

间关系的研究。谭英俊认为组织间网络理论与地方政府间的关系研究具有一定的契合性。组织间网络主张以网络的视角来观察和分析组织间的关系,这为研究地方政府间的关系提供了新的分析方法;组织间网络作为组织互动的一种方式,强调网络成员的地位平等、互相之间存在依赖关系、相互合作来实现共同目标,这为地方政府间关系的发展提供了新的行为模式;组织间网络的关键问题是处理好网络成员之间的伙伴关系,使他们各尽所能、优势互补,从而获得独自行动所无法实现的合作收益,这为地方政府间关系逻辑提供了新的解释图谱。①鲍芳修则将组织间网络应用到地方政府间合作管理公共危机中。他认为公共危机管理超越了单个政府的能力范围,任何地方政府都不可能拥有达成目标所需的所有条件,因此地方政府在公共危机管理领域更需要通过组建组织间的网络来与其他政府合作。他还提出为了保证组织间网络在公共危机管理中运行的效率,应建立健全地方政府间合作的法律体系,完善中央的宏观政策环境,成立并完善政府组织网络间的信任机制,加强地方政府间互动平台的建设。②郭雪松等通过对 2008 年华南雪灾的案例分析指出我国政府在跨域的应急管理中存在着“碎片化”的问题。这主要是因为我国条块分割的管理体制导致不同的专业部门隶属关系不同、管理层级复杂和多头指挥。针对我国政府在跨域应急管理中存在的问题,郭雪松提出通过实现科学、合理的组织间网络的构建来完成不同政府部门的信息和资源的整合,从而提升跨域危机治理的水平。③

虽然学者们已经注意到了组织间网络在公共行政领域的作用,但将组织间网络应用到公共服务的合作供给中的研究却较少。仅有的研究也只限于分析公共服务组织间合作网络供给的优点,缺少对组织间网络在公共服务合作供给中的适用性和合作机理的研究,以及动态的公共服务组织间合作网络供给构建和运行的研究。诸大建、李中政主要研究了网络化供给模式

---

① 谭英俊:《区域经济发展中地方政府间关系调整与优化——一种组织间网络的分析框架》,《行政论坛》,2013 年第 1 期。

② 鲍芳修:《政府应急管理中的跨域合作:基于组织间网络的分析框架》,《甘肃理论学刊》,2013 年第 4 期。

③ 郭雪松、朱正威:《跨域危机整体性治理中的组织协调问题研究——基于组织间网络视角》,《公共管理学报》,2011 年第 4 期。

与政府主要依靠自身的公共部门提供公共服务相比所具有的优点，比如可以提高政府部门的行政效率，降低公众的成本等。①曹军辉、刘智勇认为网络化供给可以提升公共服务的绩效，因为公共服务网络化供给模式创新了公共服务供给的结构和机制，优化了公共服务的制度，提高了公共服务的公平性和回应性。②田永贤认为公共服务的组织间合作网络的供给与传统的科层制相比具有足够的弹性和灵活性；组织间的网络关系能够使不同的组织分享信息并相互协调从而取代过去各自为政的局面，能让公众获得更加整合的服务；组织间的网络化供给通过政府不同层级或专业政府机构之间建立服务契约，与非政府组织间建立的合作伙伴关系可以有效地回应公众的需求；公共服务的组织间合作网络在供给的效率和服务的质量方面也具有优势。③

三、对既有研究的评价

通过对比国内外研究可以发现，国外对将组织间网络应用到公共服务供给中的研究较多，并对公共服务的组织间合作网络供给进行了多视角的深入研究，包括组织间合作网络供给的绩效、困境和提升其有有效性的途径。但国外对组织间合作网络的研究主要集中在供给网络的静态层面的应然研究，将流行于工商企业界的组织间网络直接拿来用到公共服务的供给过程中，缺少对其适用性和具体应用时的规范流程的研究。国内对将组织间网络应用到公共服务供给中的研究起步较晚。虽然很多学者已经注意到了组织间网络在企业组织间合作的重要意义，并提出了很多有建设性的意见和建议，但很少有人将组织间网络应用到公共服务的供给中。即使有少部分的学者意识到了组织间网络对公共服务供给的重要意义，他们的研究也只是来论证组织间合作网络供给公共服务与其他供给模式相比所具有的优势，缺少对组织间网络为什么能带来这些优势及在实践供给公共服务的过程中组织间网络应该如何运作的研究。但这并不能否定已有的研究对我们

① 诸大建、李中政：《网络治理视角下的公共服务整合初探》，《中国行政管理》，2007 年第 8 期。
② 曹军辉、刘智勇：《网络治理：新农村建设中公共服务绩效提升的模式创新》，《理论与改革》，2011 年第 3 期。
③ 田永贤：《公共服务供给的组织间合作网络》，《东南学术》，2008 年第 1 期。

的借鉴意义。尤其是工商企业界对企业间网络的研究能够帮助我们了解组织间网络是如何运行的，从而有利于我们建构公共服务的组织间合作网络供给模式。

第三节　研究思路与研究方法

一、研究思路

随着知识经济的发展、全球化的到来和人们需求的多元化，传统的官僚制的运作方式已经无法满足时代的需求。政府必须与市场、社会合作才有可能及时有效地回应公民的需求并创造出新的解决问题的方法。不管是学者还是公共管理的实践者都已经意识到合作在公共服务有效供给中的重要性，并对公共服务的合作供给展开了一系列的研究，但唯独缺少对公共服务合作供给中合作主体间交互行动的微观基础的研究。组织间网络不仅吸收了交易成本经济学的部分研究成果而且还融合了社会网络理论，从本质上看其既包含了公共服务合作供给的价值理性又为实现公共服务的合作供给提供了交互机制而具有工具理性，因此更符合我国公共服务供给的实践。组织间网络为什么能够促进不同供给主体间的合作，从而解决我国的公共服务合作供给在实际应用中出现的问题？在上述问题得到回答之后，另外需要回答的两个问题就是如何构建公共服务的组织间合作网络供给和如何创造有利于组织间合作网络供给的构建和运行条件。本书主要通过对这三个问题的回答来展开研究。

首先本书从纵向的视角分析了公共服务供给模式的变迁，包括它们的特征、理论基础、作用及存在的问题，并指出多元合作供给模式是各国公共服务供给的理想选择。中国也不例外。其次，结合合作供给的现实和访谈材料指出中国的多元合作供给在实践应用中存在很多问题，并指出这些问题的存在主要是因为多元主体在合作的过程中忽视了合作的环境条件和合作的操作条件。因此，提高公共服务合作供给的有效性需要创造一个有利于合作的环境条件和操作条件。那么如何创造有利于合作的环境条件和操作条件来推动公共服务合作供给的效率？带着这样的思考本书借鉴了社会学和工商企业管理学中的组织间网络理论，提出了公共服务的组织间合作网络供给模式。在对公共服务的组织间合作网络供给的基本含义进行阐释之后，又对组织间网络是如何创造了有利于合作的环境条件和操作条件的机理进行了分析，提出了公共服务的组织间合作供给网络的具体构建和运作过程。最后，本书指出组织间合作网络供给的构建和运行需要一定的支持和保障，包括法律体系、供给主体及合作机制等宏观层面的支持，并就如何完善促进公共服务组织间合作网络供给有关的法律法规、供给主体及合作机制提出了对策和建议。

二、研究方法

本书立足行政学的角度，综合运用行政学、管理学和组织学的相关知识，以规范研究和实证分析相结合的方式，开展对公共服务合作供给的研究。具体研究方法如下：

（一）文献研究法

本书在研究过程中采用了文献研究方法，通过对国内外关于组织间网络和公共服务合作供给等方面的研究进行全面的、系统的整理和回顾，分析当前研究的不足，从而确立了本书研究的主题。

（二）分析比较方法

分析研究方法的特征在于研究者在开始时并没有一个等待用细节来填满的类似于空盒子的总体上的模型。相反，他要从已有的理论或归纳中，形成关于规则或模式关系的想法。[1]本书很多内容涉及分析比较方法。在理论分析方面，本书通过对已有研究的分析、比较和归类，进行反思和抽象而得出相应结论或提出新的分类框架。在结论方面，本书通过对已有研究的比较

---

[1]　［美］劳伦斯·纽曼：《社会研究方法——定性和定量的取向》，郝大海译，中国人民大学出版社，2007年，第579页。

和逻辑论证,得出研究结论。

（三）跨学科研究方法

跨学科研究方法又被称为多学科融合研究，是在学科分化基础之上打破学科之间的固有界限、跨越不同研究领域的研究方法。跨学科研究已经成为当代科学发展的新趋势,不同学科之间的相互交叉、相互渗透和综合是解决自然科学和社会科学中面临的复杂问题的有效方式。公共服务合作供给问题是公共管理学中重要而复杂的问题,公共管理学依凭学科自身的知识对其展开了积极的研究并取得了不少成果。但不仅公共管理学中存在合作的问题,社会学和工商企业管理中也有合作的问题,因此有必要借鉴其他学科的知识和方法来实现研究视角的拓展。本研究借鉴了社会学中的社会资本理论和社会网络理论以及工商企业管理中的组织间网络理论,试图通过引入跨学科的概念和构建新的分析框架来指导公共服务合作供给的实践。

（四）案例研究方法

案例研究是经验研究的一种类型。该方法从理论发展的作用角度讲,通过对个案的分析和归纳,得出一般性的结论,从而为理论研究提供一个证明或作出一个否证。本书为解释公共服务合作供给在实践应用中的变异采取了案例研究的方法。虽然案例分析难以得出普遍性的结论,但是通过案例研究可以佐证提出的观点。

第四节　研究创新与不足

一、研究创新

首先,从不同供给主体间的关系而不是主体属性来研究公共服务的合作供给。改革开放以来,随着我国经济体制改革的不断深入,市场机制被引入到公共服务的供给中,社会组织、企业逐渐参与到公共服务的供给中。公共服务的合作供给已成为改善公共服务供给状况的必然选择。公共服务合作供给也成为学界普遍研究的对象。已有的研究多基于合作供给的主体属性来探讨合作供给的效果,认为不同的参与主体由于具有不同的资源优势,在公共服务的供给中可以形成资源相互依赖、优势互补的格局。比如,社会组织的志愿性可以保证公共服务供给的公益性,企业组织的"自利性"可以保证公共服务供给的效率,政府的"公益性"可以保证公共服务供给符合人们的利益。但公共服务供给主体的资源互补并不能保证各参与主体形成合力。本书另辟蹊径,从不同供给主体间的关系而不是不同供给主体的属性来研究公共服务的合作供给。这种研究视角不仅能够确保合作的生成,而且还能为合作的实现提供手段支持。这可能是本书的一个创新。

其次,将影响不同供给主体间有效合作的条件概括为操作条件和环境条件。环境条件是指合作需要主体间存在一定的信任关系。信任是合作的前提。合作要求必须在主体间建立起一种信任关系。不同供给主体间是否具有自主的身份也是合作的重要环境条件。如果不同的供给主体间相互依附,那么他们之间就难以产生合作关系。操作条件是指合作主体间需要存在着资源依赖关系,而且主体间的地位平等还有一个条件会影响合作的生成和效用,即主体间的互动状态。比如,合作主体间的沟通、责任分担和权力共享、合作主体的合作意愿等。唯有如此,合作才能最终发生。这可能是本书的一个创新。

最后,本书提出了公共服务的组织间合作网络供给模式。这可能是本书研究观点的一个创新。组织间合作网络能够建立合作主体间的信任关系并促使政府角色的转变,从而创造了有利于合作的环境条件;组织间合作网络通过网络成员间的嵌入式交换能够产生社会资本,从而提供了有利于合作的操作条件。因此,本书提出公共服务的合作供给应建立供给主体间的合作网络,并将公共服务的组织间合作网络供给定义为自主的多元主体(包括政府、私人部门、社会组织和公民社会)基于资源的相互依赖形成一种稳定的组织间网络,同时在组织间网络所建构的关系模式下,通过协同政府的管理及网络成员间的水平融合的互动,供给公共服务的一种服务供给模式。在此基础上,本书又从组织间合作网络的构建、运行、效果和任务完成等阶段来指导组织间的合作网络的实践运作。

二、研究不足

首先，本书在对公共服务合作供给实践应用中变异的原因进行分析时运用了理论分析、案例分析和访谈研究相结合的方法。理论研究与实证研究相结合应该说对于研究的顺利开展和研究结论的合理性提供了比较强的支撑。但是本书所选择的案例有限，访谈过程中有些被访谈对象对于所提问题较为敏感，没有提供相关的完全的信息，因此这在某种程度上影响了有价值的信息的获取。

其次，限于本书的主题为"公共服务的合作供给研究"，因此更多地侧重于合作过程和技术层面的描述，对于合作的深层价值和制度机制剖析不够。

最后，本书只是从学理层面的角度对组织间合作网络供给作了一定的分析，所建立的组织间合作网络供给的运作过程模型还不成熟，对于组织间合作网络供给的应然与实然关系的研究还不深入，对组织间合作网络供给的内在机制及其保障和支持条件的勾画还不完善。

▶第二章
基本概念和相关理论

第一节　基本概念

一、公共服务供给的相关概念界定

(一)公共服务的含义

"公共服务"这一概念已在我国被广泛使用。但对于什么是公共服务,学界却有不同的见解,甚至在不少情况下其含义常常含糊不清。概念上的混乱,往往容易助长实践中的混淆。因此,我们首先需要明确什么是公共服务。

1. 公共服务与公共产品的关系

关于公共服务与公共产品的关系,不同的学者有不同的观点。有些学者认为这两个概念是可以互换的,比如柏良泽在其一篇文章中指出"公共服务"和"公共产品"之间的界限很模糊,常常被看作是可以等同和相互替换的概念。①有些学者虽然没有把公共产品和公共服务界定为同义概念,但是也没有作出严格区分而常常出现同义混用的现象。还有一部分人认为公共产品是公共服务的一种,公共服务包含公共产品,即二者之间是一种包容关系。国外很多学者都持有这种观点。比如里卡多·菲奥里托等认为公共服务包含公共产品和价值产品。国内持有这种观点的学者也不在少数,比如许彬认为公共产品是服务的一种形态,在对公共产品进行分类时,他指出公共产品依据其形态可以分为资本形态的公共产品、物质产品形态的公共产品、服务形态的公共产品、制度形态的公共产品和文化形态的公共产品。②还有一

---

①　柏良泽:《公共服务研究的逻辑和视角》,《中国人才》,2007 年第 5 期。
②　许彬:《公共经济导论——以公共产品为中心的一种研究》,黑龙江人民出版社,2003 年,第 118 页。

些学者认为公共产品与公共服务是并列的关系，认为公共产品就是政府提供的有形产出,公共服务则是政府提供的无形产出。另外一些学者则认为这二者之间既不是替代关系,也不是包含或并列关系,强调应认清这二者的区别。持这种观点的学者,比如杜万松认为公共产品主要是与私人物品相对应的,它更多地关心公共性,会受到社会现实条件的影响,而公共服务作为政府的一种职能,它更多地关心公共利益,与公众的需求密切相关,随着公众需求的变化而变化。①

笔者认为公共服务与公共产品不同。公共产品的英文是 public goods。一般认为最早提出公共产品一词的是大卫·休谟。在其出版的《人性论》一书中,休谟从个人提供资源的局限性和政府整合资源的优越性的视角提出和分析公共产品。但真正对公共产品进行明确的概念界定的则是保罗·萨缪尔森。萨缪尔森从公共产品与私人产品的区别入手,将公共产品界定为每个人消费这种产品不会导致其他人减少消费该产品的产品,即公共产品具有"非竞争性"和"非排他性"。

很难考证是谁最先提出"公共服务"这个概念的。但是公共服务通常指的是一种职能。比如台湾学者张金鉴认为政府的职能包括维持、保卫、扶助、管制、服务、发展六个方面的内容。持有相同观点的还有竺乾威。他把服务、管制、维护和扶助看作是政府的主要职能。党的十九大报告也把公共服务看作是政府的主要职能,认为政府的职能是经济调节、市场监管、社会管理和公共服务四个方面。因此,公共服务总是同公众的利益密切相关,是以公共利益为目的、提供各种物品(包括有形物品和无形物品)的活动。公共服务与公共产品的区别主要表现在以下三个方面:①分析起点不同。公共产品是解决资源配置的有效性问题,公共服务则是解决公众利益的保障性问题;②关注的层面不同。公共产品更多关注的是工具层面,而公共服务则更多关注职能层面。③影响的变量不同。公共产品更多地受到现实条件的影响,公共服务则主要受到公民需要的影响。②因此,本书在使用公共服务这一概念的时候,认为公共服务与公共产品不同,二者不能够互相替代。

---

①② 杜万松:《公共产品、公共服务:关系与差异》,《中共中央党校学报》,2011 年第 6 期。

2. 公共服务界定的角度

不同的学者会选择从不同的角度对公共服务进行界定。柏良泽通过分析现有的对公共服务的研究发现有些学者通过物品的竞争性和排他性来定义公共服务,有些学者根据服务供给主体来定义公共服务,有些学者则以公共利益为标准来定义公共服务。①

(1)根据物品的特性来界定公共服务

公共经济学就是以此标准来定义公共服务的。它认为公共物品与私人物品具有不同的特点。任何人对公共物品的使用并不会影响别人的使用。其他人并不会因为你使用了公共物品,他们从公共物品获得的利益就会减少;而且公共物品只要提供给了某个人,其他人就都可以使用,没有人可以被排除在公共物品之外。这是一种典型的通过物品的特性来对公共服务进行界定。马庆钰也从这一角度对公共服务进行界定,认为:"公共服务是政府在纯粹公共物品、混合型公共物品以及带有生产的弱竞争性和消费的弱选择性私人物品的生产与供给中的责任。"②

(2)根据政府的特性来界定公共服务

按照韦斯布罗德的观点,公共服务具有外部性,主要表现为只要提供了公共服务,任何人就都可以使用,不管他们是否为公共服务的供给做出过自己的贡献。因此,在公共服务的供给中存在着"搭便车"的心理。传统的经济学认为公共服务的外部性是政府干预的主要依据。因此,有些学者选择从政府的特性这一角度界定公共服务,比如刘旭涛认为公共服务有广义和狭义之分。广义的公共服务是指所有的那些由于外部性的存在只能由政府提供的公共产品。狭义的公共服务是指那些由政府直接建设或由政府提供资金支持的公共基础设施。刘旭涛认为公共服务有广义和狭义之分。广义的公共服务是指所有的那些由于外部性的存在只能由政府提供的公共产品。狭义的公共服务是指那些由政府直接建设或由政府提供资金支持的公共基础设施。③王浦劬在定义公共服务的时候没有对公共服务进行广义和狭义的区

---

① 柏良泽:《"公共服务"界说》,《中国行政管理》,2008 年第 2 期。
② 马庆钰:《关于"公共服务"的解读》,《中国行政管理》,2005 年第 2 期。
③ 刘旭涛:《行政改革新理念:公共服务市场化》,《中国改革》,1999 年第 3 期。

分。他认为所有的只要是由政府通过公共权力和公共资金提供的服务都是公共服务。[①]

（3）根据服务的特性界定公共服务

对公共服务的界定离不开公共利益。公共服务的最主要特征就是它以公共利益为导向。因此，判断一项服务是否属于公共服务可以看看该服务是否能带来公共利益。韩小威等就持有这种观点。他将公共服务界定为为了实现公共利益，提供各种需要物品（有形物品和无形物品）的活动。[②]

公共服务的内涵非常广泛。我们这里所说的公共服务是狭义的公共服务，是指除了经济调节、市场监管和社会管理之外的政府职能。狭义的公共服务又可以分为不同的类型。我们可以借鉴郭剑鸣的观点，根据公共服务是公众所必须的还是公众自己选择的以及公共服务是否具有盈利性，将公共服务分为基本非盈利性公共服务、基本盈利性公共服务、选择盈利性公共服务和选择非盈利性公共服务。[③]

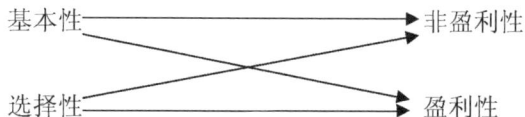

图2.1　公共服务的类型

一般来说，基本非盈利性公共服务事关公民基本生活或生产需要，因此对于这种公共服务来说最佳的供给主体是政府。而对于基本盈利性公共服务、选择非盈利性公共服务及选择盈利性公共服务在供给的过程中可以发挥私人部门或社会组织的作用。本书所要探讨的公共服务主要指的是除了基本非盈利性公共服务之外的其他公共服务。

（二）公共服务供给和生产的区别

公共服务的供给应区分"提供"和"生产"这两个概念。著名的经济学家

①　王浦劬：《政府向社会组织购买公共服务研究》，北京大学出版社，2010年，第6页。
②　韩小威、尹栾玉：《基本公共服务概念辨析》，《江汉论坛》，2010年第9期。
③　郭剑鸣：《公共服务供给主体多元化的理论前景与现实路径——以广东公共服务业多元化发展为例》，《汕头大学学报》（社会科学版），2005年第3期。

理查德·马斯格雷夫(Richard Abel Musgrave)最早意识到这两个概念的不同,认为政府提供公共服务并不意味着所提供的公共服务是由政府生产的。提供意味着政府通过预算来对公共服务进行资金投入,但资金投入并不意味着自己生产(比如可以通过公共资金从市场来购买公共服务)。后来,这一区分被美国学者奥斯特罗姆夫妇继承并发展。他们认为公共服务提供的主体只能是政府。政府作为公共权力的执行者和公共利益的代表,不仅要确认公众对公共服务的需求从而确定要提供的公共服务的数量和质量,而且还应通过财政支持来组织公共服务的生产并对公共服务的生产过程进行监管。公共服务的生产则是通过一定的技术手段将投入公共服务的资金、资源转化为最终的具体的公共服务的过程。公共服务生产的主体并不限于政府。因此,政府在提供公共服务的过程中可以选择自己生产,也可以通过市场交易获得其他组织所生产的公共服务,或者选择与其他的组织合作一起来生产公共服务。斯蒂格利茨(Joseph E. Stiglitz)也有过相似的论述,他认为虽然市场失灵需要政府干预,但政府干预并不必然地要求政府自己进行生产。

1. 公共服务的提供

按照新制度主义学派的观点,公共服务具有非竞争性和非排他性,一旦公共服务生产出来,就会存在着"搭便车"的现象,不管人们是否对此公共服务付费,均可以享受到此公共服务。如果由市场来供给这些公共服务会存在着效率低下的情况,因此公共服务应由政府来提供。但政府提供并不意味着政府生产。公共服务的提供是一个政治过程。公共服务的提供主要指政府通过政治过程决定某种公共服务是否需要提供,如果需要提供,政府需要确定公共服务提供的数量和质量,然后根据成本效益分析来选择最佳的生产者。但选定了服务的生产者并不意味着政府就可以撒手不管了。公共服务的生产者在生产公共服务的过程中可能存在着机会主义的行为从而侵蚀了公共利益,因此政府应对生产者的生产过程进行监督和评估。如果发现生产者存在着投机行为,应对其进行制裁和惩罚,从而保证生产者生产的公共服务能够满足公民的需求。总之,政府的主要职责就是提供公共服务。

2. 公共服务的生产

政府提供公共服务并不意味着政府自己生产公共服务。公共服务的生产是一个管理过程,是将各种有形的和无形的资源转换为公共服务的过程。

公共服务的生产者可以是其他的政府部门、市场或者社会组织。比如,奥斯特罗姆区分了几种不同的公共服务生产安排,政府可以选择自己生产公共服务,也可以根据公共服务的特性将公共服务的生产外包给市场或者另一个政府,在选择公共服务的生产者时,政府并一定只选择一个生产者而是可以同时选择多个生产者来共同生产公共服务。

公共服务的供给就是在区分公共服务的提供者和公共服务的生产者的基础上,通过整合不同的提供者和生产者,形成不同的供给方式来满足人们的公共服务的需求。

(三)公共服务供给的主体

1. 政府

政府提供的通常是普遍性服务。自萨缪尔森提出公共物品的概念以来,提供公共物品和公共服务被看作是政府的基本职责。政府提供公共物品和公共服务具有一定的比较优势,因为公共物品具有非他性和非竞争性以及外部性的特点,市场和其他社会组织缺乏提供公共物品的动机,而政府由于拥有强制权力,能够提供市场和社会不愿提供的公共物品和服务,同时政府可以通过政治过程来确定公共服务的目标、数量、标准及规则,并运用监管、补偿等办法保证其顺利实施。

2. 市场

市场提供的通常是差异性服务。由政府提供公共物品和公共服务并不一定意味着政府自己生产公共物品和公共服务。政府可以通过征收税费、决定服务内容和服务的水平来保留公共服务供给的责任,但可以不直接从事生产,可以将一部分公共服务的职能让与市场,让市场为公众提供公共服务。20世纪80年代以来随着新公共管理运动的兴起,西方的很多国家都开始了公共服务的市场化改革。市场的比较优势在于公共服务的供给采用竞争机制可以提高市场的反应和回应的能力,并节约行政成本从而提高服务的效率。

3. 社会

社会提供的是公益性和志愿性的服务。由社会来提供公共服务是指除政府与市场之外的社会力量出于社会责任感和公共利益的目的来提供公共服务,比如社会组织提供的公共服务。目前,社会组织在社会管理领域发挥着重要的作用,成为除政府、市场以外的一个重要的公共服务提供者。由社会来提供公共服务不仅可以缓解政府财力不足和公共服务的压力, 更重要的是,社会供给是社会发展和成熟的重要标志,它可以充分调动社会公众的积极性,增强社会的凝聚力,在社会中建立起协调机制、互助机制、自救机制和信任机制等。我国在《中共中央关于构建社会主义和谐社会若干重大问题的决定》中就明确指出,要"支持社会组织参与社会管理和公共服务"。

(四)公共服务供给的方式

公共服务的供给方式经历了从政府自己生产服务, 到发动社会和市场力量参与到公共服务生产的改变。传统的单纯依靠政府供给的单一供给模式已经正在被由市场与社会力量共同参与的多元化供给方式所取代。同一种公共物品既可以由政府提供,也可以由市场和社会提供。在由政府提供的公共物品中,既可以是政府自己生产的公共物品,也可以是政府通过财政支持间接生产的公共物品。公共服务的提供并不等于公共服务的生产。特定公共物品或者公共服务到底应由谁来生产,或者换言之,公共物品或者公共服务的提供者与生产者是否应当分离,取决于分离与否的核算成本。公共物品和公共服务提供和生产相对分离的理论, 意味着公共物品和公共服务供给的多元化。

1. 公共服务的政府供给方式

奥尔森在《集体行动的逻辑》中曾指出"一个国家首先是一个为其成员——公民——提供公共物品的组织。"(M·奥尔森,1995)从中可以看出,政府在公共服务的供给中具有不可替代性。政府可以选择的公共服务的提供方式有:

(1)政府直接提供。政府通过税收政策和公共财政开支向社会直接供应公共产品和服务。由政府直接提供的公共产品和公共服务通常具有明显的非排他性和非竞争性,即是纯公共物品,社会通常可以免费使用,比如国防、军队、各种立法、行政和司法机构等。

(2)政府补贴或购买。政府直接提供公共服务,并不意味着政府需要亲自生产,政府可以通过财政资金来资助或购买私人部门、社会组织生产的服务,再由政府向服务对象分配,政府并不是最终的消费者,从而实现了公共服务的生产职能与供给职能的分离。

（3）政府管制。政府运用法律手段、行政强制等手段禁止、限制或者准许某些公共服务行为，以对公共服务进行规范和监管。

2. 公共服务的市场供给方式

市场化提供是指引进市场激励以取代对经济主体的随意政治干预。市场通过引入竞争机制来提供公共服务，可以提高公共服务的效率，缓解政府的财政压力，从而提高人民的满意度。市场提供公共服务的方式主要有：

（1）凭单制。凭单是发给公民的一种凭证，公民可以凭其在市场上购买所需的产品和服务。凭单制赋予公民很大的自主选择权，他可以在市场上自由地选择公共物品和服务的供应商，潜在的市场竞争可以提高产品和服务的质量并降低价格。

（2）特许经营。政府通过特许一定期限的经营权的形式吸引私人部门参与到公共服务的生产和提供中来。在合同期限内，私人部门可以通过向使用者收费获得收益，但同时承担商业风险。比如，可以把公路、桥梁、港口等基础设施的专营权拍卖给私人企业甚至是外商，让其经营。

（3）合同外包。合同外包又称合同出租，在操作意义上，是指将"民事行为中的合同引入公共管理的领域中来，它的做法是以合同双方当事人协商一致为前提，变过去单方面的强制行为为一种双方合意的行为"。（陈振明，2005）在合同外包中，政府扮演的是委托者的角色，政府的职责是确定服务的数量和质量，然后按照合同程序将公共服务项目承包给私人企业或社会组织。政府不再是服务的直接提供者，而是通过对外包的公共服务进行监督，扮演着管理者的角色。

（4）使用者付费。对于像排污、公园等这类具有排他性的准公共物品，政府可以对这种物品确定"价格"，使用者只有支付相应的费用后方能享受这种公共物品。使用者付费既可以指政府或私人部门向获取公共服务的民众收费的行为，也可以指政府内部市场中的模拟付费，还可以指政府向提供公共服务的非政府部门付费的行为，其主要目的是把价格机制引入公共服务领域（张文礼、吴光芸，2007）。

（5）政府资助。对于那些盈利性不高或只有在未来才能盈利、风险大的公共物品的提供，政府会有选择地对提供这些公共物品的企业给予经济资助,以平衡公共物品的社会收益与私人提供者的私人收益之间的差距。政府资助的方式主要有补贴、津贴、优惠贷款、减免税等。

(6)民营化。20世纪70年代末80年代初,全世界掀起了一股民营化的高潮,其中以英国、新西兰和澳大利亚等国家为典型。民营化的过程往往伴随着私人部门的管理手段和市场激励方式引入到公共服务提供中,是指将原先由政府控制或拥有的职能交由私人企业或出售给私人企业。民营化的方式主要有委托授权、政府撤资、政府淡出等。

(7)政府参股。政府参股是指在私人投资生产的某些公共物品中,政府以不同的比例参股来提供资金支持。这主要适用于初始投入较大的基础设施类公共物品项目,比如道路、桥梁的建设。政府参股又分为政府控股和政府入股。政府参股的比例不是一成不变的,项目在建初期,政府股份一般较多,一旦项目进入正常运营,能获得较稳定的正常利润,政府便开始出卖自己的股份,抽回资金,转向其他项目(张文礼、吴光芸,2007)。

(8)政府采购。政府采购不同于政府外包,政府采购不需要提前签订合同,而是由政府在财政监督下,按照法定的方式和程序,从市场上直接购买物品或服务。政府采购通常采用竞争性招投标的方法,这既保证了质量,同时也节约了财政资金,提高了财政支出的效率。

3. 公共服务的社会供给方式

社会已经成为多元化时代社会发展与改革的推动力量之一。“西方20世纪70年代的行政改革给人们的启迪之一是:随着社会进步,特别是科学技术迅速发展,人们越来越深刻地认识到,在处理政府与市场、政府与社会、政府与公众的关系上,传统意义上的政府职能将发生变化,政府会把更多职能以多种形式下放给社会中那些非政府、非营利性组织承担。这些组织不仅要提供公共产品与公共服务,而且要承担对社会公共事务的管理。”(陈庆云,2001)社会提供公共服务的方式主要有:

(1)志愿服务。志愿服务是指志愿性服务组织出于个人的利他主义考虑,通过志愿服务来提供社会所需要的公共物品和公共服务,而没有从整个活动中获得任何经济利益。在美国,只有当志愿服务和通过市场提供公共服务失灵的情况下,才应发挥政府提供公共服务的作用。

(2)自助服务。在提倡“小政府,大社会”的背景下,很多个人、家庭、邻里组织或社区协会参与到公共服务的提供中来以"卸载"政府的负担。自助服务的供给者在为社会提供公共服务的同时,自己也从中获益。自助服务的供给者和受益者是同一的。社会的自助服务在社区治安、垃圾清理与环境治理、社区文化生活、邻里以及家庭纠纷化解方面发挥了不可替代的作用。

(五)公共服务供给的原则

1. 供给的受益范围原则

服务型政府建设需要理顺政府间纵向上的关系,通过合理划分各级政府的职责权限,使各级政府在服务型政府建设中协同合作,共同来满足公民日益增长的公共服务需求。各级政府的公共服务供给职责的划分应以公共服务项目受益对象不同、受益范围大小为依据。全国性公共产品由中央政府提供(或出资外包)。地方性和区域性公共产品由地方政府提供,中央或其他地方政府协助(财政转移支付)。地方性公共产品由地方政府提供(或出资外包),当地方政府因为财力限制,而难以提供全国基准水平的最起码的公共产品时,由中央政府给予一定的纵向转移支付。中央和地方共有的"交叉性"事权划分的基本原则应该是,在地方管辖范围之内的事务由地方负责,超出地方政府管辖范围之内的事务则应由中央政府出面进行相应的协调(宏观经济研究院课题组,2005)。

2. 供给的适当性原则

公共服务供给不足会带来一系列严重的社会问题,公共服务供给过度又会影响经济运行的效率。服务型政府建设应遵循服务供给的适当性原则。所谓公共服务供给的适当性原则是指政府应根据社会公众的需要来确定所提供的公共物品和公共服务的范围、种类、规模和顺序等,而不是政府通过强制手段把自己认为需要的社会服务强加给公民。在经济社会发展的特定时期,政府的公共服务应当有所限制,超出支出能力范围发展公共服务,无论对政府和对社会来说,都会造成沉重的负担,"政府所做的许多事情是不能用金钱来衡量的。尽管如此,政府的开支仍是衡量政府活动范围最好的尺子。"(麻宝斌、季英伟,2009)而且公共服务范围的扩大和种类的增多,往往是一个难以逆转的过程。后期的服务供给如果与前期变化过大,会影响到社会的和谐与秩序的稳定。这样就决定了公共服务供给只能是一个渐进的发展过程,这其中取决于政府的积极推动和促进作用。政府公共服务的取向应与公民的需求之间对等,防止出现供过于求或供不应求的情况。

3. 基本公共服务供给的均等化原则

基本公共服务的均等化是指全体公民享有基本公共服务的机会和原则均等以及结果大体相等,但尊重社会成员的自由选择权。基本公共服务均等化体现了对社会公平和正义的价值追求。公平正义的概念由来已久。在古希腊时期,亚里士多德就把正义分为个人正义和城邦正义,认为城邦正义是一种社会原则,它关系到财产分配和人际关系交往,以公共利益为依归。随着资本主义商品经济的发展,近代西方哲学史上逐渐形成了两种主流公平观:一是认为自由即公正的正义观,二是认为公平就是条件平等的平等主义正义观。社会主义的正义观是建立在马克思主义的正义观基础之上的,认为公平只有在生产力得到充分发展的情况下才能实现。我国目前正处于社会主义初期阶段,生产力还不是很发达,所以在政府的公共服务方面不能企求超越社会发展阶段的绝对公平。但是经过改革开放四十多年的发展,我国的生产力水平毕竟得到了较大的提高,具备了实现更高层次社会公平的条件。基本公共服务供给的均等化要求政府在提供公共服务的过程中采取倾斜性和补偿性的制度安排,以扩大西部偏远地区和广大农村地区的公共服务供给为重点,使公共资源配置向西部地区和农村地区以及弱势群体倾斜,从而缩小东西部地区、城乡之间以及不同群体之间在基本公共服务方面的差距,实现在一个国家范围内每一个居民都有平等享受基本公共服务的权利。

4. 供给的持续性原则

社会成员的公共需求具有连贯性,因此政府的公共服务供给也应具有持续性。对于一个追求人民满意的服务型政府来说,服务的规划设计是必不可少的。也就是说,根据一定时期经济社会发展状况和公众公共需求状况,积极并审慎地筹划公共服务的发展规划,既要考虑国家现有财政状况对于公共服务供给的支撑程度来适当安排公共服务,又要根据未来经济增长形势,推进公共服务供给的发展进程,从而使公共服务的供给既体现出有所限度的阶段性,又体现有所发展的连续性。

（六）公共服务供给的内容

公共服务是指主要由公共部门提供的满足全社会共同需要的服务。根据内容和形式，公共服务可分为四类。第一类：基础性公共服务，指为公民及其组织从事经济、社会等活动所提供的基础性服务，如供水、电、气，交通与通信基础设施，邮电、气象服务等。第二类：经济性公共服务，指为公民及其组织从事经济或生产活动所提供的服务，如科技推广、咨询服务以及政策性信贷等。第三类：社会性公共服务，指为公民的生活、发展与娱乐等社会性直接需求提供的服务，如义务教育、公共卫生、社会福利以及环境保护等。第四类：公共安全服务，指为公民提供的安全服务，如军队、警察和消防等服务。随着社会经济的发展，人们的需求结构也在发生着变化。改革开放初期，人们的需求主要集中于个人的衣、食、住、行等基本的生存需求；随着经济发展和人民生活水平的不断提高，人们的基本生存需要已经满足，对教育、文化等全面发展的公共需求上升。这个变化可以从居民的消费结构变化中反映出来。2005—2010 年，反映城乡居民基本生存需要的食品、衣着和基本生活用品支出所占比重明显下降，分别下降了 13.4 和 11.8 个百分点，体现发展与享受需要的文化、娱乐、教育、旅游消费等项支出的比重迅速上升，其中，交通通信支出比重分别提高了 11.3 和 8.1 个百分点，文教娱乐支出分别提高了 7.1 和 6.7 个百分点。目前，公共安全、公共医疗、义务教育、就业和社会保障、缩小收入差距等方面的需求已成为公共需求的结构主体。

二、组织间网络

2.1.2.1 网络的含义

1. 网络研究的三大流派

要想了解组织间网络必须先要了解什么是网络。网络概念是现代社会中的定义性范式之一。网络思想在 20 世纪就已经被不断重复地应用于物理学、生物学、语言学、人类学、社会学以及精神疗法等不同的领域之中。现有的关于网络的研究成果，体现出一种兼容并蓄的特点。通过总结概述，可以将网络研究分为三个流派:社会网络、政策网络和公共管理网络。

(1)社会网络

网络研究的社会传统主要有三个基本流派:社会测量学派、哈佛结构主义学派和曼彻斯特人类学。

①社会测量学派

虽然梅奥(Elton Mayo)和他的研究团队在霍桑实验中已经使用网络结构来分析人们的社会行为，但人们通常认为目前的社会网络研究起始于格式塔心理学的社会测量模型。雅各布·莫雷诺(Jacob Moreno)是格式塔心理学的主要代表人物，他的社会测量法认为人与人之间的情感联系是最基本的社会关系。情感联系的基本类型有相互吸引、排斥或者介于吸引和排斥的中立。通过对人们之间情感联系的测定，可以了解到社会的各种人际关系。莫雷诺的社会测量法的结构导向至今在社会网络分析中仍占有重要的位置。

②哈佛结构主义学派

20世纪60年代末期,哈佛大学的哈尔森·怀特(Harrison White)教授和他的学生开始重新思考霍桑实验及格式塔心理学的研究成果。他们通过对社会结构建模来对社会结构进行分析。与以往对社会结构的描述不同，他们用"网络"这一概念来描述社会结构。认为不同的关系网络组成了社会结构。根据社会网络的三个主要流派可以发现社会网络分析中的网络强调行动者间互动关系的重要性，是指由一些关系链接的行动者。行动者可以是个人、团队或组织。这些行动者通过关系联系起来,这些关系可以是有导向的，也可以是无导向的,可以是二分的(存在关系或不存在关系),也可以是有价值的。

③曼彻斯特人类学派

曼彻斯特人类学派认为应将关系的形式或结构与他们所承载的社会或文化内容区分开来。他们将"角色"看成是社会学理论的核心概念。因此,社会结构就是角色的结构，角色以及他们的角色组是通过相互作用的网络加以界定的。然而角色不仅是一种结构关系,还从属于一定的社会环境,受社会环境的影响。

（2）政策网络

政策科学领域的学者们认为随着社会事务的复杂化程度不断增加，公共政策的制定需要不同的资源相互支持。因此，他们关注的主要问题就是如何将与某项公共政策有关的资源充分调动起来形成一种既相互依赖又相互支持的网络。关于政策网络的研究主要有三种观点：

①作为利益中介的网络

这种观点认为政策网络主要用来描述利益集团与政府之间的关系，利用政策网络将政府与利益集团连接起来，在一定程度上缓解了多元主义和统合主义之间的矛盾。美国政策网络方面的学者主要持有这种观点，比如美国在 20 世纪 50 年代和 60 年代出现的亚政府的概念就强调利益集团、官僚机构及政府中官员之间常规的联系。亚政府是个人的集群，他们在政策的实质性领域中有效地进行了多数的常规决策。[①]公共政策的产生是相关的利益集团通过网络结构与政府进行互动的结果。作为利益中介的网络主要从微观的视角将参与者之间的网络关系定义为彼此之间的直接的经济利益关系。参与者之间的关系非常紧密，形成了一个封闭的网络，外界很难进入。政策不再是由政府单方面制定的，而是由政府与其他的网络成员相互合作来共同制定的。

②作为组织间关系分析的网络

这种观点主要集中在英国学者中。与美国学者认为政策网络是利益中介的观点不同，他们以中观的视角来重点研究部门之间、政府部门与利益集团之间在公共政策过程中的部门结构关系对政策后果的影响。什·赫拉克（Heclo）是这种观点的代表，他认为利益的代表并不像铁三角描述的那样完全以制度化的形式固定下来，为此他提出了"议题网络"。议题网络的提出从另一个完全与亚政府不同的视角来重新解释政策网络，认为政府在政策过程中并不总是与利益集团合谋，政府具有自主性。与亚政府的封闭性不同，议题网络更具有代表性和开放性。网络的纽带不在于直接的物质利益，而在于共同的知识构成和思想感情。

---

① Randall B.Riley, Grace A. Franklin. *Policy Implementation and Bureaucracy*, Dorsey Press, 1986: 11.

③作为治理的网络

这种观点在德国学者间相对比较流行，德国的很多学者都认为政策网络主要强调了公民社会与国家之间的合作与共治的关系，他们主要从宏观的视角来对政策网络进行定义。比如，博雷尔（Tanja A. Borzel）就认为政策网络是一种特殊的公共治理模式，是政府与其他的行动者在政策制定过程中的非科层互动模式。①治理强调国家与社会之间、政府与非政府之间的合作。从治理的视角来看待政策网络，注重在政策过程中不同组织之间的交换互动过程。各个不同的组织因资源的相互依赖而相互联系构成网络。网络是一种结构安排也是一种用来交换信息、资源、承诺和信任的沟通渠道。政策网络的特点是由它的行动者和他们之间的关系决定的。这些行动者之间关系的产生和维持的重要前提是相互之间的依赖。通过持续的相互作用，特定的关系得以形成。在特定的网络环境中发生的不断博弈实现了资源的均衡。资源的分配会影响未来的博弈，同时这些博弈也会改变资源的分配。网络和博弈是密切相关的。网络形成了博弈的环境条件，它为博弈中的行动者提供了资源和条件。网络虽然为博弈提供了条件但并不决定博弈的结果。博弈的结果依赖于玩家所采取的战略。

（3）公共管理中的网络

公共管理中的网络研究比政策科学中的网络研究和社会学中的网络研究起步晚。它流行于20世纪80年代中期。20世纪80年代以来随着公共事务的复杂化以及新公共管理导致的碎片化等问题，要求政府必须创新公共事务的管理方法。网络作为一种调控模式的结构，强调的是多元行动主体之间的互动，通过整合不同行动主体的力量，不仅可以应对公共事务的复杂化，而且可以解决碎片化等问题，因此符合公共管理的理论建构和公共管理实践的双重需求。公共管理中的网络模式是指参与公共事务的政府机构、社会团体、私人部门和公民之间，在共同协商制定的规则的指导下，通过相互信任和依赖关系进行互动来解决公共问题。

公共管理领域对网络的研究主要包括这三个方面：①网络是否存在以

---

① Tanja A. Borzel.Organizing Babylon—on the Different Conceptions of Policy Network, *Public Administration*, 1998, 76(2):253–273.

及他们是如何发挥作用的。②与传统组织中的管理者不同,网络组织中的管理者应该具备什么样的技能。③网络对治理的民主价值有什么样的影响。

2. 网络的定义及内容

本书在综合了政策网络、社会网络的基础上,主要从工具理性的视角将网络看成是促进主体合作的社会资本和关系结构。社会学主要从"社会结构和个人行动"的视角来研究社会资本,"社会关系""网络"和"个人行动"等概念对社会资本具有重要的影响,认为社会资本与马克思的资本观最大的不同在于它支持的是一种关系投资,主张通过行动主体间的社会关系来影响相互之间的行为。社会资本是嵌入在行动者的关系网络中的。这种网络观主要倚重了社会网络理论和方法,从关系结构和社会资本两个方面来解释网络,而且这两个方面是相辅相成的。社会资本是"镶嵌在个人或社会个体占有的关系网络中,通过关系网络可获得的、来自关系网络的实际或潜在的资源的综合"①。

(1)网络是一种组织结构

社会网络理论认为,社会的结构是由其中的行动者(个人或组织)通过社会关系或某一特殊类型的纽带联系起来的一张网络。它包括两个核心要素:行动者和关系。早在1948年,社会学家费孝通就对社会的关系网络进行了研究。在《乡土中国》一书中,他描述中国社会的结构就像蜘蛛网一样,有一个中心,社会结构的中心就是"自己"。每个人都是他社会影响所推出去的圈子的中心。②后来,香港中文大学的教授们在费孝通研究的基础上,提出了工具性差序格局的概念,认为网络的形成是行动者自主意志的产物。人们在建立关系时主要考虑的是是否有实利可图。由于每一个行动者都不可能拥有自己所需要的全部资源,为了实现自己的利益,行动者必须与其他的行动者进行交换,以获得所需的资源。不同行动者之间为了完成资源交换而展开的一系列的相互作用就形成了网络结构。

因此,网络指的是不同网络成员间(组织或个人)的组织结构。这种组织结构不同于经济学中基于企业-市场二分法的科层组织和市场组织。新制度

---

① Nahapiet J,Ghoshal S. Social Capital,Intellectual Capital,and the Organizational Advantage. *Academy of Management Review*,1998,23(2):242—266.

② 费孝通:《乡土中国》,人民出版社,1996年,第26页。

经济学认为科层组织和市场组织是两种有效的资源配置方式。企业根据交易成本来决定它所需要的产品或服务是通过内部生产还是市场购买的方式获得。虽然威廉姆森从交易的技术结构和体制组织的效率之间的关系层面，认为在市场和企业这一连续体的中间还存在着另外一种组织形式，即中间性组织，但仍然没有脱离企业的直接协调与市场的自动协调的窠臼，忽视了企业组织间的互补合作关系。除了市场这只"看不见的手"或企业的"看得见的手"之外，还存在着一种协调企业之间互补活动的机制，这就是组织间的网络，即拉尔森所谓的"握手"。①

（2）网络组织结构是组织间社会资本的来源

社会资本是新经济社会学中的核心概念，它是以关系网络为载体的。按照吉登斯（Anthony Giddens）的结构化理论，结构具有二重性，即社会结构不仅会制约人的行动，而且还使行动成为可能，同时，由于人的能动性和创造性，人会通过行动来维持或改变结构。结构既限制了行动者的行为，同时又为其行为提供了机会。因此，行动者之间的网络结构，包括关系强度和行动者在网络中的位置，不仅对行动者自身而且对于整个网络有着重要的行为上的、认知上的和态度上的影响。这种网络结构观不同于经典社会学的"地位结构观"。帕森斯（Talcott Parsons）等社会学家认为社会行为受到人的社会地位的影响，人根据不同的属性可以划分为不同的类别，比如阶层、性别、是否占有某种资源等。人的行为受到其所属的类别影响。一个人被归属为某一类别的成员，就自然地接受此类属性文化的规范与社会化。"血缘关系在原始社会中占有重要的地位。任何一个社会结构几乎都是由有血缘关系的人组成的。人们以血缘关系为标准划分为不同的类别"，"原始社会的生产力发展较为低下，社会分化的程度不高，人们的自我意识还没有得到很好的发展，人们更多的是以血缘关系、阶级关系和族群关系来指导自己的行为"。②

网络结构观认为社会中的主体并不是原子化的个体，他们之间的关系结构会影响到他们的行为。社会关系网络能给行动者带来行动便利，因此它

---

① Larsson, R. The Handshake between Invisible and Visible Hands. *International Studies of Management & Organization*, 1993, 23(1): 87-106.

② [美]曼瑟尔·奥尔森：《集体行动的逻辑》，陈郁等译，上海三联书店、上海人民出版社，1995年，第15页。

是一种社会资本形式。这种社会资本会对主体的行为产生影响。在此,我们借用郭毅等的"社会资本嵌入性"的概念。社会资本与人力资本都是行动主体为了取得行动的成功而进行的各种投资。只不过二者的投资对象不同。前者是对行动主体间的关系进行投资,而后者是对知识技能的投资。与个人社会资本一样,组织间的社会资本产生于组织间持续的关系网络,是反映组织间关系特征的那些资源。组织在长期的人际交往、相互接触中产生了人际信任、有效规范等社会资本形式。虽然信任和规范等社会资本的产生并不是行动者相互交往的本意,但即使是这样,我们仍可以作出如下的判断:组织间社会资本是嵌入于网络组织结构当中的。乌兹把组织间的长期关系称为"社会嵌入关系",双方在长期互动的过程中,在纯粹的商业关系中,融入了信任、承诺等社会内容,使纯粹的商业关系嵌入在社会关系中,从而形成社会嵌入关系。很显然,社会嵌入关系是相对于传统的交易型关系来说的,社会嵌入型应该是长期的合作关系区别于传统的交易型关系的根本特征。

2.1.2.2 组织间网络的概念

网络作为一种结构形态在企业管理领域非常流行。随着信息技术的发展,网络组织作为一种不同于科层组织和市场组织的组织形态,因其能产生较高的组织绩效而备受关注。随着对网络组织研究的不断发展,组织间网络成为分析组织间关系的重要理论。本书认为组织间网络包括两方面的内容:一方面组织间网络是一种新的治理,强调多元主体的参与互动。网络是由多个组织组成的相互依赖的结构形式,其中任何一个组织都不是其它组织的下级机关,网络成员间的关系不是通过正式的命令建立的或是有法律依据的;另一方面组织间网络指的是多元主体的关系嵌入的交易模式,强调不同行动主体之间的交换关系的治理,与社会学中的网络含义相似。

具体来说,组织间网络可以被定义为一些相关的组织之间由于长期的相互联系和相互作用而形成的一种相对比较稳定的合作结构形态,这样组织群就可以通过集体决策、联合行动来生产产品或服务,以便更迅速地适应不断变化的技术和市场环境,并提高自身竞争力。①组织间网络中的每一个

① 张紧跟:《组织间网络理论:公共行政学的新视野》,《武汉大学学报》(社会科学版),2003年第4期。

网络行动者之间都是相互依赖的,因此他们之间不存在严格的界限。为了实现网络的整体目标,网络成员间需要相互作用和交换资源。他们的相互作用和交换资源是建立在相互信任和共同规则的基础之上的,而且在相互作用的过程中,他们仍保留其自主的地位。组织间网络的治理机制也不同于适用于等级组织的科层治理机制或者市场中的市场治理机制。组织间网络的最主要的贡献就在于强调根据成员间的关系网络来整合不同成员的行为,从而提供了一种新的治理机制即网络治理。网络治理指的是通过组织间的长期稳定的伙伴关系来协调组织的行为。这种长期的合作关系不仅能够减少组织间的投机行为,而且还有利于组织间的资源和信息交换。组织间网络的形成,一方面来自外部的压力,比如外部环境的不确定性需要组织与其他组织建立纽带来应对外界环境的变化,另一方面来自内部的动力,比如组织间的社会关系网络推动了组织间网络的形成。网络作为一种组织形式超越了传统的对组织的狭义定义,不再将组织的研究集中于对组织内部结构的调整与边界的界定,而是将组织的变革与创新放到更为广阔的环境中来探讨组织间相互联结的模式。

第二节　相关的理论

一、交易成本理论

交易成本理论属于新制度经济学,最早出现在科斯(Ronald Coase)所著的《企业的性质》一书中。与过去经济学家以生产函数来解释企业的行为不同,科斯认为企业究竟采取以市场的方式进行交易还是以组织的方式进行交易主要取决于这两种交易方式所产生的交易成本的大小。"可以说交易费用是衔接权利初始安排和资源配置效率之间的一个至关重要的中间变量。"[①]在科斯观点的基础上,很多学者对交易过程中的各种现象进行了广泛讨论,

---

① 黄家明、方卫东:《交易费用理论:从科斯到威廉姆森》,《合肥工业大学学报》(社会科学版),2003年第1期。

其集大成者是威廉姆森。科斯对交易成本的研究止步于交易成本的提出,未对其进行深入研究。威廉姆森在科斯观点的基础上,综合了组织理论、战略理论等,对交易成本进行了深入研究并发扬光大,使之成为管理学与经济学领域的重要理论。

(一)交易成本的发生

威廉姆森认为交易无法顺利进行通常是因为在交易的过程中,受到人性因素和环境因素等影响导致市场失灵,造成市场交易的困难和交易成本的发生。他继承了西蒙(Herbert A.Simon)的"有限理性",认为由于外界环境的不确定性和人的行为的不确定性,人的能力是有限的。环境的不确定性主要表现为外界环境是处于不断变化之中的,但人们对于环境的变化并不能很好地作出预测,因而提高了事前的协商成本和适应成本。行为的不确定性则来自行为主体间的信息不对称,因此很难获得相对方绩效的真实信息,从而增加了绩效评估的成本。

投机主义是另一个导致交易成本的因素,是指合同的一方主体在履行合同的过程中通过不正当的手段使自己的利益最大化,比如钻合同的空子等。交易成本理论虽然并不认为所有的人都会采取投机行为,但是要区分出在履行合同的过程中哪些人会采取投机行为,哪些人不会采取投机行为也是非常困难的。

有限理性和投机主义是彼此相关的,因为有限理性无法事前拟定一个面面俱到的契约,而为防范契约对方的投机主义,因而产生相关的成本。

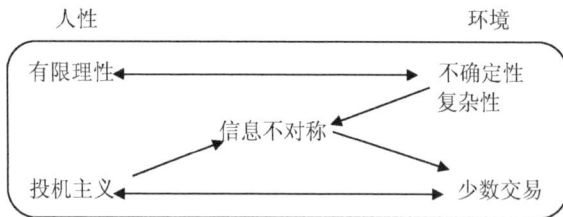

图2.2　交易成本的产生

(二)交易的特性

威廉姆森在更深入探究交易成本的产生因素后提出了交易的三项特

性:资产专用性、不确定性以及交易的频次。资产专用性是指某一资产具有特定用途,无法轻易转移到其他交易关系中而保有价值,因而作出投资的一方可能受到另一方的剥削。一般而言,当组织的资产专用性愈高时,组织愈会倾向将其交易内部化,来降低因交易所支付的成本。库普曼斯(Koopmans,T.C.)认为不确定性的产生有两种原因:一是有限理性所导致的各种预期与不可预期的偶发事件,不可预期的偶发事件主要伴随复杂性而产生;二是因为信息不对称而导致的不确定性,此项不确定性势必会增加监督成本。[1]罗伯森(T.S. Robertson)和贾迪农(H.Gatignon)将不确定性分为外部不确定性和内部不确定性。[2]威廉姆森认为交易频次也会影响交易成本。随着交易双方不断地进行交易,他们要多次地进行沟通和协商,因此交易成本也会增加。

(三)交易成本与交易模式的选择

交易成本理论可以被看作一门"管理机制选择学",其试图解释交易双方如何在一组可行的交易模式中进行选择,使得交易成本最低。科斯将交易模式分为市场和企业两种。如果组织向市场采购的成本低于自制的成本,则应采取市场交易,反之,若组织向市场采购的成本高于自制的成本,则应采取企业层级模式,扩大其组织,使交易内部化。威廉姆森起初着重探讨市场与企业两种模式,但后来将治理的范围扩大,认为将组织间的交易模式仅分为市场及企业两种模式似乎过于极端,因此于1991年提出在完全的市场交易和完全的组织层级交易间,加入混合形式的治理机制(hybrid governance)。混合形式的治理机制不像市场机制仅需单方面的认可,也不像企业内部交易机制采用命令来完成交易,而是需要在双方彼此同意下进行。总之,交易成本理论认为最佳的交易模式的选择应依据交易成本的高低。

本书主要参考了交易成本理论中的交易成本的产生和交易成本与交易模式关系的部分理论成果,分析在合作供给公共服务的过程中不同的供给主体间应该采取什么样的合作模式来降低供给公共服务的交易成本,从而

① Koopmans,T.C.. On the Concept of Optimal Economic Growth. *Pontificde Academiae Scientarum Scripta Varia*,1965,28(1):225—300.

② Robertson,T.S.,Gatignon,H. Technology Development Mode:a Transaction Cost Conceptualization. *Strategic Management Journal*,1998,19(6):515—531.

提高公共服务供给的效率。

二、多中心治理理论

(一)多中心治理理论的提出

多中心治理理论是美国印第安纳大学政治理论与政策分析研究所的埃莉诺·奥斯特罗姆与文森特·奥斯特罗姆夫妇在研究如何对公共池塘资源进行有效的使用和管理，从而确保他们的长期经济价值而提出来的一种具有重大意义的理论。早在两千多年前亚里士多德就指出："凡是属于最多数人的公共事物常常是最少受人关注的事物"，这揭示了公共事务治理的难处。传统政治学中解决公共事务问题主要通过利维坦方案或者私有化方案两种。利维坦方案是指由政府决定谁能够使用公共资源，他们何时使用以及怎样使用这些资源，并且由中央政府对他们进行监督，对违规者进行惩罚。而私有化方案则主张建立由私人企业对公共池塘资源进行管理和使用的私有财产制度，通过市场调节来实现对公共池塘资源的可持续利用。"无论是中央集权的倡导者还是私有化的倡导者，都把制度变迁必须来自外部并强加给受他影响的个人作为中心的信条。"①基于对利维坦和私有化方案的批判，奥斯特罗姆夫妇提出了多中心治理理论，认为在市场与国家之外有"第三只手"，即由利益相关者自主治理公共池塘资源。

(二)多中心治理理论的含义

多中心治理理论是建立在治理理论基础之上的。在理解多中心治理理论之前我们需要理解什么是治理。

自从世界银行在 1989 年讨论非洲发展时首次提出"治理危机"以来，"治理"这个概念在学术界很快就流行开来。治理理论的出现是因为西方的行政学家和管理学家发现"市场 V.S 政府"或"私人 V.S 公共"的二元世界观有其局限性。单靠政府或市场无法有效地解决社会上的各种问题。因此，要求跨

---

① ［美］埃莉诺·奥斯特罗姆：《公共事务的治理之道》，余逊达、陈旭东译，上海译文出版社，2012 年，第 18 页。

越传统的公、私泾渭分明的界线,形成政府与市场之间的伙伴关系。另外,随着社会组织的不断发展壮大,社会组织也越来越多地参与到社会公共事务。这就要求改变传统的政府是公共管理的唯一主体的自上而下的层级式的管理模式,形成政府、市场和社会组织共同参与的平行的治理模式。在这样的背景下,治理理论开始在西方各个国家兴起。

目前,学术界对治理的概念有许多种不同的看法。治理理论的主要创始人之一詹姆斯·N.罗西瑙在其代表作《没有政府的治理》中将治理定义为一系列活动领域里的管理机制,它们虽未得到正式授权,却能有效发挥作用。全球治理委员会在其 1995 年《我们的全球伙伴关系》研究报告中指出"治理是各种公共的或私人的机构管理其共同事务的诸多方式的总和。它是使相互冲突的或不同的利益得以调和并且采取联合行动的持续过程, 它既包括有权迫使人们服从的正式制度和规则, 也包括各种人们同意或以为符合其利益的非正式的制度安排。"[1] Smounts 依据全球治理委员会的定义,归纳出治理的四个特点:①治理是一种过程,不是一套规则,也不是一种活动;②治理强调协调,不以支配为基础;③治理必须同时兼顾公私部门的行动者;④治理不是正式制度,而是一种互动过程。[2]因此,治理是政府与市场、社会之间的一种互动过程,通过协调而不是控制的方式实现其共同的目标。治理与传统公共行政的区别见表 2.1:

表 2.1 传统公共行政与治理的区别

	传统公共行政	治理
主体	单一主体:政府	多元主体:政府、市场、社会
结构	自上而下的层级制	平行的网络结构
方式	命令与控制	协商与平等对话
关系	对立	合作

多中心治理理论继承了治理理论的多元合作治理的观点。"多中心"一词并非奥斯特罗姆首创。它最先出现在博兰尼《自由的逻辑》一书中,用来解释指挥的秩序和多发的秩序。单级权威的秩序是指挥的秩序,"多发秩序"是

---

[1] 俞可平:《治理与善治》,中国社会科学出版社,2000 年,第 4 页。

[2] Marie Claude,Smouts. The Proper Use of Governance in International Relations. *International Social Science Journal*,1998(155):81—89.

"负重情形下六边形各个顶点的相互移动",这种相互适应移动状态就形成了"多中心秩序"。①埃莉诺·奥斯特罗姆提出的多中心治理理论继承了博兰尼的多中心秩序理论,同时更加强调通过参与者的互动和能动创立治理规则、治理形态。该理论认为政府不再是提供公共物品和服务的唯一主体,而是鼓励私人部门和社会组织参与到公共物品的供给中。我们可以从以下三个方面来理解多中心治理理论的含义:①多中心意味着公共服务的多个供给主体,打破了政府在公共服务供给中的垄断地位,在公共事务中引入了竞争机制;②多中心意味着打破了传统的政府与市场二分的非此即彼的局面,强调政府与市场的合作,发挥各自的优势;③多中心意味着转变政府职能和政府履行职能的方式,政府不仅要由管理者向服务者转变,而且在履行职能的时候应更少地采用行政命令手段,而是发挥经济手段、法律手段等多手段相结合的作用。

(三)多中心治理理论的内容

按照奥斯特罗姆的观点,无论是市场理论还是政府理论,组织集体行动的负担都是由一个局外人对合作活动所必须的制度规则的供给承担首要责任。企业家或统治者都对惩罚不遵守企业或国家规则的人作出了令人置信的承诺。正是由于他们是剩余的获得者,当他们与违规行为发生冲突时,对违规行为加以惩罚便是他们的利益所在。但对于那些至少某些潜在受益人不能被排除在外的各种公共池塘资源来说,如何才能将自己组织起来解决制度供给、承诺和监督问题,仍然是一个理论难题。因此,制度供给、可信承诺和监督就成为了奥斯特罗姆的多中心治理理论的主要研究内容。

1. 制度供给

奥斯特罗姆认为制度供给问题是关于如何提供新制度的问题。由于新制度的供给等同于提供另外一种公共物品,因此获得这些新制度的过程中存在着二阶的集体困境,"既然制度提供是一个集体物品,理性人寻求的是免费确保自己的利益,就仍然会有制度供给的失败"①。因此,解决集体困境

---

① [美]迈克尔·博兰尼:《自由的逻辑》,冯银江、李雪茹译,吉林大学出版社,2002年,第198页。

的新的制度不应由一组委托人来提供，而是通过建立信任和一种社群观念来解决新制度的供给问题。

2. 可信承诺

在解释了制度供给的问题之后，需要解决的另外一个难题就是承诺问题。占用者所制定的制度严格地限定他们的行为，如果他们每一个人都遵守这些制度，资源单位将会以更可测和更有效的方式分配，冲突水平将会下降，资源系统本身将会不断存续下去。但"目前的问题是一个自组织的群体必须在没有外部强制的情况下解决承诺问题。他们必须激励他们自己去监督人们的活动，实施制裁，以保持对规则的遵守"[2]。可信承诺只有在解决了监督问题之后才可能作出。

3. 监督

一组委托人如何才能对遵守规则的情况进行相互监督，这就是第三个问题。没有监督，不可能有可信承诺；没有可信承诺，就没有提出新规则的理由。[3]为了阻止那些企图违规的人，并由此使准资源遵守者相信其他人也是遵守规则的，公共池塘资源的占用者创造了他们自己的内部强制。在存在着个人监督者的情况下，相对成本与收益的配置肯定与原先的配置有所不同，或者监督成本较低，或者个人收益较高，或者两者都出现。

三、关系嵌入理论

"嵌入"这一概念最早是由波兰尼（Karl Polanyi）在其著作《大转变》中提出来的。他主要强调经济行动是一个制度化的社会过程。广义地说，波兰尼批评的是完全自律性的市场，他指出 19 世纪以前经济行为镶嵌在社会关系之下，市场确实存在，但并不存在自律性逻辑的市场经济。与涂尔干所强调的"契约的基础是非契约性的"相似，波兰尼也认为市场交易必须依赖诚信和规制，而后者不可能由市场过程所提供。他认为："人类经济是镶嵌在制度

---

① ［美］埃莉诺·奥斯特罗姆：《公共事务的治理之道》，余逊达、陈旭东译，上海译文出版社，2012 年，第 50 页。

② 同上，2012 年，第 53 页。

③ 同上，第 54 页。

之中并受制度所影响,包括非经济的制度是很重要的",因此在波兰尼看来,"经济其实是一种制度化的过程"和与环境互动的结果,整个过程因不同的经济层次和不同的社会条件,其经济整合形式也不相同。①后来"嵌入"一词被新经济社会学的代表格兰诺维特借用。格兰诺维特在其 1985 年发表的《经济行为与社会结构:嵌入性问题》一文中提到,在现代社会中,经济行为嵌入于社会关系中。正是这篇文章使"嵌入"在社会学领域广为流传,无人不知。格兰诺维特也被认为是社会嵌入理论的鼻祖。

嵌入的观点可以调和古典经济学的低度社会化和社会学家的过度社会化。功利主义传统中的大部分观点都假设理性的经济人在追求自身利益最大化的过程中不会考虑社会关系。这些理论不赞同有关社会结构和关系会影响生产、分配和消费的假设。在竞争性市场上,没有生产者和消费者能够明显地影响总供应或总需求或价格和交易的其他方面。这种观点与原子化的、低度社会化联系在一起。新制度主义则认为行动者需要具备相关的习俗、惯例或规范背景,并机械地、主动地遵循它们,而不考虑它们与理性选择之间的关系。这种观点类似于丹尼斯朗在《现代社会学中人类过度社会化的概念》中提出的过度社会化。过度社会化是指人们完全受到所处的组织的规范和价值观的支配而失去了个人的自主性和主动性。服从对他们来说不是一种负担而是被看作是理所当然的。格兰诺维特认为低度社会化和过度社会化虽然有很多的不同点,但都持有原子化的个人主义的观点,都否定了社会关系对个人行为的影响。低度的社会化认为个人活动只受自身利益最大化的影响,而过度社会化则认为社会关系对个人的活动影响很小,个人的活动主要受到社会规范的影响。格兰诺维特批判了这种原子化的盲从。他认为交换包含两个核心要素:行动者之间存在一定的关系;行动者之间存在资源交易。

因此,交换既具有经济性又具有社会性。交换的经济性主要表现为经济交易是一种典型的经济活动,交换的社会性主要是因为行动者之间是一种互动的关系,在互动的过程中,每一个行为者的行动都需要将其他行为者的

---

① 张维安:《社会镶嵌与本土化研究——以关系网络与经济活动研究为例》,《教育与社会研究》,2001 年第 2 期。

行动纳入考虑范围。因此,不同行为主体之间的交换关系既包含着社会性的要素也包含着经济性的要素。古典经济学和新古典经济学主要关注交换关系中的经济要素,假设人的行为都是理性自利的,鲜少受到社会关系的影响。最早关注交换中的经济要素的是韦伯。韦伯指出了行动的四种类型,包括目标取向的行动、价值取向的行动、情感的行动和传统的行动。他集中分析了建立在对实现目标的手段进行计算的基础上的工具理性。

　　社会学家则认为很多类型的交换并不是建立在经济或理性计算基础上的,他们注意到了交换中的社会性。孔德提出个人的考虑要服从社会的考虑,涂尔干驳斥了斯宾塞关于社会群体发展的经济学假定。这些学者一反社会影响是虚幻的态度,认为人完全受到社会压力的影响,没有自己的主观意志。这两种观点虽然有很多的不同,但都将行动者孤立于实时的社会情境之外。古典经济学的孤立来自于狭隘的自我利益追逐;社会学的孤立来自于一个人的行为方式已经被内化,一旦其所属的社会及社会类型为已知,则其行为亦为已知,当时情境的人际关系只起到边缘的作用。"有目的的行为是嵌入在具体的、正在运行的社会关系中的。"①格兰诺维特的"嵌入"一方面主张个人应具有一定的自主性,同时又认为人的活动应受到社会关系的影响,强调人固然会追求自身的利益,但他在作出任何一项决定的时候除了会考虑自身利益最大化以外还会受到自己所处的关系网的影响,所以行动者的行为既是"自主"的,也"嵌入"在互动网络中,受到社会脉络的约制。②嵌入性强调具体的个人关系和这种关系的结构在产生信任和阻止违法乱纪方面的作用。没有人满足于依赖普遍的道德共识或是制度安排来防止麻烦。社会关系而非制度安排或者普遍道德是产生经济生活中信任的主要因素。格兰诺维特借鉴了纳哈皮特(Janine Nahapiet)和戈沙尔(Sumantra Ghoshal)的观点,将嵌入分为关系性嵌入和结构性嵌入。关系性嵌入与纳哈皮特和戈沙尔的社会资本的关系性维度相对应。所谓关系性维度是指通过关系创造或者由于

---

① Mark Granovetter. Economic Action and Social Structure:the Problem of Embeddedness. *American Journal of Sociology*,1985,91(3):481–510.

② [美]马克·格兰诺维特:《镶嵌:社会网与经济行动》,罗家德译,社会科学文献出版社,2007年,第10页。

关系手段获得的资产，包括信任与可信度、义务与期望以及可辨识的身份等。结构性嵌入与纳哈皮特和戈沙尔的社会资本的结构维度相对应。所谓结构维度是指行动者之间联系的整体模式，这一维度主要关心的是网络联系的存在与否、联系的强弱及网络结构。①

本书在研究的过程中借鉴了嵌入理论的社会关系会影响行动主体的经济行为的理论成果，认为为了促进不同的供给主体间开展有效的合作，公共服务的合作供给应注重构建不同供给主体间的亲密关系。他们之间的亲密关系会影响他们的决策和行为。

四、社会资本理论

社会资本是一个相对晚近的概念。尽管早期有些学者已经意识到社会资本的存在并在研究的过程中使用"社会资本"这一词，但是直到20世纪末期，它才真正引起社会学家的注意并把它作为一个社会问题来进行研究，比如布尔迪厄（Pierre Bourdieu）、科尔曼（James S.Coleman）、帕特南（Robert Putnam）和林南等都对社会资本进行过研究。

为了理解社会资本，我们首先必须澄清资本的概念。资本的概念可以追溯到马克思。马克思分析了资本在商品生产和消费过程中，如何从资产阶级和劳动者的社会关系中生成。资本的产生离不开商品的流动，比如生产、销售等环节。马克思认为资本是能够产生利润的那部分剩余价值。资本家为了获得剩余价值而进行的市场投资就是资本。一方面资本如果没有商品的生产和交换就不可能产生资本，另一方面资本是超越了商品本身价值的那部分剩余价值。马克思所描述的资本概念是一种古典资本理论。该理论认为资本是产生利润的资源投资，但投资和利润都属于资本家，生产过程中的劳动并没有为劳动者产生和积累资本。劳动者在生产的过程中所创造的全部剩余价值最终都被资本家所占有。马克思的资本论是从阶级的角度来定义资本的，强调在资本化过程背后的统治阶级的"看不见的手"的作用。

---

① Nahapiet J, Ghoshal S. Social Capital, Intellectual Capital and the Organizational Advantage. A-cademy of Management Review, 1998, 23(2):242-266.

作为与马克思的古典资本理论不同的一种新资本理论的代表——社会资本，排除了古典理论方向中必不可少的阶级解释，不把资本视为社会中阶级剥削过程的一部分，而是偏向于微观层次，解释作为行动者的个体劳动者，为了在市场中获得劳动的剩余价值如何进行投资。

最早提出"社会资本"这一概念的是法国学者布尔迪厄。他从社会网络的视角来研究社会资本，认为社会资本是"实际的或潜在的资源的集合体，那些资源是同对某种持久的网络的占有密不可分的。这一网络是大家共同熟悉的，得到公认的，而且是一种体制化的关系网络"①。

科尔曼被看作对社会资本进行全面理论阐述的第一位社会学家。他主要从功能主义的角度定义社会资本，认为社会资本内嵌于行动主体的社会关系网中，将社会资本定义为"是个体及共同体拥有的、表现为社会结构资源的资本财产，它们由那些构成社会结构的要素组成，主要存在于人际关系和结构中，并为结构内部的某种行动提供便利"②。

真正使社会资本引起人们注意的是帕特南。他以政治学的视角通过分析民主和公民社会的关系来研究社会资本，认为社会资本是"社会组织的特征，例如信任、规范和网络，它们能够通过推动协调和行动来提高社会效率；社会资本能够使行动主体的物质投资获得更大的收益"③。这一概念既包括了科尔曼的社会网络的思想，而且还将信任等各种社会规范囊括进来。

林南的社会资本理论推动了社会资本研究的进一步发展。林南认为社会资本作为在市场中期望得到回报的社会关系投资是指在目的性行动中被获取的和/或被动员的、嵌入在社会结构中的资源。④这个概念有两个重要的组成部分：①它是一种内嵌入于社会关系网络中的社会资源。这种资源不被个人所拥有，个人也不能随意地处置这种资源，而是存在于社会关系网络中。②这些资源的获取和使用取决于行动者之间的互动关系。这种通过社会

① ［法］皮埃尔·布尔迪厄：《文化资本与社会炼金术——布尔迪尔访谈录》，包亚明译，上海人民出版社，1997年，第202页。

② 黄晓东：《社会资本与政府治理》，社会科学文献出版社，2011年，第72页。

③ ［英］罗伯特·D.帕特南：《使民主运转起来》，王列、赖海榕译，江西人民出版社，2001年，第195页。

④ ［美］林南：《社会资本——关于社会结构与行动的理论》，张磊译，世纪出版集团、上海人民出版社，2005年，第28页。

关系获取的资源就是社会资本。林南与上述学者的观点不同,选择从个体选择行为出发研究社会资本,强调个体在社会资本形成与利用中的作用,但同时还考虑到了社会结构因素的影响。因此,他把自己的社会资本理论称为关于社会结构与行动的理论。

总之,社会资本是嵌入在行动者的人际关系网络中的相互之间的信任关系、互惠规范和承诺等,与行动者所掌握的资源无关。它包含三个维度的内容,即结构性维度、关系性维度和认知性维度。结构性维度是从整体的视角来看待行动者之间的关系,主要分析行动者之间是否存在互动关系,他们之间关系的亲密程度及社会关系网络的结构特征等。关系性维度是指通过行动者之间的相互关系而获得的资本,包括信任、互惠规范等。认知性维度是指像共同的文化、语言等这些使不同的行动者之间能够达成共识、相互理解和认可的资源。

社会资源主要是指能够通过交换关系获取的各种实物资源。关系型社会资本与关系契约有一定的联系。关系契约是因对古典合约理论的日益不满而发展起来的。如今这种形式的讨论起始于美国法律社会学家麦考利(Stewart Macauley)一篇被广为引用的文章《工商界的非商务性关系》。他的研究发现行动者之间的交易存在着非理性的因素,比如当双方之间的交易出现纠纷的时候,他们并不一定诉诸于合同条款或者相关的法律法规。后来,麦克尼尔(R.Macneil)对这些发现在法律方面的问题进行了考察,认为任何一种合同法体系的立法意图都在于促成交换并将契约分为古典契约、新古典契约和关系契约。随后,关系契约这个经济学上的概念被金德伯格(Charles Kindleberger)和威廉姆森"发现"。关系契约与古典契约和新古典契约不同。它是熟人之间的一种长期性的契约安排。关系契约不是正式的契约,对于契约双方也没有约束性,它也不是通过法院的判决来确保契约双方履行合同,而是通过契约双方之间的沟通协商。关系契约与其他契约相比通常具有不完全性,因为未来是难以预测的,对于难以预测的未来,任何一方契约主体都希望具有一定的主动性和回应性,因此他们不希望以严格的合同条款对于不确定的未来进行精确的规定。[①]关系契约是关系型社会资本产

---

① [美]埃里克·弗鲁博顿、鲁道夫·芮切特:《新制度经济学》,姜建强、罗长远译,上海三联书店、上海人民出版社,2006年,第207页。

生的前提,但关系型社会资本绝不仅于此。它包含更多的关系契约所无法协调的社会心理因素。

本书在研究过程中借鉴了社会资本理论的研究成果,认为社会资本,包括信任、互惠规范等会对政府、私人部门和社会组织之间的合作产生积极的影响,因此为了使他们能够积极地开展合作,应注重他们之间的社会资本的建立。

五、元治理理论

元治理概念是在与治理概念的联结和呼应中出现的。[1]治理是指各种公共的或私人的个人和机构管理其共同事务的诸多方式的总和。它是使相互冲突的或不同的利益得以调和并且采取联合行动的持续的过程。[2]西方的政治学家和管理学家之所以提出治理的概念,是因为他们发现无论是市场还是政府在资源的配置中都存在着失灵。"愈来愈多的人热衷于以治理机制来对付市场和国家的失灵。"[3]治理虽然可以弥补政府和市场在调控和协调过程中的某些不足,但治理也不是万能的。在资源的配置中也存在着治理失灵的可能。"治理的要点在于:目标定于谈判和反思的过程中,要通过谈判和反思加以调整。就这个意义而言,治理的失败可以理解成是由于有关各方对原定目标是否仍然有效发生争议而未能重新界定目标所致。"[4]因此,无论是科层模式、市场模式还是治理模式都存在着"失灵",都无法解决日益复杂化的社会问题。公共事务管理中一种"新的治理需求"产生了。这种新的治理模式要求不仅能够整合不同的治理模式,产生一种协同效应,而且还应能均衡不同模式间的矛盾,实现有效治理。正是在探索如何满足这种新的治理需求中,元治理应运而生。[5]

---

① 于水、查荣林、帖明:《元治理视阈下政府治理逻辑与治理能力提升》,《江苏社会科学》,2014年第 4 期。

② 全球治理委员会:《我们的全球伙伴关系》,牛津大学出版社,1995 年,第 23 页。

③④ [英]鲍勃·杰索普:《治理的兴起及其失败的风险:以经济发展为例的论述》,《国际社会科学》(中文版),1999 年第 2 期。

⑤ 熊节春、陶学荣:《公共事务管理中政府"元治理"的内涵及其启示》,《江西社会科学》,2011年第 8 期。

自元治理诞生以来,不同的学者都从不同的视角对其展开研究。概括起来主要有以约翰·库伊曼为代表的从系统理论的视角对元治理进行研究、以鲍勃·杰索普为代表的从国家理论的视角对元治理进行研究和以克林为代表的从管理的视角来研究元治理。库伊曼等人认为治理系统嵌入于一个更高层次的系统中,并把元治理定义为三阶治理。所谓的一阶治理是指管理政策问题和政策机遇的具体方法。二阶治理是管理治理的制度体系。作为三阶治理的元治理则是指在管理治理的制度体系中调用规范的原则和要求。杰索普把元治理看作是资本主义国家行使在不同的治理模式中加以选择的权力、解决不同的治理机制的困境和潜在问题的权力并决定不同治理模式运行条件的权力。克林等人与杰索普的宏观研究视角不同,他们从微观的管理视角来研究元治理,并认为元治理主要关注公共管理者如何管理复杂的网络从而促进相互学习和信任的建立。虽然这三种研究视角各有侧重点,而且相互之间也不乏矛盾之处,但都把元治理看作是超越具体的治理形式的更高层次的治理,是"治理的治理"(the governance of governance),并认为元治理作为一种反思性的高阶治理具有以下特征:①生产和传播关于如何治理和被治理的支配性的规范和思想;②在不同的治理机制之间或不同的治理机制的组合之间进行政治的、规范的和情景依赖性的选择;③为了防止功能失调和实现特定的政治目标而发展特定的机构治理形式。

元治理的目的是整合治理网络中既存的行为者、资源和认知,通过战略预测网络中的障碍和机遇,试图创造共同行动的条件。主要有四种治理策略:网络设计(network design)指的是影响治理网络的范围、特点、组成和制度程序。网络设计要求元治理者在构建网络时更多地关注网络目标和创新能力。关注网络目标而不是政策方案有利于选择合适的网络成员。为了促进网络成员间有效的互动和决策制定过程,网络设计还要求元治理者要么单方面要么通过协商为治理网络设定一些重要阶段,从而使网络成员将注意力转向每一个阶段的绩效目标。除此之外,元治理者还应设计合理的合作和协商的程序来降低交易成本和减少因不确定性和缺少协调而产生的冲突;网络架构(network framing)的目的在于通过间接的方式,比如为治理网络设定政治目标、财政条件、法律基础和协商方法等来为治理网络成员的互动提供一个良好的舞台。

元治理者应通过整合不同的治理网络成员的目标来架构整体网络的目标。元治理者还应重视网络成员间的相互依赖性从而促进他们之间的资源交换。如果网络成员的目标得到有效的整合,网络成员间的资源得到有效的流动,有效的政策得以形成和执行,那么元治理者还应使网络成员共享治理网络的收益,从而为网络成员今后的合作打下基础。网络管理(network management)指的是通过有形的和无形的投入与资源来缓解治理网络成员间的紧张关系、解决冲突和降低交易成本。元治理者应通过为治理网络提供足够的支持和资源来降低交易成本并通过议程设置、仲裁、共同问题的解决等来减少网络成员间的冲突。元治理者还应基于网络成员间的合理的辩论和相互妥协来灵活调整治理网络的目的和手段。网络参与(network participation)指的是致力于影响治理网络中的政策议程、备选方案的范围、决策制定的前提和协商的政策结果。元治理者虽然是众多的网络成员中的一员,但它作为"同辈中的长者"能够影响整体网络的运行。合作必须建立在一定的信任基础上。元治理者还应通过建立网络成员间的信任关系来促进他们之间的持续合作。网络设计和网络架构适用于治理网络的初始阶段,即治理网络成员的选择和授权及确定网络成员互动的基本依据的阶段。当网络成员间出现了冲突、僵局,或者治理网络的结果不理想时,这时不仅需要对治理网络进行重新设计和架构,而且还需要通过网络管理和网络参与对治理网络进行调整。

元治理相比其他治理模式具有一定的优势。一方面,它能够动员多元的力量参与到公共事务的治理中,注重多元主体间的合作;另一方面,它又将政府请回到治理的中心位置,有利于维护公共利益、实现民主价值。总之,元治理可以使治理网络更加有效和民主。很多的学者在其研究中都证明了元治理的有效性。艾瑞克汉斯·克林、布拉姆·斯坦和居里安·艾德伦波斯对荷兰的参与环境保护的主体进行的问卷调查证明元治理和环境保护绩效之间是一种正相关关系,元治理是实现环境保护目标的重要影响因素。[1]居里安·艾德伦波斯和艾瑞克汉斯·克林通过比较六个相互作用的决策制定案例也

---

① Erik-Hans Klijn,Bram Steijn,Jurian Edelenbos. The Impact of Network Management on Outcomes in Governance Network. *Public Administration*,2010,88(4):1063-1082.

证明了元治理的重要作用,"通过对六个案例的比较分析,我们发现好的过程管理对于决策制定过程的成功起到非常重要的作用"①。丹尼拉·克里斯托夫利认为网络供给要想取得好的绩效,应由一个元治理者来监督规则和程序的执行情况,元治理者的技能会影响网络的绩效,在某些情况下,它甚至比网络结构和机制的作用更大。②

本书在研究过程中借鉴了元治理理论,认为政府在组织间合作网络供给中应扮演合作网络的"元治理者"。公共服务的组织间合作网络供给中虽然没有任何一方主体处于支配地位,但这并不意味着资源在不同的供给主体间平等分配。政府作为合作网络中的一个行动者,虽然注重与其他部门的合作,但因其掌握的独一无二的资源,在公共服务组织间合作网络供给中处于特殊地位,常常扮演着公共服务组织间合作网络供给的管理者的角色。政府作为公共利益的代表和公共权力的执行者,应整合不同的主体参与到公共服务的供给中并对他们的行为进行协调,使他们共同导向网络目标。由于其他供给主体有着自己的利益目标,为了防止公共利益受到损害,政府还应对其他主体的供给行为进行监督。

---

① Jurian Edelenbos., Erik–Hans Klijn. Managing Stakeholder Involvement in Decision–making:a Comparative Analysis of Six Interactive Processes in the Netherland. *Journal of Public Administration Research and Theory*, 2006, 16(3):417–446.

② D.Cristofoli, J.Markovic, M.Meneguzzo.Governance, Managementand Performance in Public Networks:How to be Successful in Shared –governance Networks. *Journal of Management & Governance*, 2014, 18(1):77–93.

▶第三章
公共服务供给模式的变迁

公共服务的有效供给不仅关系到是否能满足公众的需求，而且还关系到社会的稳定。公共服务的有效供给主要取决于两个变量：一是经济能力，二是制度安排。解决公共服务供需矛盾需要财力的支持，但更需要供给模式的创新。人类的历史进程就是一个人类理性不断发展成熟的过程。在某种意义上说，人类的文明就是理性的积淀。公共服务的供给模式的演变正是人类理性发展的结果。人们运用科学理性去发现现实的公共服务供给中出现的新问题，并根据实践理性的发展水平去进行相关的制度安排和供给模式建构，从而推动公共服务供给模式的演变。公共服务供给模式的演变在人类理性的推动下经历了从政府垄断供给到市场竞争供给再到多元主体合作供给的变迁过程。

第一节 政府垄断供给公共服务

自 19 世纪末到 20 世纪 70 年代，西方发达国家大多采用政府垄断供给公共服务的模式。政府被看成是提供公共服务的唯一主体。不同的学派都对政府的公共服务供给的垄断地位进行了论证，比如社会契约学派的代表霍布斯和洛克以社会契约论来论证国家的职能，认为国家是社会契约的产物，其一个重要的职能就是提供各种服务并维护人们的权利。以萨缪尔森为代表的经济学派则从公共服务的特征出发论证政府作为公共服务供给主体的合理性，认为公共物品具有非他性和非竞争性这两个明显与私人产品不同的特点。非排他性是指任何一个人不能被排除在公共物品使用之外；非竞争性是指一些人对某一公共物品的消费并不会减少其他人从该公共物品中获得的收益。萨缪尔森认为正是公共物品的这两个特点导致公共物品不能像私人物品那样通过市场方式来提供，只有政府供给才能达到公共物品配置的帕累托最优。

一、政府垄断供给公共服务的理论支持

公共服务的政府垄断供给是指政府作为唯一的公共服务供给主体来提供公共服务，强调政府对公共服务领域的全面垄断。

在19世纪末20世纪初以前，政府的公共服务职能很少，政府遵循的是亚当·斯密的"守夜人政府"的理念，认为管的最少的政府就是最好的政府。但发生在20世纪初期的席卷西方的经济危机使失业、贫困、环境、卫生等问题日益严重，西方国家开始意识到管的最少的政府不一定是最好的政府，政府干预是必要的，主张国家采用扩张性的经济政策。通过增加需求促进经济增长的凯恩斯主义不仅在经济领域主张国家的全面干预，扩大政府开支，促进经济发展，而且也被引入到公共服务领域，要求政府提供覆盖全社会的公共服务保障体系。政府不再只是扮演守夜人的角色，而是全面干预到社会生活中，承担了原来由个人和社会所承担的职能。以英国为例，1945年英国大选中工党获胜，工党领袖上台后就对公共事业进行国有化改造，并完善国家的社会保障体系，建立了国民保险制度和国民健康制度等。从1946年开始，政府又开始实施公共服务的生产部门的国有化，到1955年，英国的公共服务部门基本上都完成了国有化改造。

如果说20世纪30年代的经济危机是政府垄断供给公共服务的导火索，那么以萨缪尔森为代表的福利经济学家所提出的市场失灵则是政府垄断供给公共服务的引爆器。萨缪尔森是凯恩斯主义在美国的代表。1954年，在他发表的《公共支出的纯粹理论》一文中，他给出了公共物品（萨缪尔森称之为集体消费物品）的经典定义，认为公共物品是指增加一个人对该物品的消费，并不同时减少其他人对该物消费的那类物品。[①]公共物品与私人物品不同，私人物品是指那些谁出钱谁就可以享用的东西。一旦人们出了钱，财产通过交换为购买者所有，除非主人允许，其他人不得使用。而公共物品，正

① Paul A.Samuelson. The Pure Theory of Public Expenditure. *The Review of Economics and Statistics*, 1954, 36(4): 387–389.

如萨缪尔森所界定的那样,具有"非排他性"和"非竞争性",也就是说公共物品只要提供给了一个人,所有人都可以享用,每个人对该物品的享用不会减少其他人对该物品的享用。因此,公共物品的需求情况不能通过市场机制得到反映,因为人们普遍存在着"搭便车"的心理,会掩藏自己对公共物品的需求偏好,期待通过别人的供给来满足自己的需求。所以市场在供给公共服务方面存在着失灵的现象,政府行为往往在市场失灵的地方体现其合理性和价值。因此,萨缪尔森认为公共物品应由政府来供给。

很多学者都支持萨缪尔森的这一观点。自从加勒特·哈丁(Garrett Hardin)富有挑战性的文章于 1968 年在《科学》杂志发表以来,"公地悲剧"这个概念就成为了一种象征。公地悲剧是指只要某种稀缺资源归大家共同使用,那么就会存在被过度滥用的可能,甚至会出现环境的退化。其实在古希腊时期,亚里士多德就已经注意到了人们通常很少关心那些被大家所共同拥有的东西,他们只会关心自己的利益。如何解决这种公地悲剧?哈丁提出的解决方法是通过外在的"利维坦"实行外部控制,即只有政府才能解决公地悲剧。

曼瑟尔·奥尔森(Mancur Lloyd Olson)在《集体行动的逻辑》一书中也主张通过外部控制来实现共同利益。他认为以共同利益作为激励手段来激励成员采取共同行动通常是不可能的。作为理性的经济人在缺少外部控制的情况下通常不会采取共同行动来实现集体利益,除非集体成员非常少,一个人的投机行为很容易被其他成员所发觉。奥尔森的观点继承了萨缪尔森的公共物品的非排他性的观点,是建立在这样的一个前提假设之上的,即只要公共物品被生产出来,任何一个人都可以使用这种公共物品,不管他有没有为该公共物品的生产贡献自己的力量,因此人们没有动力来为公共物品的生产贡献自己的力量,他只会选择做一个搭便车者。他会积极地隐藏有关其意愿的信息。如果其他人采取共同的行动,那些隐藏信息的人就会利用他人的共同行动创造的机会。如果采取自愿的行动限制需求,某些个人就会追求拒不合作的策略。拒不合作者将自由地攫取由他人自愿合作行动创造的好处。只要每个人自由地决定其自己的行动进程,每个人就可能选择拒不合作的策略。结果导致没有人愿意来生产这种集体物品。因此,对于这类公共物品或者称之为集体物品,只能由政府来进行管理规划和开发。

政府存在的价值也要求政府承担供给公共服务的职责。关于政府存在的价值,需要从它与社会的关系中来理解。在封建社会,国家是属于皇帝或君主的,"普天之下,莫非王土,率土之滨,莫非王臣",统治者只要能够维系其统治就达到了目标。但是现代社会对政府有着更高的要求。政府不能再把政治统治放在首位,而应把为社会提供公共服务放在首位。政府是否具有合法性关键在于政府是否能够及时有效地满足人们对公共服务的需求。18世纪的启蒙思想家对政府应当做什么以及为什么政府需要为社会服务的问题进行了很全面的研究,他们根据社会契约论,认为政府是人们通过互相缔结契约而产生的,人们通过缔结契约的方式将自己的权力让渡给政府,因此政府的首要责任就是维护人们的利益而不是通过人们让渡的权力来追求自身的利益。比如,社会契约论的代表之一洛克通过社会契约论将公民社会置于政府之上,使得政府对公民社会负责,认为自然状态下的人们为了防止自己的权利受到侵犯,通过缔结契约的方式将自己的权力让渡给政府并受政府的支配。虽然这会牺牲掉人们在自然状态下所享有的自由和平等,但却可以更好地维护自己的利益。因此,政府存在的目的就是要维护社会的利益,为社会服务。政府与社会的关系就像枝叶和树根的关系一样,枝叶将通过光合作用产生的养分又输送给树根,政府需要反哺社会,为社会提供公共服务。

二、政府垄断供给公共服务的弊端

20世纪70年代爆发的全球性石油危机使政府垄断供给公共服务的模式受到了挑战。进入70年代以后,西方国家先后出现了新的经济危机,通货膨胀与经济停滞并存,形成了所谓的"滞涨现象"。与此同时,国家财政赤字愈来愈大,而社会失业人口却愈来愈多。经济形势的剧变迫使政府不得不作出反应。政府不再可能像过去那样通过扩大财政支出的方式来满足日益增加的开支,而应考虑如何通过提高行政效率来减少政府的开支。然而政府垄断供给公共服务本身存在着效率低下的问题。以英国的国民健康服务供给为例。一度被誉为西方最完美的医疗卫生服务体系的英国国民健康服务模式是政府垄断供给公共服务的典型代表。它的提供主体是公立的医疗服务机构,服务筹资渠道来自于国家税收,但在整个运行过程中效率低下。行政管理成本和公立医院的运营费用占整个运营成本的大部分,而真正用到病人身上的只占其运行成本的 40%。病人看病排队等候已经成为司空见惯的事情。

　　政府垄断供给公共服务在政府内部采取等级制的组织形式。按照威尔逊的观点,等级制是所有行政体制中最好的。在等级制中,处于低层级的成员要服从上一层级的领导直至政府的最高层。并不是所有的人都可以进入到等级制组织中,只有那些经过专门培训、具有专业知识的人员才能成为等级组织中的成员。威尔逊认为等级秩序的完善会降低实现政策目标方面的资金或努力从而使效率最大化。然而等级组织的实践应用证明等级组织的完善并不一定就是效率。等级制虽然可以带来命令统一、严格服从等优点,但也存在着一些问题,比如官僚常常通过将其机关预算增加到最大限度的方法来扩大自己的权力并提高个人的收入。因此,由采取等级制的组织形式的政府来提供公共服务不可避免地会存在一些问题。另外,政府在供给公共服务的过程中排斥其它供给主体的存在垄断供给公共服务会忽视公众的需求,在回应社会要求的过程中表现出迟钝的情况,从而导致公共服务供给的低效率。我们将政府垄断供给公共服务的弊端概括如下:

　　(一)公共部门规模的扩大

　　官僚组织在实际的运作过程中会不自觉地扩大自己的规模,而不管规模的扩大是否有必要。事实上,所有的组织都倾向于扩大自己的规模和增加组织成员的人数。但与官僚组织相比,其他组织的扩张会受到较多的控制。"任何不是在战争状况中的公共行政部门,人员增加……总是被证明在5.17%—6.56%(每年)之间,而不管需要完成的工作数量如何变化。"[①]官僚组织之所以内在地寻求扩张,一方面是因为一个快速扩张的组织,与扩张很慢的、停滞的或者萎缩的组织相比,在人员的引进和稳定方面具有重要的优势,另一方面是因为官僚组织的领导者热衷于扩张组织的规模,因为这会给他带来丰厚的回报,比如个人权力的增加和收入的提高等。尼斯坎宁(Niskanen)、图洛克(Gordon Tullock)和奥斯特罗姆(Elinor Ostrom)以及公共选择学派认为公共雇员也是理性的经济人,在提供公共服务的过程中会追

---

　　① 张国庆:《公共行政学》(第三版),北京大学出版社,2007 年,第 123 页。

求自身效用的最大化。

经济学家将效用的概念作为一种主观上的通货来使用，决策者们运用它来对那些缺乏明显的"最小公约数"的事情进行选择。换言之，一个人含蓄地用一定的"效用率"来表示种种可能行为的结果，以表明他的行为偏好。然后，比较各种行为的效用，再选择行为或者合并行为，实现他的效用最大化。人的效用最大化的公理可以用来预测人的行为。比如，任何特定的东西相对于其他东西来说，如果其价格上涨了，那么人们将少使用价格上涨的东西，而用其他低价的东西代替。政府官员也是人，因此也会受到效用最大化的原理的影响。根据效用最大化的原理可以预测政府官员提供公共物品或公共服务的程度是依据某一物品或服务对官僚自身利益实现的程度而不是公众的需求。几个可能进入官僚效用函数的变量包括：工资、办公室津贴、公众声誉、权力、奖金、官僚机构的输出、变革的难易度、管理机构的难易度。[①]因此，政府在提供公共服务的过程中如果没有外部对其的限制和约束，它会不断过大自己的规模，因为这会给政府官员带来较多的预算资金及权力、收入和声望。

(二)忽视公众需求

在经济活动方面，大多数组织具有两种作用。一方面，他们需要进行市场投入，购买用于生产的稀缺资源；另一方面，他们需要在市场上出售自己的产品。在市场中，每一个生产者都将他的产品平等地与买方交易，买方用资金购买产品。生产者将出售产品所得的资金用于购买市场上的稀缺资源。只要生产者的销售收入能够支付其投入，就能够运行下去。因此，等价交换的产品销售为评估生产者的绩效提供了一个机制。市场能够引导生产者从生产不受欢迎的产品转到人们渴望购买的商品上来。

政府与其他组织不同，它在经济活动中是单向的，需要购买稀缺资源生产其产品来投入市场。但是它的产出不直接投入市场。因此，在政府提供的服务和它为了提供服务而得到的收入之间并没有直接联系。它不是为了收

---

① ［美］威廉姆·A.尼斯坎南：《官僚制与公共经济学》，王浦劬等译，中国青年出版社，2004 年，第 37 页。

入而供给产出,而是为了预算而供给一个总产出。政府组织的预算主要来自单一的或主要的集体组织的拨款,而这个集体组织又是从税收或多多少少的强制性贡献中获得资金的。集体组织之所以为政府组织提供资金拨款是因为它们需要借助政府来为社会提供公共服务。为了保证政府能够有效地提供公共服务,集体组织会对政府使用预算资金的活动进行监督。因此,集体组织与政府之间的关系是经济学所说的"双边垄断"的关系。①政府组织为了获得资金支持和预算拨款,它承诺会根据集体组织的要求来开展活动并保证这些活动会取得预期的效果。因此,官僚机构是根据集体组织表达的服务需求来提供公共服务而不是根据其消费者。但集体组织表达的需求可能与公共服务的消费者即公众的需求不一致。"没有任何人,能够指导其他人的偏好,除非他们有机会表达自己的偏好。"如果消费者不能向公共机构表达他们的各种各样的偏好,那么公共服务的生产者就不会根据消费者的偏好来提供公共服务。公共服务的支出与消费者的效用就没有什么直接关系。在消费者效用缺失的情况下,生产者的效率是没有任何经济意义的。

(三)公共服务供给的效率低

　　政府垄断供给公共服务除了在政府内部采取官僚制的组织形式外,在公共服务的供给过程中还排斥其它供给主体的存在。由于在提供公共服务过程中缺少其他的供给者,因此一旦公共服务得到提供,缺失排他原则意味着运用这类物品或者服务的每个人都没有什么选择, 只能使用所供给的任何东西。在这样的情况下,政府作为公共服务的垄断供给者可以通过把生产负担或者成本部分地转移到服务的消费者或者用户来节约生产成本。但如果通过生产成本转移导致的生产方面费用的节约被消费方面增加的成本所超过时,则会导致公共服务供给的总体效率的损失。比如,当研究如何最好地利用工作人员的时间时,公共机构即使有,也很少计算用户的时间和不方便的价值,这可能会导致用户排队等待的时间超过公务人员节省的时间,因此出现效率的净损失。另外,随着社会环境的不断变化,公众对公共服务的

---

　　① [美]威廉姆·A.尼斯坎南:《官僚制与公共经济学》,王浦劬等译,中国青年出版社,2004 年,第 24 页。

需求也越来越多样化和个性化。公众不仅关心公共服务的数量,还关心政府所提供公共服务的质量,不仅被动地接受公共服务,还主动地索取能满足自己个性化需求的公共服务。政府垄断供给公共服务在提供满足公众个性化和多样化的需求方面明显力不从心。政府垄断公共服务需要政府支付所有的公共服务的费用,但政府的财力有限。因此,在提供公共服务的过程中,它只能生产能够获得大多数人支持的集体的物品和数量。这不可避免地会遗留一些未得到满足的需求,从而导致公共服务供给的不均衡、公共服务的质量不达标。

第二节　市场竞争供给公共服务

正如上文所论述的,政府垄断供给公共服务存在很多弊端。这引起了理论界的广泛研究。20 世纪 70 年代以来,很多学者都提出打破政府在公共服务供给中的垄断地位,将私人部门和社会组织等多元主体引入到公共服务的供给中,利用市场竞争机制降低公共服务供给的成本。

一、市场竞争供给公共服务的理论支撑

公共服务的市场竞争供给首先需要打破传统的政府干预的思想。米尔顿·弗里德曼(Milton Friedman)是反对政府干预主义阵营中的主力和先锋。弗里德曼激烈地批评了美国的福利政策,认为福利事业的目标是崇高的,但结果却是令人失望的。他认为造成这一问题的原因是因为一个社会把结果的均等放在自由之上,其结果是既得不到平等,也得不到自由,因此提倡自由至上主义,限制政府的职能。尽管政府履行这些职能对于维护和加强自由社会是必要的,但同时政府也能够以此为理由,无限扩大自己的权力。他认为市场也可以提供公共服务。只是由于垄断和类似市场的不完全性,以及外部反应这两种因素,才使市场做起来比较困难。

如果说弗里德曼的自由至上主义的思想打破了政府干预的神话,那么科斯和公共选择学派对政府垄断供给公共服务则来了个釜底抽薪,将矛头

直接对准了政府垄断供给公共服务的理论基础。

传统的经济学理论普遍认为公共物品应由政府提供，典型的代表就是萨缪尔森。他以灯塔为例作了说明。萨缪尔森认为像灯塔这种公共物品是不能由私人部门建造和维护的，因为灯塔使所有的过往船只都受益，要求受益的船只对灯塔的建造和维护付费是不可能的。因此，灯塔应由政府提供而不是私人企业。科斯也以灯塔为例，不过他不是用灯塔来证明公共物品的供给存在着市场失灵，而是用灯塔来证明公共物品也可以由私人部门提供。在他的《经济学中的灯塔》一文中，科斯认为像灯塔这种物品是可以由私人部门提供的。这与传统的经济学理论背道而驰。他以英国历史上的灯塔为例来加以论证。在英国的历史上，灯塔通常是由船主等私人部门提供的，他们通过向过往的船只收费来回收灯塔建造和维护的成本。为了确保私人部门的利益，政府的作用主要变现为确定灯塔的产权，从而打破了传统经济学所认为的公共物品只能由政府供给的观点。

以布坎南为代表的公共选择学派批判将市场失灵作为政府提供公共服务的理由，认为不仅市场存在着失灵，政府也存在着失灵。公共选择理论认为，人类社会由两个市场组成，一个是经济市场，另一个是政治市场。在经济市场上活动的主体是消费者（需求者）和厂商（供给者），在政治市场上活动的主体是选民、利益集团（需求者）和政治家、官员（供给者）。西方主流的经济学认为经济市场和政治市场中的个人有不同的行为动机。在经济市场上的个人以追求自身利益最大化为动机，而政治市场上的个人则把利他主义作为自己的动机和目标。公共选择理论否定了这种观点，认为在经济市场中追求自身利益最大化的人在政治市场中也会表现出同样的野心，因为毕竟他们是同一个人。假设一个在经济市场中自私的、理性的经济人进入政治市场后就会变得具有利他主义和奉献精神是毫无道理的。因此，公共选择理论认为政府的工作人员不是追求社会福利或公共利益最大化的，不是超个人主义的、一心为人民谋福利的，他们也是理性的经济人，也会追求自身利益的最大化，因此由他们所作出的决策和行为并不一定是为社会公众服务的。"当国家行动不能改善经济效率或当政府把收入再分配给不恰当的人时，政府失灵就产生了。"①

无论是弗里德曼、科斯还是公共选择学派都认为应该发挥市场的竞争机制在公共服务供给中的作用，但并没有对市场竞争供给公共服务的实践展开论述。兴起于 20 世纪 70 年代的新公共管理运动则填补了这方面的空白。新公共管理的核心主题就是将市场机制引入到公共部门。新公共管理与传统公共行政不同，它以管理学的视角来指导各国的行政体制改革，主张将流行于私人部门的管理技术和管理方法引入到公共部门中。私人部门中一些先进的管理方法，比如放权、放松管制、竞争等在公共部门中也能发挥很好的作用。②

按照新公共管理的观点，政府应该将私人部门引入到公共服务的供给中。政府不应该事无巨细全部自己负责，而是可以通过民营化等方式将一些职能外包给私人部门。私人部门有着先进的管理技术和方法，因此有些职能由私人部门来承担比政府亲自履行能取得更好的效果。另外，新公共管理认为要从根本上提高政府的工作效率，就必须改革政府的不良体制，主张将市场的竞争机制引入到公共部门中来，在公共部门之间、公共部门与私人部门之间形成竞争，从而提高公共服务供给的效率。"新公共管理是一系列创造性改革的通用标签，其最显著的特征是将市场竞争机制引入到政治领域。"③

新公共管理理论的这些理念被奥斯本（David Osborne）和盖布勒（Ted Gaebler）发扬光大。他们在其出版的《改革政府——企业家精神如何改革着公共部门》一书中概括了新公共管理的十个核心理念：①起催化作用的政府：掌舵而不是划桨；②社区拥有的政府：授权而不是服务；③竞争性政府：把竞争机制注入到提供服务中去；④有使命感的政府：改变照章办事的组织；⑤讲究效果的政府：按效果而不是按投入拨款；⑥受顾客驱使的政府：满足顾客的需要，而不是官僚政治的需要；⑦有事业心的政府：有收益而不浪费；⑧有预见的政府：预防而不是治疗；⑨分权的政府：从等级制到参与和协作；

① P.A.Samuelson and W.D.Nordhaus. *Economics*. McGraw-Hill Book Company,1989:769.

② ［美］珍妮特·V.登哈特、罗伯特·B.登哈特:《新公共服务——服务,而不是掌舵》,丁煌译,中国人民大学出版社,2010 年,第 1 页。

③ ［美］萨瓦斯:《民营化与公私部门的伙伴关系》,周志忍译,中国人民大学出版社,2002 年,第 1 页。

⑩以市场为导向的政府:通过市场力量进行变革。①

二、市场竞争供给公共服务的内涵

公共服务的市场竞争供给认为在公共服务的供给中政府存在能力不足的问题，应该通过民营化或者契约外包的方式在公共服务的供给中引入竞争机制，从而弥补公共服务垄断供给模式的不足。但公共服务的市场竞争供给只限于在公共服务的生产中引入多元主体间的竞争。"公共服务的市场化改革的核心内容就是区分了公共服务的提供与生产。市场化改革主要表现在公共服务的生产领域，即将原来完全由政府生产的公共服务交由私人部门来生产。"②它首先区分了公共服务的"提供"和"生产"。政府提供公共服务并不要政府自己来生产这种公共服务，政府可以通过财政支持的方式让其他组织来生产该种公共服务。市场竞争供给公共服务认为政府垄断供给公共服务的一个主要原因是没有区分公共服务的提供与公共服务的生产，将公共服务的提供和生产的职责都归属政府。这两种职能的矛盾性使政府陷入两难的困境。

公共服务的供给职能要求政府必须反映公民的需求，但公共服务的生产职能又要求政府维护自身的利益。公民的需求与政府的利益相比显然处于弱势地位，因而在公共服务的实践供给中存在着政府漠视公民需求的情况。但事实上这二者之间是有区别的。"服务的提供者指派生产者给消费者，指派消费者给生产者，或选择服务的生产者。服务的供给者通常是政府单位，但也有例外。""服务的生产者直接组织生产，或者直接向消费者提供服务，它可能是政府单位、特别行政区、市民志愿组织、私人企业、非营利机构，有时甚至是消费者自身。"③公共服务的提供和生产的区分允许私人部门或社会组织等多元主体参与到公共服务的生产中，从而在公共服务的生产中形成不同主体之间的竞争。市场竞争供给模式的支持者认为通过竞争的方

---

①② ［美］戴维·奥斯本、特德·盖布勒:《改革政府——企业家精神如何改革公共部门》,周敦仁等译,上海译文出版社,2006 年,第 1 页。

③ ［美］E.S.萨瓦斯:《民营化与公私部门的伙伴关系》,中国人民大学出版社,2002 年,第 68 页。

式进行资源配置比通过像官僚制这种强制的方式进行资源配置能对社会发展起到更好的促进作用。

竞争是产生效率的前提。公共服务市场竞争供给中的竞争包括公共部门间的竞争、公共部门与私营部门间的竞争、私营部门间的竞争。公共部门间的竞争是指在公共部门内部引入竞争机制。传统的公共部门管理的原则之一是应尽可能避免设置职能重复的机关，以防止这些机关之间出现任何实际的竞争。竞争机制的引入要求政府放弃组织内部传统的层级制度并引进市场机制来活化组织内部的结构，将层级管理转化为内部机构之间的交易与竞争。政府内部不同机构间的竞争迫使他们在提供公共服务的过程中将公共利益放在首位，增强对公众需求的回应性并提高提供公共服务供给的效率。公共部门与私营部门之间的竞争是指政府将部分生产能力或部分生产环节交予市场，而保留部分直接生产能力，形成公私部门间的竞争。私营部门间的竞争是指政府通过招标的方式来选择公共服务的生产者，从而在私营部门间形成竞争。多元主体参与所形成的竞争不仅可以提高公共服务供给的效率，而且在公共物品供给中引入竞争机制可以赋予公众更多的选择权，迫使公共服务供给组织对公众的需求作出反应，从而实现公民主权。公共服务市场竞争供给在公共服务的供给中引入市场竞争机制，将政府承担的部分职能转交给市场或社会组织，但这并不意味着政府的责任也转交给他们。无论是从法源关系上看还是运行机制本身，政府在公共服务的竞争供给中都扮演着极其重要的角色。

三、市场竞争供给公共服务的缺陷

政府垄断供给公共服务经常被批评是浪费和无效率的，但市场竞争供给公共服务却遭到了更多的批评。可以说，自从公共服务的市场竞争供给模式提出以来，反对或质疑的声音就不绝于耳。这些批评主要有：

(一)效率至上，忽视社会公平和公共利益

公平与效率的关系问题是公共行政学的基本问题。这一对矛盾统一体是伴随着政府对社会领域的干预而出现的。市场竞争供给模式的支持者认为，通过竞争的方式进行资源配置比通过像官僚制这种强制的方式进行资源配置，对社会的发展能起到更好的促进作用。市场竞争供给模式通过分权、放松管制等赋予基层工作人员一定的自主权。基层工作人员和公众的联系最多，对公众的需求也最了解，因此自主权的赋予有利于他们及时地对公众的需求作出回应。市场竞争供给模式还打破了政府的垄断供给公共服务的地位，将私人部门和社会组织引入到公共服务的供给中，因此能够动员多方的力量和资源来更好地满足公众的需求。此外，市场竞争供给模式还将私人部门先进的管理技术和方法引入到公共组织中来，主张通过绩效评估来提供公共部门的效率、效能和效果。总之，公共服务供给的市场化模式是效率导向的。就其效率追求而言，是有着历史合理性的。但"公共行政在效率追求的道路上无论增加了多少新的参考向量，都不仅不会消弭效率追求的局限性，反而会使它的局限性暴露得更加明显"①。

公共服务的市场竞争供给断定市场、竞争和私人所有权是取得经济效率的根本条件，让私人部门通过竞争的方式参与到公共服务的供给中。但私人部门与政府不同。政府提供公共服务的目的是为了对社会公共利益进行再次分配，从而维护社会公平。而私人部门根本不考虑社会财富在个人之间的分配问题，他们参与公共服务供给的目的只是利润。因此，他们会按照市场竞争法则去选择那些有利于其获利的服务项目，对于那些不能获利的但又不得不提供的服务，则有可能消极供给，从而不利于社会公平和公共利益的实现。以广州市公共交通线路为例，广州市繁华地带的公交线路重叠，而郊区的线路比较少，甚至有些郊区没有设置公交线路。究其原因，在于广州市公共交通实行民营化，让民营公司经营公共交通。民营公司在设置交通线路的时候会从自身的利益出发，争先恐后地去抢夺"热线"的经营权，不会积极地去开辟不挣钱的"冷线"，从而置公共利益于不顾。

公共服务的市场竞争供给是政府通过一定的方式将公共服务的经营权授予相关的私人部门。公共服务的经营权对于私人部门来说是一种有价值的商品但同时又是一种稀缺商品，因此私人部门会竭尽所能地来获得这种经营权。同时，政府官员是理性的经济人，他们在履行公务的过程中会追求

---

① 张康之：《行政伦理的观念与视野》，中国人民大学出版社，2008年，第171页。

自身的利益。寻求自身利益的政府官员和觊觎公共服务的经营权的私人部门一拍而合,"只要政府有授予租金和其他特殊优惠的权力,厂商和个人就会发现,从事寻租活动是合算的;政治家为了自身的利益会对特殊利益集团的寻租行为作出反映"①,利用公共服务市场化之机以权谋私、中饱私囊,甚至不惜牺牲公众利益。公共服务市场化中的腐败问题在各国普遍存在。

(二)忽视了公共服务市场竞争供给的前提条件

公共服务市场竞争供给通常采用委托-代理的方式。政府作为委托方确定公共服务的数量和质量,然后通过竞争的方式选择合适的代理人,最后以合同条款的形式向代理人购买服务,并对代理人的行为进行监督,确保他的行为与合同条款一致。委托-代理方式有效发挥作用需要三个前提条件:①存在完全的竞争市场;②委托方可以制定出完全的契约;③委托方有管理合同的能力。然而这三个前提假设在公共服务供给的现实中并不存在。如果不存在使委托-代理发挥作用的前提条件,但却盲目地采用委托-代理的方式,会降低公共服务供给的效率和质量。

首先,公共服务的特性决定了公共服务市场不可能是完全竞争的市场。由于公共服务标准化空间有限,"量身定做"程度高,同时具有较高的外溢性,其受众又缺乏支付能力,因此缺少或没有经济回报的潜力。这种产品的性质决定了公共服务的提供是缺乏竞争的。②因此,公共服务市场化竞争供给所假设的完全的市场竞争在公共服务市场中并不存在。由于不存在完全的市场竞争,委托方并不能通过竞争的方式选择最好的代理方,即使代理方的行为违反了合同规定,鉴于有限的代理方数量,委托方也不能随便终止合同另选他人。因此,政府在选择合作伙伴时出现"逆向选择",即政府与不合格或者利益冲突更大的组织签订合同。市场供给之所以优于政府供给,并不意味着市场优于政府,而是市场的"竞争"优于政府的"垄断"。但如果公共服务市场缺少竞争,即使通过市场的方式让私人部门参与到公共服务的供给

① 方福前:《公共选择理论——政治的经济学》,中国人民大学出版社,2000 年,第 121 页。
② 敬乂嘉:《社会服务中的公共非营利合作关系研究—— 一个基于地方改革实践的分析》,《公共行政评论》,2011 年第 5 期。

中,一旦获得公共服务经营权的私人部门垄断了公共服务的供给,那么市场化的供给方式并不一定就比政府垄断供给的效率高。

公共服务的绩效难以衡量也会导致委托–代理在实际应用中的效果不理想。公共服务不同于一般的商品,它缺乏有形的最终产品,对其最终结果的测量相对困难。一方面,公共服务的影响具有滞后性,有时需要几年的时间它的绩效才能显现出来,还有些公共服务的绩效难以用量化的指标加以描述。因此,政府常常用服务的产出来作为公共服务供给的效果。但产出和效果不是完全一致的,产出可能是无效的,更多的产出甚至带来不利的后果。委托 代理方式把绩效衡量作为控制代理方行为的方式之一。政府明确规定提供公共服务的效果并以合同条款的形式加以规定,但如何生产则由代理方自由决定,只有当代理方成功地完成了合同规定的绩效时,政府才会给予相应的报酬。因此,公共服务绩效的模糊性会降低政府对代理方公共服务供给的质量的监督和控制。另一方面,缺少合理的衡量公共服务绩效的技术。政府虽然有权力对市场化的服务过程进行监督,但是私人部门提供公共服务的过程是嵌入在其他工作过程中的,毕竟私人部门的责任不只是提供公共服务。由于私人部门存在大量复杂的任务,政府部门很难确定哪些工作是与公共服务相关的,而且无论是从精力还是能力方面来说,政府都不可能对私人部门的所有工作进行监督,因此对政府来说确定合适的监督对象非常困难。同时,私人部门出于免于干扰或者商业秘密的目的,不会欢迎政府部门对其生产过程进行监督。这就导致绩效衡量只能停留在产出的层面。因此,政府很难获得私人部门的信息而实施事前或事中监督。

其次,由于人的有限理性,制定出完全的契约是不可能的。在公共服务的市场竞争供给中,委托方以契约的形式规定服务的数量和质量并以契约来约束代理方的行为,防止代理方以牺牲公共利益来获取个人利益。但正如西蒙所说的人是有限理性的。政府作为委托方,由于时间和精力有限不可能把私人部门所有可能的投机行为都以合同条款加以约束。即使政府有能力预测到在未来履行合同过程中代理方可能会出现的违约行为并列进合同,也不能保证政府有能力觉察到私人部门的所有违约行为。因此,当自利的私人部门发现违约所带来的收益大于因违约而引起的成本时,他们就会违反契约规定并想方设法地逃避政府的监督。

再次,政府缺乏合同管理的能力。委托–代理方式的关键是解决委托方和代理方之间的协作问题,使代理人去追求委托人的目标。然而代理人有自己独立的利益,不会完全将政府的目标认同为自身的目标,这种目标和利益的差异会导致激励不足和有违政府利益的行为。比如,代理人可能发现各种形式的怠工能够最大化其自身的利益,减少服务的供给量,降低质量,将资源转移到其他用途,夸大成本或者将其他成本转入,或者有选择地在个别方面表现良好而忽略其他一些方面。上文所论述的公共服务供给的非竞争性和绩效的难以衡量以及契约的不完全性助推了这一利益偏离。在信息完全对称的条件下,政府可以及时发现代理人的越轨行为并实现控制。但是在市场化的过程中,信息不对称是非常普遍的。与政府相比,代理人掌握大量的信息。他们会利用掌握的专业知识垄断信息、掩饰自己的违约行为,把政府变成是依附性的,"使其政治'主子'变成软弱无能的'外行'"①。因此,使代理人按照能使政府福利最大化的方式行为显然是不可能自动实现的。为解决这一问题,政府必须在公共服务市场化供给的管理上作出有效投入。

公共服务的市场化供给其实质是公共服务的契约化供给。因此,对公共服务市场化供给的管理主要是对契约的管理。契约管理的目的是实现政府与代理人合作的直接意图,包括降低服务成本、提高服务效率和改善服务质量。尽管政府和作为代理方的私人部门都存在契约管理的需要,但是政府通过契约获得具体的产品和服务,而代理商获得产品和服务的等价物——货币。交换物之间可测量性的区别使政府成为契约供给的风险承担者,因此应该积极主动地从事合同管理。但政府缺乏契约管理的专业技能,以及协商、监督和交流的能力。因为在传统的行政管理体制下,政府往往通过指令性的方式来生产和提供公共服务,实行垂直的等级管理,即使签订契约也主要是行政合同,不是市场化过程中所签订的民事合同,因此政府缺乏管理市场合同的能力和经验。而且政府在公共服务市场化的过程中通常在主观上忽视契约的管理,只是将注意力放在契约的设计方面,认为"只要合同签订了,它

---

① [美]文森特·奥斯特罗姆:《美国公共行政的思想危机》,毛寿龙译,上海三联书店,1999年,第40页。

的管理就是无关紧要的"①。

（三）导致了公共服务的碎片化

公共服务的市场竞争供给模式不仅会设立多元的相互竞争的组织来提供商品和服务，而且还期望在私人部门间起作用的竞争机制能在公共部门间起到同样的作用。在可能的情况下，政府会设立许多规模较小的组织，每个组织只提供一种特定的服务,因此这些组织可以取代传统的、有多重目标的部委机关。将大的部门分解成若干小的机构这一做法已为英国、新西兰、荷兰等发达国家所接受。②这些机构目标单一,因而比以前的部委机关更能够对市场压力以及其他直接评估工作成绩的方法作出反应。但是这种分散化的组织设计不利于政府应对复杂的社会问题。政府所面临的很多问题通常需要不同的部门之间相互配合，但分散化的结构设置使他们只追求自身的利益而忽视了部门间的合作和协调,导致公共部门的碎片化。公共部门的碎片化使各部门在面临共同问题时不是从公共利益的角度来制定和执行政策，而是从部门利益的立场来制定政策并以最有效的方式来运用自己的资源,达到自己的政策目标,置公共利益于不顾。希克斯(John Hicks)认为公共部门的碎片化主要存在这些问题:将自己的代价转嫁给其他部门;不同机构的政策目标相互冲突;不同机构提供重复的服务;由于缺乏沟通,不同机构或专业缺乏恰当的干预或干预效果不理想；在需要对公民的需要作出反应时各自为政,结果导致公众的需要得不到满足;公众无法得到服务,或者不知道去哪里获得自己需要的服务;由于没有考虑问题的原因,而是强调可得的或固有的一套专业干预,从而导致服务提供或干预的遗漏或差距。③

① Kelman,Steven J. Contracting. In:Lester M. Salmon,eds. *The Tools of Government:a Guide to the New Governance.* New York:Oxford University Press,2002:90.
② ［美］B. 盖伊·彼得斯:《政府未来的治理模式》,中国人民大学出版社,2001 年,第 32 页。
③ Perri 6,Diana Leat,Kimberly Seltzer,Gerry Stoker. *Towards Holistic Governance:the New Reform Agenda.* Palgrave Press,2002:33.

第三节　多元主体合作供给公共服务

人们在考虑公共服务的供给主体时通常把公共服务的供给看成是线性的系统，即当公共物品由于外部性等特点存在市场失灵时，人们就寄希望于政府干预。当政府干预在公共服务的供给过程中显现出弊端的时候，人们又寄希望于社会组织。但正如前文所论述的，无论是政府、市场还是社会组织，在提供公共服务的过程中各有所长。政府的权力优势和公共利益的代表可以确保服务的连续性和稳定性，私人部门具有专业优势和多渠道的筹资途径，能够快速适应外界环境的变化，社会组织则具有广泛的社会基础。因此，自 20 世纪 90 年代以来，随着治理理论的兴起，一些学者开始主张公共服务的供给应构建政府、市场、第三部门共同参与的多元主体合作供给模式。公共服务多元合作供给已经成为一种世界性的潮流。

一、多元主体合作供给的特征

正如前文所论述的，公共服务的供给存在着"市场失灵""政府失灵"。因此，只有通过不同供给机制的互补与相互作用，才能实现公共服务的有效供给。多元主体合作供给就是这样的一种公共服务供给模式。它建立在治理理论和多中心理论的基础之上，强调政府、市场和社会之间的紧密合作，通过多元主体的共同参与来保障公共服务的有效供给。治理理论具有以下特征：治理的主体是多元的，强调政府与市场、社会之间的合作；治理的权力向度是多元的，强调通过相互协商、建立伙伴关系等来开展合作；治理的权威基础是多数人的认同，强调治理只有被多数人认可才会生效；治理的结构是扁平的，强调不同治理主体间的横向合作。因此，建立在治理理论基础上的多元主体合作供给公共服务具有如下特征：

（一）主体多元

20 世纪后期以来，整个社会都朝着多元化的方向发展。多元共存的社会打破了传统社会的线性决定模式。线性结构包含着决定与被决定的作用机制,在性质上属于政府控制导向的。随着社会事务的复杂化,政府的控制导向表现得力不从心。就像托克维尔(Alexis de Tocqueville)说过的:"一个中央政府,不管它如何精明强干,也不能明察秋毫,不能依靠自己去了解一个大国生活的一切细节。它办不到这一点,因为这样的工作超过了人力之所及。当它要独立创造那么多发条并使它们发动的时候,其结果不是很不完美,就是徒劳无益地消耗自己的精力。"①公共服务的合作供给要求打破政府供给公共服务的垄断局面,主张将其他的组织也引入到公共服务的供给中,从而形成不同供给主体间互相合作提供公共服务的局面。多元主体的合作供给为公共服务供给效率的提高提供了可能,为及时有效地满足公众的需求提供了条件,并使运作成本最小化。

(二)多元主体间的互动

多元合作供给公共服务不仅需要不同的主体参与到公共服务的供给中,更主要的是主张通过这些不同的主体之间的互动来保证公共服务供给的效率和效益。互动有三层含义:互动是被管理体制和管理体制中一个基本的组成部分;互动是拥有不同目的的行动者间的相互影响关系;互动是行动者为了实现特定的结果而采取的行动,但他们的互动会受到行动者之间结构关系的影响。②多元合作供给之所以需要不同的供给主体间的互动是因为任何一个供给主体都不可能拥有其所需要的所有资源。他们为了获得所需要的资源,必须通过交换或交易等方式来处理与环境中其他供给主体的相互依赖关系。

(三)协商的互动机制

达尔(Robert Dahl)和林德布洛姆(C.E.Lindblom)指出组织活动有四种协调方式:多头政治、科层制、市场和协商。多头政治是民主代表的形式,是指通过多种力量组成的多头政治来进行统治,其核心是制约政治领导人的行

①　[法]托克维尔:《论美国的民主》(上卷),董果良译,商务印书馆,1995年,第114页。
②　刘智勇:《柔性组织网络建构:基于政府、企业、NPO、市民之间参与与合作的公共服务供给机制创新研究》,《公共管理研究》,2008年第6期。

为。科层制是官僚组织的主要协调方式,通过自上而下的行政命令和层级结构来进行协调。在以科层为协调机制的组织中,组织成员之间是一种上下级的等级关系,上级可以通过权力来协调成员的行为导向。市场的协调是通过价格杠杆来发挥作用。市场作为一种协调机制在亚当·斯密那里得到了很好的论证。他认为在市场中任何一个人或者企业的行为都是双向调适的,市场就像一只看不见的手在供给和需求方面作出调整。协商则是通过行动者之间的商议形成互动来调整行为。公共服务合作供给的不同主体为了共同的目标联合起来,但在合作的过程中,他们仍然保留自己的利益和自主性。因此,他们之间的互动不能采取多头政治、科层制和市场式的协调方式,他们需要通过相互协商来制定共同的规则并解决成本和收益的分担问题。协商是公共服务合作供给的主要互动形式。

二、多元主体合作供给公共服务的意义

近代社会早期,大多数思想家都盲目地认为随着工业革命的发生,人类社会将会变得越来越简单化,人们的行为越来越具有同一性。但是后工业化社会的到来给这种盲目乐观以致命的打击,打击的程度一点也不亚于爱因斯坦的相对论对 20 世纪初期物理学界的打击。[①]从 20 世纪后期开始,人类社会进入了从工业社会向后工业社会转型的历史进程。在这一进程中,人们逐渐地认识到了社会转型的复杂性和不确定性。社会复杂性的程度大大提高使得公共服务的供给不能再单纯地依靠政府组织。在最广泛的意义上,一切现代社会最常见的难题是官僚科层化,或者"规章制度的统治"。在历史上,官僚科层化部分地说来是自由的进展。例如与官僚随心所欲的权力相比,采用不以个人意志为转移的规章制度是对权利的保证。可是当整个世界不以个人的意志为转移,而且官僚科层组织都由机械的规章制度来运行时,那么这个原则必定已经摇摆得太远了。所以随着向后工业社会转型,公共服务的供给不能再只局限于单一的主体,而应该是多元主体共同参与并相互合作的过程。

---

① 张康之:《行政伦理的观念与视野》,中国人民大学出版社,2008 年,第 299 页。

(一)公共服务的多元合作供给可以满足人们的多样化需求

20世纪后期以来,整个社会都呈现多元化的趋势,甚至社会生活的任何一个层面都朝着多元化的方向运动。极端复杂化与多样化是当今世界的特征,其中权力分散而不是集中;任务趋同而不是细化或者分化。随着人的自我价值的提高,人的个性也越来越多元化和个性化,要求更多的自由和个性化的服务而不是一体化的服务,要求更高质量和更广范围的服务而不是满足于一般服务,主动提出自己的服务需求而不是被动地接受政府提供的服务。传统的政府供给公共服务提供的是满足大多数人需求的公共服务,提供以一种规格来适应一切的服务,这使它不能对人们的这种公共服务需求的变化作出及时有效的反应。人们的公共服务需求的改变需要变革公共服务供给的政府单方主体的供给模式,发展多元的公共服务供给主体,加强政府与私人部门、社会组织等的合作。由政府、市场和社会组织参与的多元主体合作供给公共服务模式不仅体现了社会多元化的价值趋势,而且能够有效地满足公众的多样化需求。一方面,私人部门为赢利而存在。如果一个企业比另外一个企业能够更好地满足顾客的需求,那么它就会获得更大的市场份额。所以为了追逐利润,私人部门必须对公众的需要予以极大的关注并满足公众的需要。另一方面,社会组织与政府和市场相比,规模小、数量大、功能各异、遍布社会生活的各个方面,比较灵活,因此对公众的多元化需求更为敏感。而且社会组织通常以弱势群体或边缘性群体作为自己的服务对象,相比政府和市场来说,可以更好地满足弱势群体的需求。

(二)公共服务的多元合作供给可以产生协同效应

协同效应简单地说就是"1+1>2"的效应。公共服务的多元合作供给是一种独特的制度形式,它不同于市场的自发协作或者等级制度下有意识的管理的诸多过程。公共服务的合作供给主张各方供给主体在提供公共服务的过程中优势互补、扬长避短,从而能够产生合作的协同效应。不同的供给主体在供给公共服务方面各有所长。政府具有权威优势,可以控制政治政策和经济风险;市场具有竞争优势,可以降低生产成本;社会组织具有志愿优势,可以动员社会资源。通过相互合作,不同的供给主体在供给公共服务的过程中能够各尽所长,不仅能够强化政府的公共服务的责任,而且还能够充分发挥市场和社会组织的优势，形成政府、市场和社会之间的专业化和协作关系。这不仅可以增加公共服务供给的数量，而且还可以提高公共服务的质量,从而更好地为公众谋福利。

▶第四章
公共服务合作供给在实际应用中的变异

公共服务合作供给能够有效地解决公共服务供给中的"政府失灵""市场失灵"和"志愿失灵"的问题,而且能够很好地满足人们日益增长的个性化的、多样化的需求。因此自20世纪七八十年代以来,公共服务的合作供给便成为各国在公共服务供给中热捧的对象。随着社会组织与市场的迅速发展,中国也将公共服务的合作供给模式引入到公共服务的供给中来。一方面,政府通过制定相关的政策法规或者中央文件使民间力量参与到公共服务的供给中变得合法化。另一方面,不同的地方政府都尝试在公共服务供给的实践中应用合作供给的模式。1995年上海浦东新区社会发展局兴建的罗山市民休闲中心,通过协商,委托上海基督教青年会出面管理,这是公共服务合作供给第一次进入我国实践领域。此后,全国一些城市陆续进行了这方面的探索实践。到目前为止,我国公共服务合作供给的内容和范围逐渐扩大到医疗卫生服务、教育服务、社区服务、培训服务、就业服务、计划生育服务等诸多公共服务领域。我国的公共服务合作供给有其必然的生成逻辑,而且也发挥了一定的作用,但也伴随着一定的缺陷,在实践应用中存在着变异的现象。

第一节 公共服务合作供给
在实际应用中变异的表现

一、合作主体间的关系是"中心–边缘"式的机械团结

机械团结是法国社会学家涂尔干提出的。涂尔干认为社会生活有两个来源:一是个人意识的相似性,二是社会劳动的分工。在第一种情况下,个人是社会化的,他不具备自身固有的特性,与其同类共同混杂在集体里。在第

二种情况下,他自身具有了与众不同的特征和活动,但他在与他人互有差异的同时,还在很大程度上依赖他人、依赖社会,因为社会是由所有个人联合而成的。①前一种社会生活的来源产生了一种固有的团结——机械团结。这种团结方式认为为了获得所有成员的一致活动,他们必须丧失掉自己的想法,而完全受集体意识的支配。机械团结的主要作用在于它能保证人们行为的一致性。后一种社会生活的来源则是有机团结社会的标志。有机团结与机械团结不同,它不要求人们为了保持同一性而完全失去自己的个性,它认为团结是建立在不同主体的差异性基础上的,集体意识应为个人的自主发展留有一定的空间。这种自由发展的空间越广,团结所产生的凝聚力就越强。

中国在公共服务的供给中形式上已经接受了其他社会力量的参与。当代西方学者通常都认为公民参与可以有效地实现公共利益,可以形成政府与社会之间的合作关系。但在我国的公共服务合作供给的实践过程中,注意力仍过多地放在了政府身上,依然是强调以政府为中心的参与治理。其他供给主体的参与只是参与到执行政府的目标中,而没有参与到公共服务供给的目标制定中。这种参与从属于中心–边缘结构,不属于多元因素平等条件下的合作治理的构想。

参与与合作不同。"人们将行动者关系和合作伙伴关系的思考简化为'参与民主'或'公民参与'。这是一种短视,而且这类参与恐怕仅能改变代议制民主机制的皮毛。过不了多久,或者便会提出民间社团的合法性问题;或是当公共权力希望以他们制定的计划'联合起公民'而得不到回应时又为之感到遗憾。"②也就是说,虽然政府一直强调公共服务供给中的多元参与,但在实际中却存在着卡蓝默所注意到的这样一种现象:"目前经济活动的转移和维持传统的生产办法造成的结果是,社会依然优先采用的是垂直的生产体系。与跨国公司所代表的和世界范围内的生产体系相对应的是由'管风琴管'组成的公司,在那里,一些世界人士与他们在地球另一端的同行的关系日益密切,而同周边业界人士的关系日益削弱。"③当一个社会有着清晰的中

---

① [法]埃米尔·涂尔干:《社会分工论》,渠东译,生活·读书·新知三联书店,2000 年,第 183 页。

② [法]皮埃尔·卡蓝默:《破碎的民主——试论治理的革命》,高凌瀚译,生活·读书·新知三联书店,2005 年,第 154 页。

③ 同上,第 21 页。

心-边缘结构时,那么就意味着社会中存在着权力的不平等,处于中心位置的组织通常拥有较大的权力。为了维持一个良好的社会秩序,处于中心位置的组织会通过它的权力来对社会进行严格的控制。这种中心-边缘式的合作供给不仅没有赋予其他供给主体与政府同等的权力,而且还剥夺了其他供给主体充分表达自己利益诉求的机会。所以这种合作关系不可能形成一种有机团结,最多只是机械的共存。

二、合作关系是基于算计的表象协作

合作的程度是有强弱之分的。有些合作具有工具理性,是为通过合作使自己的个体利益得到最大化的实现,有些合作则是根据自我与整体的总体性体验而开展合作。曼德尔(Myrna Mandell)和基斯特(Robyn Keast)根据合作的程度,从低到高将合作分为互助(cooperation)、协作(coordination)和合作(collaboration)。①互助是最普遍的也是最弱的合作。人们建立这种合作关系的目的是为了交换信息或专业知识。合作的各方是独立的,只有在需要的时候他们之间才会联系。这种类型的合作的最大特点是考虑到别人的利益,但不一定要调整自己的目标。合作主体间的关系是松散的、偶尔的、信任度低的。互助可以看作合作的初级形态。协作关注整合不同主体的行为,从而更有效地提供他们自己的服务。协作与互助相比,主体间的关系更为密切,但参与者仍把实现自己的利益作为目标,没有共同的使命。协作可以被看作是合作的低级形态。合作的参与程度最高,是建立在主体间强的联结基础上的。参与者不再是独立的,而是相互依赖来解决"邪恶的问题"(wicked problem)。在合作的过程中,每一个合作主体的地位平等、权力分享、相互信任。这三者的特点见表4.1:

---

① Myrna Mandell,Robyn Keast. Network Arrangements:towards Revised Performance Measures. *Public Performance and Management Review*,2007,30(4):574–597.

表 4.1　互助、协作及合作的特点

	互助	协作	合作
信任	有限	有目的的	高度
信息分享	谨慎的	与项目有相关的	共享
交流通道	稀疏	有导向的	密集
承诺导向	个体组织	项目	整体
权力	自我保留	有导向的	分享
责任	个体组织	项目	整体

从目前我国公共服务合作的现实情况来看，不同主体间的合作关系的维护主要是以物质的或成文的契约为中介。这与我国的公共服务不同供给主体间的合作关系的建立以委托-代理理论为依据是一致的。委托-代理理论作为一个理论框架主要应用在组织经济学和管理学领域，它被用来建构和管理合同关系并解释委托人和代理人的行为。作为一种理论，它的主要责任是纠正因信息不对称而产生的投机主义。委托-代理模型已被广泛地应用到营利性组织、政府组织及非营利性组织中的组织间、管理者与雇员间的合同关系。在委托-代理理论中，委托方与代理方合作的目的是为了获得成本优势和专业技能。委托方发现他们的组织缺少生产物品或服务的技能或资源，内部发展这种技能的成本又很高。因此，委托方选择与代理方合作以获得这种资源或技能，通过签订合同规定投入、过程、产出、质量、绩效标准、监督以及代理方的报酬等。委托-代理理论有两个前提假设：①委托方和代理方之间目标不一致；②代理人与委托人之间存在着信息不对称。与委托人相比，代理人掌握着大量的信息。因此，委托-代理理论认为解决委托人与代理人之间合作问题的关键是委托人对代理人的激励、监督、惩罚，从而使代理人按照能使委托人福利最大化的方式行动。弗雷认为监督的强度（包括频率、正式性及绩效标准的精确性）以及其他工具的使用会确保代理人行为与委托人的期望相一致。

中国的公共服务合作供给强调基于委托-代理理论来建立政府与其他供给主体间的合作关系，并通过合同来维护合作主体间的关系（见图 4.1）。按照古典合同理论的定义，合同是两个或更多的行为者之间的具有法律效力的书面协议，主要有以下四个特点：①合同可以约束双方的行为；②合同是法律文件，它的目的是将风险最小化并确保责任；③合同的法律性可以确保责任,促使承包商关注合同目标;④合同是委托人发起的,政府拥有绝对的权力可以决定继续或终止合同。要想让承包商忠实地履行合同,只能通过承包商效用最大化的行为来实现。因为一个人在从事非法活动前,他考虑的在机会成本之上的得益是用他守法的价值来度量的。同样,个人在试图推动社会变化时所承受的净成本是由他们感到的不公正和异化来度量的。因此,政府作为委托人,为了维持与代理人之间的合作关系,建立了一套基于合同的制度设计,以合同条款的形式明确列出代理人享有的权利和应尽的义务,包括代理人的投入、构成、结果、质量标准、代理人的报酬、违反合同应承担的责任以及代理人的绩效目标。

基于合同的外部控制来维持政府与承包商之间的合作关系需要具备三个前提条件:完全的市场竞争、充分的信息对称和完整的合同。但公共服务本身的特性和市场的特征决定了在政府购买公共服务中并不存在完全的市场竞争。公共服务标准化空间有限,“量身定做”程度高,同时公共服务具有较高的外溢性,其受众又缺乏支付能力,因此缺少或没有经济回报的潜力。这种产品性质决定了公共服务提供是缺乏竞争的。①充分的信息对称在政府与承包商之间也不存在。与政府相比,承包商掌握着大量政府所不知的,且难以监督的信息。完整的合同也是不可能存在的。完整的合同要求合同条款能够涵盖交易关系的所有方面。政府是有限理性的,他不可能预测所有的不确定性和承包商所有的投机行为,并将其写进合同条款里从而约束承包商的行为,即使政府有能力预测所有的可能性,由于契约成本的存在,也不会把所有的意外事件都详细写明。而且外部控制把人看成是理性的经济人,只追求自身利益的人性观也是有问题的。如果人都是自利的经济人,那么怎么解释社会上很多的慈善行为呢? 因此,靠合同的强制性并不能带来真正的合作,最多仅是一种协作的关系。

协作是不同于合作的。如果理性的经济人仅仅为了履行合同而不是基于双方的相互承诺而开展合作,那么他们在合作的过程中会互相猜忌,他们不会为了共同的目标而牺牲自己的利益。这种态度不利于双方之间形成真正的合作关系。他们之间的关系最多只能称得上是协作。协作只是行动主体

① 敬乂嘉:《社会服务中的公共非营利合作关系研究——一个基于地方改革实践的分析》,《公共行政评论》,2011 年第 5 期。

为了实现某一特定的目标而采取的过程,它是"过程"而不是"结果"。如果说协作有着共同目的的话,那么这个共同目的是在协作之外的,是外在于协作和经由协作所要达到的目的。①"虽然契约和自我利益对群体成员的连属相当重要,可是效能最高的组织却是那些享有共通伦理价值观的社团,这类社团并不需要严谨的契约和法律条文来规范成员之间的关系,原因是先天的道德共识已经赋予社团成员互相信任的基础。"②这种明确的或暗含的、理性的、正式的控制机制还会对合作产生消极的影响,因为控制机制会使对方觉得自己不被信任,会阻碍双方形成良性的交易关系,认为制度设计会使投机行为付出昂贵的代价从而抑制投机行为,这是低度社会化的论调。③去除了制度化的设计,他们并没有考虑具体的个人关系在防止欺诈上的功效。用制度设计取代信任会导致出现霍布斯所说的"自然状态",也就是理性的人会有动机发明各种方法钻制度的漏洞。另外,依靠合同的传统性责任机制与合作供给的真正目的不相匹配。因为合作供给的目标是针对一个公共问题提供分权化、灵活的、个性化的和富有创意的回应。所以建立在委托-代理基础上的合作关系对外在风险比较敏感,抵抗力差,很容易受到外在风险的冲击,从而处于一种不稳定的状态。在委托-代理关系下,政府作为委托人与其他作为代理人的社会组织或企业保持一定的距离,形成了一种既相互合作又相互对抗的关系。

---

① 张康之:《行政伦理的观念与视野》,中国人民大学出版社,2008 年,第 365 页。

② [美]弗朗西斯·福山:《信任:社会道德与繁荣的创造》,李晓容译,远方出版社,1998 年,第 36 页。

③ 低度社会化主要是新制度主义经济学的主张,这一派人的主要兴趣是拿新古典经济学的观点来解释社会制度的形成。他们认为法律、历史、政治、社会的力量其目的都是为了有效地解决一定的经济问题。

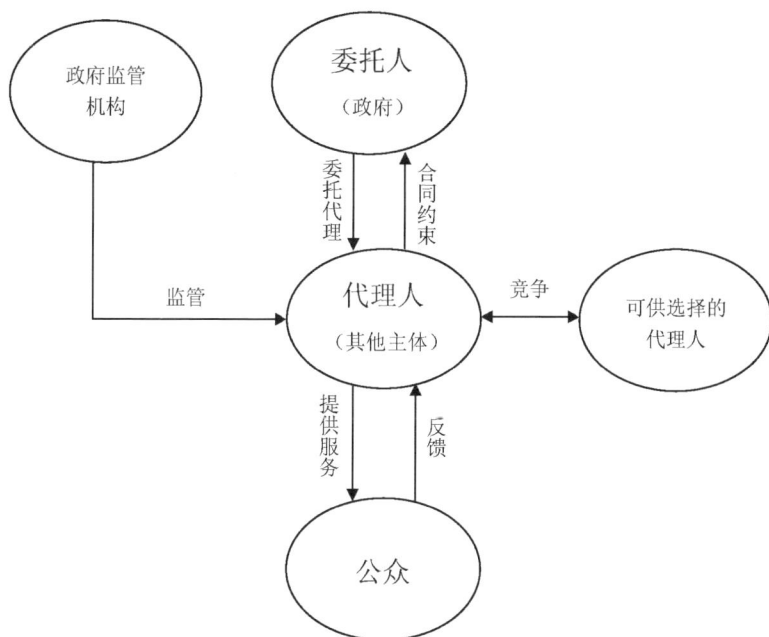

图 4.1 公共服务合作供给的委托 – 代理模式

三、合作关系缺少治理性资源的交换

治理性资源是与运作性资源相对应的。[①]运作性资源是指组织所拥有的可以完全交易的资源,比如政府的公共财政资金就属于运行资源,它可以通过购买或支付等方式将其交换给其他组织, 社会组织或私人部门的专业技能也属于运作性资源。运作性资源在相互合作的过程中可以互相交换,交换后资源的所有者可以自主支配的这种资源相应地将减少。治理性资源是指组织在与外界环境的互动过程中所获得的一种资源或能力, 它不能完全地被交换,只能部分地被交换。对政府来说,它所掌握的公共权力就是一种治理性资源;对社会组织来说它所拥有的与服务对象之间的紧密联系是其治理性资源。治理性资源在合作的过程中是不能够交易的,只能与合作对象共

---

① 敬乂嘉:《从购买服务到合作治理——政社合作的形态与发展》,《中国行政管理》,2014 年第 7 期。

享。治理性资源同运作性资源相比更能带来合作的优势。如果仅仅将合作局限于治理性资源的交换,那只能称之为"参与"而不是严格意义上的供给主体间的合作关系。

在我国的公共服务合作供给中,不同主体之间的合作仅限于运作性资源的交换。通过合作,政府获得了其他供给主体的专业能力,从而解决自己在公共服务供给方面的能力不足;其他主体通过参与公共服务合作供给获得了自身发展所需的资金支持或者市场份额。在合作的过程中,政府忽视了其他供给主体所拥有的治理性资源。政府通常只是把他们看成是自己决策的理性的执行者。正如20世纪后期各国都在进行的新公共管理改革。他们试图将私营部门的经营理念和管理方法应用到公共部门中,从而缩减政府规模、削减公共开支。这种改革的思路其实就是运作性资源在政府与其他主体间的交换,强调通过运作性资源的交换使得政府能够利用私人部门的优势来提高工作效率并降低行政成本。

只注重运作资源而忽视了治理性资源的交换会导致其他供给主体的治理性资源难以得到有效利用,他们没有得到足够的授权,与公众的关系仅仅局限在服务的提供上。当前在很多发展中国家和转型国家,社会组织囿于其组织使命、文化结构和资金限制,往往专注于服务提供而忽略了政策倡导。从表面上看,社会组织参与公共服务的供给实现了政府借力社会组织来提高公共服务供给效率的目标,但是同时还应看到社会组织专注于提供政府所要求的公共服务,导致很多社会组织失去了该组织的原初意蕴与价值,促使社会组织的功能发生了偏离,其扩大群众参与、反映群众诉求的作用大打折扣,对社会的整合功能也日渐衰退。更为重要的是,社会组织专注于服务供给,使得弱势群体的利益缺少代言者。总之,虽然社会组织能提供一定的社会公共服务,但在参与制定公共政策、影响政府执行力等方面发挥的作用还很小。因此为实现其宗旨,社会组织必须参与到决策领域。仅仅关注运作性能力的提高,反过来损害社会组织向其顾客提供服务的能力。①

总之,中国在公共服务供给的实际中以权力和契约为基础来建立和维

---

① 敬乂嘉:《从购买服务到合作治理——政社合作的形态与发展》,《中国行政管理》,2014年第7期。

持合作关系。社会组织和其他供给主体服从政府的管理,履行相关的契约。从表面上来看,政府已经注意到了发挥其他主体在公共服务供给中的作用并将他们吸纳到公共服务的供给主体中,但他们之间的合作不是基于平等基础上的合作,供给主体更多的只是在政府主导的背景下开展合作,而且合作主体间缺乏支持合作关系的信任,只是一种表象的合作或者说是低阶的协作。此外,在合作的过程中,政府忽视了供给主体间治理性资源的交换,导致合作仅仅是一种"参与"。

第二节　公共服务合作供给在实际应用中变异的原因分析

合作的生成是需要一定的条件的。比如,扬(Young)认为当处于经济动荡和政治骚乱时,合作关系是难以生成的。因为动荡的制度环境比和平的制度环境更容易引发政府与非营利组织之间的冲突。[①]组织目标的一致性也会影响到合作关系的产生。当组织之间存在目标的偏离时,双方就不容易发生合作。那么哪些条件会影响合作的发生?这些条件要素之间存在什么样的逻辑关系?他们是如何相互作用从而影响合作行为的发生的?在此,作者借鉴汪锦军的观点,将合作的条件分为逻辑条件、环境条件和操作条件三种。

①逻辑条件。逻辑条件是所有合作条件的根本和核心。资源依赖理论认为当一个组织拥有一定的其他组织所不具备的但却对其有利的资源或能力时,组织之间将会建立合作关系。单个的组织由于受到其自身的传统或专业技能的影响,只能提供有限种类和数量的服务。通过建立合作关系,合作主体间可以获得彼此拥有的互补的资源、新的技术和隐形知识等。因此,双方的资源互补是形成合作关系的逻辑前提。②环境条件。主体间的合作需要主体间存在一定的信任关系。信任是合作的前提。合作要求必须在主体间建立起一种信任关系。不同供给主体间是否具有自主的身份也是合作的重要环

---

① Yong D R. Alternative Models of Government-Nonprofit Sector Relations:Theoretical and International Perspectives. *Non-profit and Voluntary Sector Quarterly*,2000,29(1):149-172.

境条件。如果不同的供给主体间相互依附，那么他们之间就难以产生合作关系。③操作条件。即使合作主体间存在着资源依赖，而且主体间的地位平等，还有一个条件会影响合作的生成和效用，即主体间的互动状态。比如，合作主体间的沟通、责任分担和权力共享、合作主体的合作意愿等。唯有如此，合作才能最终发生。

我国在公共服务的供给中已经注意到了不同的供给主体间的资源优势，即他们之间存在合作的逻辑前提，但却忽视了创造有利于他们之间合作的环境条件和操作条件，从而导致公共服务合作供给在实践中的变异。

一、促进合作的环境条件不存在

良好的外部环境是促进公共服务合作供给的重要推动力。政府与市场、社会组织的合作需要行政体制提供制度支持。一般认为，民主而非专制的国家体制，更能促进政府与非营利组织间合作关系的形成。正如科斯顿所分析的那样，当一个社会接受制度多元化时，政府与非营利组织才有合作的空间。改革开放以来，我国先后进行了多次的行政体制改革。政府管理理念、管理方式、机构设计和政府公信力方面都得到了很大的提升，但仍存在一些深层的矛盾和问题。政府在管理社会事务时仍残留着计划经济时期"全能政府"的影子，对市场、社会干预过多，挤占了社会的自主空间。在职能方面，政府管了许多管不了、管不好、不该管的事。在社会管理方式方面，政府以权力和法律为基础进行社会管理。这种传统的自上而下的单向式的管理方式已经不能适应多元化、复杂化社会的要求。

4.2.1.1 政府职能转变不到位

政府职能是指国家行政机关依法对政治、经济、文化、社会诸领域的公共事务进行管理时所承担的职责和发挥的作用。政府职能会随着社会环境和社会发展的需要而发生改变。社会形态不同的国家，同一社会形态国家在不同历史发展阶段上，政府职能的内容、重心和履行职能的方式是不同的。政府职能转变是政府为适应社会发展的需要，政府的职责和功能所发生的转换、重组和优化。自党的十八大以来，以习近平同志为核心的党中央从党和国家事业全局出发，把转变政府职能作为深化经济体制改革和行政体制改革的关键性举措，多次作出部署，紧紧围绕处理好政府与市场关系，按照使市场在资源配置中起决定性作用和更好发挥政府作用的要求，持续推进行政体制改革，加快政府职能转变。然而我国受传统的计划经济体制下政府包揽公共事务传统的影响，政府习惯于独揽公共事务管理的权力。从总体上看，政府对资源的直接配置过多，对微观经济活动的干预仍然较多。在与其他供给主体互动的过程中缺少边界意识，自觉或不自觉地扩张自己的权力，形成了对其他供给主体的自主空间的挤压，从而使其在与其他主体的合作过程中以一种高高在上的姿态扮演着控制者的角色。这必然造成其他供给主体能力受限，自主性受损，在合作的过程中处于政府的从属地位。这种政府对社会组织的束缚已经影响到社会组织的发展。当下，中国把服务型政府作为行政体制改革的目标。应该说服务型政府作为一种新的政府治理模式体现了政府价值理念的更新，也体现了政府职能重心的转移。但是不管是服务型政府的概念还是服务型政府建设的实践，都体现着政府取向或者政府本位的理念。政府仍然是主动的施惠主体，社会作为被动的受惠对象仍然没有摆脱对政府的依附关系。①

4.2.1.2 不同主体间的信任匮乏

信任是合作的前提。如果人们之间不存在相互信任，那么他们之间就不可能存在真正的合作。即使他们之间存在着合作，那也只是有了合作的"形"，而不具备合作的"神"。何谓信任？福山在分析官僚制的根源时指出："一个社会之所以需要官僚体制，原因是社会无法信任任何成员在任何时候都会遵循内化的伦理规范，并尽自己身为社会成员的一份力量。当这些人不遵守社会既定的规范时，最终社会必须透过外加的法规与惩罚手段，来迫使他们接受约束。"在福山看来，"所谓信任，是在一个社团之中，成员对彼此常态、诚实、合作行为的期待，基础是社团成员共同拥有的规范，以及对个体隶属于那个社团的角色"。②信任与信赖不同。信赖在根本上是有着反合作倾向

---

① 沈亚平、郭琦：《从公共服务型政府到社会取向型政府》，《生产力研究》，2006年第10期。

② ［美］福山：《信任：社会道德与繁荣的创造》，李晓容译，远方出版社，1998年，第34页。

的,信赖使人生成依附意识,失去主体意识和自主能力,听命于他人,被动地接受他人的指派和安排。人一旦失去了主体意识和自主能力,也就不会有自觉的合作行为。信任则不同,它是一种对称性的关系,拒绝任何控制和支配行为。因而基于信任的回应行为就是双方的合作。此外,信赖是有风险的。这种风险根源于因信赖而丧失掉的主体意识和自主能力。信任则不同,因为信任恰恰是主体意识的一种表现形式,是自主能力的增强。所以信任以及建立在信任基础上的合作行为,都是无风险的。

在许多发展中国家,政府与非政府组织之间信任的缺乏是导致合作难以形成的重要原因。在这些国家,政府不相信非政府组织,认为非政府组织会挑战国家的权威。而非政府组织,尤其是社会组织也不相信政府,担心自己的组织自主性受到政府的干预。在我国,政府与社会组织之间信任的匮乏可以从我国社会组织的发展历程来加以分析。我国社会组织的发展历程可谓是艰难曲折。改革开放之前,我国对社会组织主要持有一种防范警惕的态度,这是由当时的国际和国内环境决定的。随着市场经济的确立,政府职能不断地发生变化,政府对社会组织的态度也发生了变化,政府不再是一味地控制社会组织的发展,而是注重培育和发展社会组织。总体上来看,政府对社会组织的态度发生了微妙的变化,从不信任开始到信任。但是政府对社会组织的信任是有选择的。从被信任的主体来看,政府主要信任那些与其有着密切联系的社会组织;从互动的领域来看,社会组织主要提供的是非基础性的公共服务,基础性公共服务领域还是主要由公办事业单位所把持;从社会组织的功能来看,政府虽然鼓励和支持社会组织参与到公共服务中,但却忽视其利益表达的功能。以政府购买公共服务为例,政府在选择购买对象时,通常会选择那些与其有着密切关系的社会组织,或者由作为购买者的政府发起成立一个社会组织来承接政府所转移的职能。这其中的一个重要原因就是政府对于体制外的社会组织持有警惕和怀疑的态度。

政府与社会组织间信任的匮乏不仅对公共服务质量的提高、社会组织生产公共服务的规范化,而且对于政府与社会组织间的合作都有着不利的影响。以政府向社会组织购买公共服务为例,政府与社会组织的合作或者是基于熟人关系的非制度化程序,或者是实质上的"内部化"合作,即承包公共服务供给的社会组织不具有独立性,要么是政府发起成立的,要么就是政府倡导成立的。因此，契约并不能对双方的行为起到很好的约束作用，一种极端的情况就是双方之间根本就没有订立契约。虽然从短期来看，无论是政府还是社会组织可能都实现了各自的预期，但不利于提高从公共服务的质量，规范社会组织生产公共服务的行为，以及完善政务购买公共服务和更高层面的多元主体合作供给公共服务。

政府对市场的不信任表现得更为明显。主要表现为对非公机构的排斥和市场准入方面的严格控制。在诸多关系国计民生的领域设立严格的门槛。以我国目前的情况来看，市场供给公共服务的领域主要集中在硬服务方面。所谓的硬服务是指那些可以进行明确的成本收益衡量的服务，比如垃圾清埋和消防等服务。硬服务与软服务相对应。之所以将市场供给公共服务的范围限定在提供硬服务方面，是因为政府不相信市场。政府希望能对市场提供服务的行为和结构进行控制和监督。所以只能选择将那些服务要求和标准可以清晰地得以表述的、监督成本不是很高的服务领域移交给市场来提供。

二、促进合作的操作条件不健全

公共服务供给主体的合作不仅涉及合作的各个要素，而且还需要各个要素在一个微观的连续发展过程中相互配合、共同作用。在此，笔者借鉴库文贺（Kouwenhoven Vincent）的观点，将合作的连续发展过程分为三个阶段：①第一个阶段即合作的开始阶段。在这一阶段需要合作主体通过相互协商来确定共同的目标。②第二个阶段即合作的发展阶段。合作主体为了维持一个有效的合作关系，在这一阶段要求他们之间应该责任共担、信息共享。③第三个阶段即合作结果的评估阶段。在这一阶段，为了能及时地发现问题并共同来解决问题，合作主体应该对包括各个主体在内的公共服务供给的总体进行评估，而不是对单一的主体进行评估。评估的主体和方式可以由各个主体协商决定。①因此，公共服务的合作供给无时无刻不依赖于政府与其他

---

① Kouwenhoven Vincent. The Rise of the Public Private Partnership：a Model for the Management of Public-Private Cooperation. In：Jan Kooiman，eds. *Modern Governance：New Government-Society Inter-actions.* Sage Publications Ltd，1993：125-126.

组织间的协调和沟通。协调和沟通的过程则依赖于机制的合理性和稳定性。机制是促使行动者按所规定轨道行为并形成某一领域稳定秩序的安排。[①]中国的公共服务合作供给在实际应用中的变异正是由于相关机制的不合理和不健全,包括目标的协商机制不健全,过程的互动机制不合理及绩效的评估机制不完善。

4.2.2.1 目标的协商机制不健全

共同的目标是合作的基础。如果没有共同的目标,任何主体间都不可能真诚地开展合作。共同的合作目标能为公共服务的供给主体指明努力的方向,避免供给主体行为的盲目性,而且还能明确不同的供给主体在公共服务供给中的职责。但在我国的公共服务合作供给的开始阶段,合作目标通常是由政府单方面制定的。政府所谓的合作伙伴关系至多只能是邀请其他组织参与政府单方面制定的计划而已。政府在合作的过程中还是延续传统的管理方式,运用政府的政治权威,通过发号施令、制定政策,对社会公共事务实行单一向度的管理。政府的合作伙伴参与到合作目标制定的程度非常有限,更多的时候它们仅仅是政府目标的执行者。政府所设定的绩效目标和绩效考评方式从根本上说是政府对其合作伙伴的要求,而不是合作主体共同的追求,因此难以成为各个主体共同努力的目标。用杰索普的话来说:"治理的要点在于:目标定于谈判和反思过程之中,要通过谈判和反思加以调整。就这个意义而言,治理的失败可以理解成是由于有关各方对原定目标是否仍然有效发生争议而未能重新界定目标所致。"[②]

以某市小区教育配套设施建设为例。某市的教育配套设施在 1987 年以前一直是由政府投资并生产的。但随着城市的飞速发展和外来人口的大量涌入,该市政府由于自身的财政能力限制已经无法满足人们对于教育资源日益增长的需求。新公共管理在中国的兴起使得该市政府决定通过公私合作的方式与开发商合作来供给教育配套设施。主要合作途径是:学校校舍由开发商建设,开发商在建设小区的同时负责建设小区的教育配套设施。校舍

---

① 金东日:《论机制》,《广东社会科学》,2012 年第 5 期。

② [英]鲍勃·杰索普:《治理的兴起及其失败的风险:以经济发展为例的论述》,《国际社会科学》(中文版),1999 年第 2 期。

的建设资金由政府从开发商应该缴纳的土地出让金或其他税费中扣减。学校建成后,开发商应无条件地交给教育行政部门使用或管理。

这是一种典型的通过公私合作提供公共服务的模式。在合作关系的开始阶段,政府单方面的以行政命令的方式对于合作的内容及合作的方式进行了规定。对于那些没有按照规定进行教育配套设施建设的开发商,政府可以追求行政责任。在确定合作目标和合作方式时,政府并没有和开发商进行商谈,结果导致政府单方面的规定没有考虑到开发商的利益,从而引起开发商对于合作的合法性产生质疑。合法性是指即使缺少法律规范的直接约束,人们仍会自觉地服从社会秩序和权威。也就是说合法性与法律规定无关,而与是否得到人们的认同有关。合法性的危机导致开发商对于政府所确定的合作目标的认同度低,从而在建设教育配套设施时阳奉阴违。要么是教育配套设施的建筑物质量不达标,要么是教育配套设施的布局结构不合理,还有的是教育配套设施的消防设施存在隐患。[①]公共服务的合作供给是一个上下互动的过程,应该通过不同供给主体之间的协商等方式确立共同的目标,来对社会公共事务进行管理,而不是政府单方面地设定合作目标。

4.2.2.2 过程的互动机制不合理

正如前文公共服务供给模式的变迁那一章所论述的,公共服务的供给先后经历了政府失灵、市场失灵。这表明没有哪个机构,无论其为公共部门还是私营部门,都不可能拥有完全的知识和能力来独自解决一切问题。由于公共服务的复杂化,公共服务的供给需要整合政府、市场和社会的力量,构建公共服务的多元合作供给模式。公共服务的多元合作供给并不仅仅指的是多个主体参与到公共服务的供给中,还需要多个主体通过互动的协调机制来构建不同主体间的紧密合作关系。真正的合作是不能通过外部强加的,它之发挥作用,是要依靠多个互相发生影响的行动者之间的互动。在特定的政策领域中彼此相互支持,每一个主体都贡献自己的知识或者其他资源。尽管强制性的外在制度不可或缺,但合作关系不能单靠外在制度来达成。更多的时候需要参与各方之间达成广泛的共识。合作主体间的互动有利于双方

---

① 《该案例整理自王桢桢的公共服务中的公私合作困境及应对策略》,中山大学博士论文,2009 年。

之间信息的交流,从而有利于共识的达成;合作主体间的互动使双方之间的利益密切相关,从而可以防止投机行为的发生;合作主体间的互动有利于双方之间的团结,从而有利于他们共担风险。

我国的公共部门还受到传统的"全能政府"思维的影响,要想打破公共权力对社会分门别类时所使用的心理上的和行政上的级别, 这一点并不容易做到。"即使是在所谓的'共同诊断'阶段,也一直是属于老虎屁股摸不得的。"[①]此外,政府担心自己权力受损,不愿意走下神坛与其他组织进行真诚和公平的互动。因此,在我国的公共服务合作供给中,基于相互信任和平等地位的互动式的协调是不存在的。合作主体更多地采取的是等级式的或者市场式的协调方式。等级式的协调机制和市场式的协调机制最早是由威廉姆森以组织间的交易成本为维度提出来的。他认为对于那些比较简单的、非重复性的及资产专用性投资要求低的活动可以通过市场机制来进行, 而对于那些结果不确定的、可重复的、对专业性投资要求高的活动最好是通过等级式的方式来进行。等级式的协调机制主要是通过上下级之间的权威关系来对主体间的关系进行协调。市场式的协调机制主要是通过价格机制来进行协调,其目的是追求各自利益的最大化。不管是市场式的协调还是等级式的协调遵循的都是人类行动的单向度的观点, 即人类行动要么被组织要求所决定,要么被个体的一个自愿的选择所决定。这种人类行动的单向度的观点忽视了人与人之间的相互依赖性和相互联结性。因此,不管是市场协调还是等级协调,它们都不可能带来真正的合作。"资本主义市场具有一种程序的理性,而程序又具有一种形式的属性,优先照顾无穷无尽地'用经济手段'追求利润最大化。与之相较,政府的合理性是实实在在的。它有明确的目标,优先追求一个又一个的'有效'政策目标。市场协调和自上而下调控成了有效理性、机会主义及资产特殊性等问题的牺牲品。"[②]

---

① [法]皮埃尔·卡蓝默:《破碎的民主——试论治理的革命》,高凌瀚译,生活·读书·新知三联书店,2005 年,第 168 页。

② [英]鲍勃·杰索普:《治理的兴起及其失败的风险:以经济发展为例的论述》,《国际社会科学》(中文版),1999 年第 2 期。

4.2.2.3 绩效的评估机制不完善

雷丁（Beryl A.Radin）认为对绩效的关心是无处不在的。[①]持有相同观点的还有科普林（William D.Coplin）、梅戈特（Astrid E.Merget）和布尔多（Carolyn Bourdeaux），他们认为"绩效"一词概括了 20 世纪 90 年代公共行政领域的专家学者们的时代精神。[②]总之，他们的观点反应了当今时代绩效评估的重要性。绩效评估系统能够激发人们的动机，你只要测量某件事人们就会作出反应；绩效评估还能够辨别出成功的或是失败的行为，从而进行激励或者采取相应的补救或处罚措施；绩效评估还能赢得公众支持。公共服务的供给关系到公众的切身利益和社会秩序的稳定，因此各国都注重对公共服务供给的绩效评估。奥斯特罗姆等人在对公共服务供给不同制度安排进行比较的基础上，指出其可持续发展的根本在于总体收益要大于或等于总体支出，因而评估特定的公共服务供给制度安排是否具有效率需要通过总体绩效指标和间接绩效指标来评估。

总体绩效标准包括经济效率、通过财政平衡实现公平、再分配公平、责任和适应性五个指标。间接绩效标准包括供给成本和生产成本两个方面。供给成本包括转换成本和交易成本，生产成本是指设计、建造、运行和维护的成本。[③]普雷姆·詹德认为公共服务供给的评价对象应该包括效率、产品与服务质量和数量、机构所做的贡献与质量，包含了节约、效应和效率。[④]约翰·鲍恩认为公共服务供给评价的对象应该包括公共服务的效益、效率、效果、投入和产出。威廉·N.邓恩将政府公共服务供给评价的对象概括为"4E"，即经济（economy）、效率（efficiency）、效益（effectiveness）和公平（equity）。

———————

① Radin，Berl A. Challenging the Performance Movement. Georgetown University Press，2006：4.

② Coplin，William D.，Astrid E. Merget，Carolyn Bourdeaux. The Professional Researcher as Change Agent in the Government-Performance Movement. Public Administration Review，2002，62（6）：699-711.

③ ［美］埃莉诺·奥斯特罗姆：《制度激励与可持续发展》，陈幽泓等译，上海三联书店，2000 年，第 9~10 页。

④ ［美］普雷姆·詹德：《公共支出管理》，王卫星等译，经济科学出版社，2002 年第 1 期。

表 4.2　奥斯特罗姆关于公共服务制度供给的绩效指标

总体绩效指标	效率、财政平衡、再分配公平、责任、适应性			
间接绩效指标	供给成本	转换成本	转化成本、安排成本、监督成本、规范成本	
		交易成本	协调成本	
			信息成本	时空信息、科学信息
			策略成本	搭便车、寻租、腐败
	生产成本	转换成本	投入转换为产出的成本	
		交易成本	协调成本	
			信息成本	时空信息、科学信息
			策略成本	规避责任、腐败、逆向选择等

公共服务的合作供给与传统的单一组织供给不同。合作供给涉及众多的利益相关者,每一个利益相关者都有自己的期望和目标。这些在绩效评估的时候都需要考虑。合作供给需要参与方投入大量的资源。多方之间的互动会产生交易成本。这个在绩效评估的时候也需要注意。而且主体间的合作能够产生社会资本。这些社会资本是一种资源,有利于合作主体未来的合作。这个在绩效评估的时候也不应忽视。此外,合作供给是一个动态的过程。事前确定的目标在互动的过程中可能会发生变化。总之,评估公共服务合作供给的绩效不能和评估单个组织的绩效相同。

我国的公共服务合作供给的绩效评估机制还沿用了传统的绩效评估方法,重在查找错误,而不是经营合作关系。主要表现为:①对单一合作主体的绩效进行评估。尽管公共服务的合作供给需要不同的供给主体的参与,但是合作供给的绩效并不是由任何一个合作主体的效率决定的。这是因为合作供给的绩效不仅取决于单一供给主体的效率,还取决于他们之间的协调机制。我国的公共服务合作供给的绩效评估通常是在代理的层面上由政府对其他组织的绩效进行评估。其他的供给主体作为代理人有着强烈的动机来欺瞒政府,阻碍政府对其工作情况进行深入的了解。并且通过其信息优势只向政府传递好的信息,掩盖不好的事实,从而使政府难以获得公共服务供给的相关信息。②以事先确定的目标作为绩效评估的标准。在我国的公共服务合作供给中,政府通常以事先确定的目标作为绩效评估的标准。这种绩效评估方式重在查找错误,而不是经营合作关系,不利于合作主体间信任的建立。

▶第五章

组织间合作网络供给——公共服务合作供给的路径

　　人类社会与其他动物群体的一个重要区别是，人与人之间可以通过运用个人理性而达致某种形式的合作。合作是人们面对复杂局面的理性选择的结果。奥图尔（O'Toole Laurence）概括了合作重要性的三个原因。第一，处理艰巨或者复杂问题需要合作。对 20 世纪上半叶出现的大部分问题来说，官僚组织是理想的形式——问题容易界定，目标很明确，任务是可以测量的。但随着后工业社会的到来，很多问题"没有解决的办法，只有临时的、不完全的解决"①。对这种问题来说，合作是很有必要的。第二，在某种意义上，当公众要求政府提供更多的服务但又不希望政府过多地干预社会的时候，人们寄希望于合作的方式。第三，政治驱动力诱导出需超越因政策目标而可能必要的合作；行政管理者必须经常平衡清晰集中的项目权威的技术需要与要求包容和更宽广影响的政治需求。②随着后工业社会的到来，公众对公共服务的需求越来越多样化和个性化，政府自身已经难以应付这种局面。在公共服务的供给中引入市场或者社会组织已成为必然。同时，市场和社会组织的发展也需要政府的支持和帮助。因此，市场和社会组织参与的公共服务的多元合作供给模式不仅能够提高公共服务供给的效率和质量，而且还能促进非政府组织的发展。

　　合作是一个独特的制度形式，它不同于市场自发的协作也不同于等级制度下有意识的管理的诸多过程。但是合作只是公共服务供给走向理性的开始，在走向合作的过程中有很多因素会影响合作关系的发生和维系。我国的公共服务的合作供给只是强调公共服务供给中的多方参与，但却无法给

---

　　① Harmon, Michael M. and Richard T. Mayer. Organization Theory for Public Administration. Scott Foresman, 1986:9.

　　② ［美］罗伯特·阿格拉诺夫、迈克尔·麦奎尔：《协作性公共管理：地方政府新战略》，李玲玲、鄣益奋译，北京大学出版社，2007 年，第 23 页。

出多方主体参与的具体框架,试图整合政府、市场和社会组织等多种力量,却缺少明确的操作章程,从而导致公共服务合作供给在实际应用中的变异。如何使个人超越自己的狭隘利益观而通过合作使整体的利益最大化这一问题,在 17 世纪末 18 世纪初就有学者对其进行了研究。其中最为人们所熟知的是霍布斯的"利维坦"和卢梭的"社会契约论"。霍布斯认为人类的合作需要一个强大的"利维坦"。而卢梭则认为人们在"公意"的指引下通过社会契约来达成合作。这两位古典政治哲学家的思想在 20 世纪被著名的经济学家曼瑟尔·奥尔森(Mansur Olson)通过对"集体行动的逻辑"的诘问重新提了出来。奥尔森认为人们是理性的经济人,他们把自身利益的最大化放在首位,因此集体行动几乎是不可能的。自利的理性经济人普遍存在着"搭便车"的心理,他们希望通过别人的共同行动来获得收益,但却不愿意为集体行动付出任何的努力。奥尔森集体行动的逻辑所面临的问题显然也是人类社会中经常存在的众人的"合作选择"如何成为可能的问题。奥尔森对这个问题的回答与霍布斯和卢梭的如出一辙,他认为:"除非一个集团中人数很少,或者除非存在强制或其他某些特殊手段以使个人按照他们的共同利益行事,有理性的、寻求自我利益的个人不会采取行动以实现他们共同的或集团的利益。"

人类是否必须接受霍布斯的"利维坦"或卢梭的"人民主权者"的专制统治或者是奥尔森的强制手段才能实现合作?哈耶克在《致命的自负》一书中所提出的人类合作的扩展秩序还能否自发生成和自然生长?如果能,其自发生成和自然扩展的外在条件和社会机制又是什么?这些问题追问到最后,都会牵涉到人类内部抑或具体到个人之间合作的发生机制和维系机制。笔者认为合作的建立和维系是不能通过外部强加的。它需要具备一定的条件。正如前文所论述的,对于任何一个特定的合作行为,其发生和维系需要同时具备逻辑条件、环境条件和操作条件。在这三个条件缺失的情况下,通过外部力量强行推动的合作不仅不会带来积极的作用,甚至还会影响合作主体今后合作的开展。组织间网络主张网络成员的参与,从而提供了合作的逻辑条件,主张网络成员间的地位平等和相互之间的信任关系,从而创造了有利于合作的环境条件,主张自组织治理,从而建构了有利于合作的操作条件。因此,公共服务的合作供给可以借鉴组织间网络建立公共服务的组织间合作网络供给来创造有利于合作的环境条件和操作条件,从而促进和维持不同供给主体间的合作。

第一节 公共服务组织间合作网络供给概述及其理论范式

一、公共服务组织间合作网络供给的含义

5.1.1.1 组织间网络与公共服务合作供给的逻辑契合性

组织间网络已成为分析组织发展的有力工具。随着公共服务的合作供给成为各国公共服务供给的必然趋势，构建良好的供给主体间的关系成为公共服务供给的内生要求。组织间网络与公共服务的合作供给具有内在的逻辑契合性。[①]

1. 组织间网络为公共服务供给中的主体间关系研究提供了新的分析方法

公共服务的合作供给要想提高公共服务供给的效率、取得更好的供给效果，就必须重视建立不同供给主体间的良好关系，使不同的供给主体间能够优势互补、扬长避短。组织间网络以网络的视角来分析组织间的关系。它认为社会是由行动者组成的关系网络构成。它根据网络行动者的关系来理解和分析他们的行为，而不是行动者的属性。网络的存在不仅体现为组织成员头脑中的某种认知，而且还体现为相互作用的个体所达成并不断强化的结构性的约束与机会。人们在作出重大决策时，倾向于向网络中的其他人寻求帮助。网络成员关系是决定组织间网络绩效的重要影响因素。由此，组织间网络的这种以网络的观点来看待不同的行动主体间的关系，实际上为不同供给主体间应发展良好的关系提供了有力的论证。

2. 组织间网络为公共服务供给主体间关系发展提供了新的行为模式

网络是一种介于企业与市场的中间组织形态。直到 20 世纪 80 年代，随

[①] 谭英俊：《区域经济发展中地方政府间关系调整与优化》，《行政论坛》，2013 年第 1 期。

着学者们对组织间关系研究的不断深入，它才作为一种新的组织形态引起人们的注意。网络组织结构的最大特点是扁平化。公共服务的合作供给需要摒弃传统的政府垄断供给模式，并形成不同供给主体间相互合作的局面。按照组织间网络的观点，不同供给主体间形成的网络模式应具备以下三个基本内容：不同供给主体间的地位平等；不同的供给主体间存在相互依赖关系，任何一方供给主体都无法单独提供公共服务，需要与其他的供给主体进行资源交换；不同的供给主体应通过合作实现各自的目标。组织间网络模式对克服供给主体间的地位不平等，避免不同的供给主体间的恶性竞争具有重要意义。

3. 组织间网络为公共服务供给主体间关系逻辑提供了新的解释图谱

组织间网络的关键问题是使不同的网络成员齐心协力、优势互补、实现共赢。因此，组织间网络具有共同治理的特征。所有的网络成员，尽管他们之间相互联系的方式和密切程度不同，但都是组织间网络的利益相关者。他们都应分享网络治理的权力，通过互动和协调来共同实现网络的目标。在实现网络整体目标的前提下，不同的网络成员能够获得那些依靠自身的能力所不能获得的合法收益。因此，分享网络的合作收益是不同的网络成员追求共同利益的逻辑扩展。不同的供给主体间关系的发展很大程度上取决于各个供给主体能否获得期望的合作收益。组织间网络对分析供给主体间关系的发展脉络具有强有力的解释作用。

5.1.1.2 公共服务的组织间合作网络供给的内涵

组织间网络与公共服务的合作供给具有内在的逻辑契合性。公共服务的合作供给要想取得更大的绩效，就必须重视并着力构建不同供给主体间的良好关系。这与组织间网络所认为的组织间关系是决定组织绩效的关键因素不谋而合。公共服务的合作供给强调不同供给主体间的相互合作、资源互补，摆脱了传统的高高在上的全能政府的观点。组织间网络作为组织互动的理论框架，强调多元主体间的平等互动，因此可以用来优化不同的供给主体间的关系。公共服务的合作供给需要不同供给主体间的信息共享和责任共担。组织间网络中的网络治理机制强调在网络成员的互动与相互调适中实现网络目标，因此可以用来指导不同的供给主体间的互动关系。本书提出将组织间网络应用到公共服务的合作供给中，形成一种新的公共服务供给模式——公共服务的组织间合作网络供给。公共服务的组织间合作网络供给是指自主的多元主体(包括政府、私人部门、社会组织和公民社会)基于资源的相互依赖形成一种稳定的组织间网络，并在组织间网络所建构的关系模式下，通过协同政府的管理及网络成员间的互动来共同供给公共服务的一种服务供给模式(见图 5.1)。

图 5.1 是本书提出的公共服务的组织间合作网络供给的模型，虚线的外部区域表示公共服务供给的外部环境，包括国家的政策法规、社会经济环境、公共的公共服务需求的特征等。这些外部环境会对供给网络的目标、构成和运行等产生影响。虚线内部为供给网络。供给网络的网络成员包括政府、市场、社会组织和公众等。政府在其中起到统合的作用。其他的供给主体在政府的管理下，在多个网络运行机制的运作下，通过优势互补、互惠交换、信息共享和信任关系等开展公共服务的合作供给。

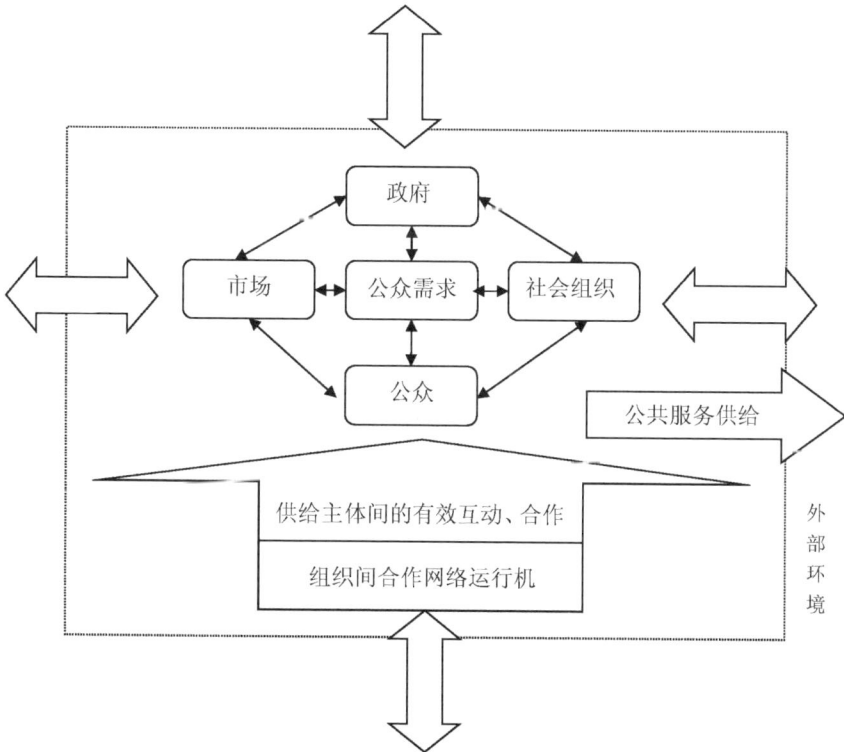

图 5.1　公共服务的组织间合作网络供给的模型

该模式具有如下四个特征:①自主的多元主体参与。公共服务的网络化供给模式倡导政府、私营部门、社会组织和公民社会各自发挥自己的优势共同参与公共服务的供给。多元的主体参与通过整合不同的知识、技能和信息可以提高公共服务供给的效率。但各供给主体在公共服务的供给中仍保持自己的自主性。他们既是网络化供给中的一元供给主体,同时又保留自己的自主的身份。自主不仅意味着自由,还意味着自我负责。他们不受任何由上级委任的行动者的控制,即使是政府。政府作为网络供给的一方主体与其他的供给主体处于平等的地位,它不能以命令的方式将自己的意志强加给其他供给主体。网络化供给模式要求不同的供给者从网络整体的视角来看待问题,通过相互协商来确定整体的供给目标并解决冲突,从而既实现了供给主体的目标又实现了网络的目标。虽然供给主体数量的增加有利于实现对于各供给主体行为的立体调整机制,但是也产生了优先秩序不明确、效率低下等问题。在一个多主体参与的公共服务供给过程中,将具备不同资源、知识、信息、价值和规则的多个主客体进行有效连接,减少对抗性或非合作性的博弈,降低整体的交易成本,需要由一个作为中间者和协调者的主导组织对网络进行管理。因此,公共服务的组织间合作网络供给的第二个特点就是政府的管理。

②政府的管理。政府的管理有两层含义,一是有一个整体性政府,二是整体性政府发挥着管理者的角色。公共服务的组织间合作网络供给的核心问题是围绕一个特定的问题如何形成一致行动。为了获得满意的结果,不同的供给主体之间需要相互合作。但这并不是一件容易的事情。虽然不同的供给主体之间存在着持久的依赖关系,但在合作的过程中关于成本和收益如何分配会存在着冲突。因此,公共服务的网络化供给受到相互依赖关系和目标利益多样化之间的张力的困扰。尽管供给主体在相互作用的过程中形成的规范对张力可以起到一定的缓解作用,但张力的化解需要一定的管理战略,即通过一个管理者来推动不同供给主体之间的有效合作。网络管理者不是公共服务网络化供给模式的指挥者或领导者,只是扮演着协调者和推动者的角色。无论是公共部门还是私人部门都有可能成为网络管理者。这取决于他们所拥有的资源及在网络中的位置。公共服务的组织间合作网络供给中虽然没有任何一方供给主体处于支配地位,但这并不意味着资源在不同

的供给主体间平等分配。

政府作为公共服务的组织间合作网络供给中的一个行动者，虽然注重与其他部门的合作，但因其掌握的独一无二的资源，比如客观的预算和大量的专业人员、对权力的垄断等，在公共服务的组织间合作网络供给中处于特殊地位，常常扮演着公共服务组织间合作网络供给的管理者的角色。政府的管理并不是把政府放在一个高于其他供给主体的位置，它与其他供给主体的地位平等。只不过因为政府掌握着独特的资源，所以赋予它在提供公共服务的过程中协调不同供给主体目标的权力和为不同供给主体间的合作提供制度规范的权力。政府管理包括制度的和战略的两个方面。制度上政府应为不同主体间的合作和协调提供各种机制。战略上政府的主要作用在于为不同的供给主体制定共同的目标。政府管理的前提是有一个以公众需要为目的、关注民主价值和公共利益的整体性政府。单靠政府与社会网络互动的服务外包并不能解决公共服务供给的全部问题，"当一个刻板而又封闭的政府官僚结构与一个私人公司签订一份服务合同的时候，公民仍然是通过一条狭长孤立的渠道接受服务"[①]。

③关系嵌入的组织间网络。公共服务的组织间合作网络供给不仅需要不同的主体参与到公共服务的供给中，更主要的是通过这些不同的主体形成组织间网络来保证公共服务供给的效率和效益。组织间网络是相关的组织通过长期的相互联系而形成的一种稳定的合作结构形态，是一种激励人们为集体贡献的非正式的制度安排。制度是一种管制结构，它能够约束人们的投机行为从而为集体行动的开展提供保障。组织间网络作为一种非正式的制度"是互惠的，行动者间由于拥有相对不变的关系与互动形式，因而会努力去实现共同的利益。网络乃根据彼此同意的规则，故既可降低信息与交易成本，又可在行动者之间建立彼此的信任以降低不确定性及背叛的风险"[②]。

④水平融合的互动机制。达尔和林德布洛姆指出有四种协调形式：多头政治、科层制、市场和协商。多头政治是民主代表的形式，是指通过由多种力

---

①　［美］斯蒂芬·戈德史密斯、威廉·D.埃格斯：《网络化治理：公共部门的新形态》，孙迎春译，北京大学出版社，2008年，第3页。

②　徐湘林主编：《民主、政治秩序与社会变革》，中信出版社，2003年，第78页。

量组成的多头政治来进行统治,其核心是制约政治领导人的行为。科层制是官僚组织的主要协调方式,通过自上而下的行政命令和层级结构来进行协调。在以科层为协调机制的组织中,组织成员之间是一种上下级的等级关系,上级可以通过权力来协调成员的行为导向权力所确立的方向。市场的协调是通过价格杠杆来发挥作用。市场作为一种协调机制在亚当·斯密那里得到了很好的论证。他认为在市场中任何一个人或者企业的行为都是双向调适的,市场就像一只"看不见的手"在供给和需求方面作出调整。协商则是通过行动者之间的商议形成互动来调整行为。公共服务的组织间合作网络供给主张社会组织和私营部门不再只是依附于政府,而是形成与政府的"合作-合伙"的平等关系。在合作的过程中,他们仍然保留自己的利益和自主性。他们通过相互协商来制定共同的规则并解决成本和收益的分担问题。

二、公共服务组织间合作网络供给的理论范式

20 世纪 90 年代,新公共管理因其模糊了公私部门之间的区别,损害了公平和正义而逐渐地走上了下坡路。"新公共管理所倡导的公共企业家精神以及'新管理主义'很可能会损害诸如公平、正义、代表制和参与等民主和宪政价值。"①人们开始将注意力从关注效率转向关注公共价值。公共价值概念最早是由莫尔(Mark H.Moore)提出的。他在其 1995 年出版的《创造公共价值:公共部门的战略管理》一书中提出政府管理的最终目的就是为社会创造公共价值。虽然自莫尔之后公共价值概念开始流行起来,但对此概念并没有一个统一的定义。凯利(Kelly G.)等认为公共价值是政府通过服务、法律制度和其他行为创造的价值。②斯托克(Stoker Gerry)认为公共价值是政治家、公共管理者和关键的利益相关者相互协商确定的,而不是公共服务使用者或生产者个人偏好的简单叠加。③虽然不同的学者对公共价值的定义不同,但

① Larry D.Terry. Why We should Abandon the Misconceived Quest to Reconcile Public Entrepreneurship with Democracy. *Public Administration Review*, 1993, 53(4):393-395.

② Kelly G., G.Mulgan and S.Muers. *Creating Public Value:an Analytical Framework for Public Service* Reform.Discussion Paper Prepared by the Cabinet Office Strategy Unit, United Kingdom, 2002.

③ Stoker G. Public Value Management:a New Narrative for Networked Governance. *American Review of Public Administration*, 2006 36(1):41-57.

他们都认可莫尔的"公共管理者的核心任务是创造公共价值,就像私人部门的管理者的核心任务是创造私人价值一样"。

公共价值概念为公共行政学提供了一个新的解释框架。斯托克基于莫尔和凯利等人对公共价值的研究构建了一个新的指导公共行政的范式——公共价值管理范式,一个适应于后竞争主义的、合作的网络治理的公共行政范式。他认为公共价值管理范式一方面是对新公共管理范式式微的回应,另一方面可以用来指导实践运作中的合作。公共价值管理范式把实现公共价值作为其核心目标。它认为公共管理者应与组织内外的利益相关者相互合作来实现公共价值。公共价值是由政治家、公共管理者和关键的利益相关者相互协商确定的,公共价值的实现又需要公共管理者建立和维持网络化的运行方式,通过广泛参与和伙伴关系等关系因素而不是规则和奖励等来推动。公共服务的组织间合作网络供给正是以公共价值管理作为自己的理论范式,把实现公共价值作为自己的目标,并以公共价值管理来指导不同供给主体间的相互合作及政府与其他组织间的关系。斯托克早就明确地提出把公共价值管理范式与网络治理联系在一起。①

5.1.2.1 公共价值管理范式的特点

与传统的公共行政范式和新公共管理范式不同,公共价值管理范式不试图约束政治,而是把它看作是管理方式挑战的核心内容。传统公共行政和新公共管理将政治限定在初始投入和最终判断等领域,而公共价值管理范式认为政治不应被限制在特定的领域。但它所说的政治是一种社会协调机制,不同于以往的政党政治。这种协调机制能促使人们合作,并在超越市场的个人主义基础上作出选择;基于政治的决策很灵活,从而可以应对未来的不确定性;政治能够超越利益分配而建立一个公共价值的分配方法,从而将不同的利益集中起来实现共同目标;政治还能通过改变人们的偏好为合作提供基础,创造一个具有合作精神的环境。如果用一句话来概括公共价值管理范式的特点,即公共领域的治理应通过网络化的协商和服务供给来追求

---

① Stoker G. Public Value Management:a New Narrative for Networked Governance. *American Review of Public Administration*,2006 36(1):41–57.

公共价值。具体表现为以下四个方面：

1. 公共干预被限定为寻求公共价值

美国哈佛大学教授马克·莫尔认为公共管理者的基本价值观应该是创造公共价值。他们需要关注的问题是公共干预能否带来积极的政治和经济影响。[①]因此,提供公共服务不再是政府干预的理由,而是需要弄清楚这些服务是否能带来社会和经济效果、是否能实现公共价值。对这些问题的回答需要利益相关者和政府官员相互协商讨论和交流。公共价值的确定依赖于政治协商的、集体性的偏好表达,而不是个人偏好的简单叠加。

2. 主张对不同的利益相关者的合法性给予认可

只要政府是由选举产生的,政治家和行政官员就获得了特定的合法性。但其他的利益相关者(包括私人部门或社会组织),他们因掌握大量的知识而成为服务的专业人员或使用者,或者因处于特定的监督位置而成为审查者或监督者,也要求获得对于公共事务治理的合法性。公共价值管理范式正是依赖于对利益相关者合法性的认可。它认为决策或判断要具有合法性,应让所有的利益相关者参与,应实现从公民默许的政策制定向积极的公民参与转变,从而使传统的投票方式更有意义并能通过听证等公共协商或咨询的方式产生超越投票所形成的更高层次的一致性。新的信息和沟通技术的发展为利益相关者的参与提供了更多的机会。利益相关者的参与不仅有利于政府制定和设计好的政策或服务,更为重要的是,有效的沟通渠道可以产生有效的社会和经济影响。

3. 主张架构一个开放的、关系导向的服务获取机制

与新公共管理不同, 公共价值管理注重公共服务的伦理。奥尔德里奇(Rod Aldridge)和斯托克(Gerry Stoker)认为公共服务的伦理包括五个方面的内容:注重绩效的文化、对公共责任的承诺、对所有的服务使用者一视同仁、训练有素的雇员、对社会福利的贡献。[②]公共服务伦理要求公共管理者应以开放的心态来确认最好的服务供给者,不管他们是公共部门、私人部门还是

---

① Moore, M.H. *Creating Public Value: Strategic Management in Government*. Harvard University Press, 1995:12.

② Aldridge, R. Stoker, G. *Advancing a Public Service Ethos*. New Local Government Network, 2002:121.

志愿部门。尽管在某些情况下政府垄断供给公共服务是有效的,但更多的时候由私人部门或志愿组织来提供公共服务会更有效。通过不同供给者之间公开的竞争以及与公共服务使用者之间的相互协商可以确保公共服务供给的最终效果。公共服务伦理还要求在服务的供给者和使用者之间建立一种稳定的合作关系。他们不再仅仅关注合同,而是从长远的利益考虑来维持合作关系。

4. 主张建立适应性、学习型的公共服务提供方式

公共价值管理范式认为公共管理者必须认识到外界环境的变化并及时进行调整,从而保证系统有效运作。公共价值管理范式要求管理者对目标负责,但它所界定的目标拓展了以往的范式对目标的界定,认为在追求公共价值的过程中,管理者不再仅仅关注是否遵循了既定的程序、既定的目标是否实现,而是他们的行为是否为社会带来好处。正如责任对结果义务的要求与对遵守统一规则的要求不同。遵守统一的规范要求人们的行为必须符合规范的要求,至于行为能够带来什么样的结果则放在了次要的位置。但结果义务则不同。它把结果放在首要的位置,而不管取得该结果的行为是否违反相关的法律规范。公共价值管理范式还要求管理者不断地进行评估和学习。"即使今天它们(公共服务提供方式)是确定的,但明天可能就值得怀疑,因为政治期望和公众需求已经发生了变化。因此,管理者仅仅维持他们组织的连续性是不够的,即使他们的组织在解决当前问题方面很有效。他们应该能及时适应变化的环境、具有创新性和试验性。"[①]与传统的公共行政范式和新公共管理范式强调永久性和稳定性不同, 公共价值管理范式注重创新和变革,强调经验学习和不断地调整。

5.1.2.2 公共价值管理范式对公共服务组织间合作网络供给的指导意义

1. 解决了公共服务组织间合作网络供给的民主与效率的矛盾

无论是传统公共行政还是新公共管理, 都把民主与效率看成是相互矛盾的。对于传统公共行政来说,政治官员作为"外行"不能很好地对公共管理过程实施控制。而太多的政治干预又会损害公共管理的效率。因此,传统公

---

① Moore, M.H. *Creating Public Value: Strategic Management in Government*. Harvard university Press, 1995: 123.

共行政主张政治负责解决民主问题而官僚机构则负责解决效率问题。新公共管理更热衷于效率而忽视了对政治的回应性。政治家为系统设置宏观的目标，他们通常是与管理者相互协商制定的。但公共管理者通常会追求自身的利益，可能会对政治缺少回应性，而且传统公共行政的直接的政治控制让位于合同管理、业绩报告和审查。因此，政治官员觉得难以对系统进行控制。公众也发现自己只是公共服务的消费者，不能质疑服务供给的目标而只能对它的质量进行评价。

公共价值管理范式认为民主和效率是事实上的伙伴关系，而不是相互妥协。民主和效率并肩前进。无论是分配效率还是技术效率都需要民主的输入。除非人们平等广泛地参与到讨论关于他们偏好的过程中，否则是不可能实现分配效率的。技术效率的获得也不能仅仅通过官僚们或者管理者，而是通过相互学习交流来共同寻找解决问题的方案。民主和效率这对看似不可调和的矛盾在公共价值管理范式中得到了很好的解决。公共服务的组织间合作网络供给注重民主的价值，主张通过不同的供给主体间的互动、协调来供给公共服务。但它并不是置效率于不顾，以牺牲效率来实现民主。组织间合作网络供给在注重民主的价值的同时也希望实现供给效率的最大化。如何实现效率与民主在组织间合作网络供给中的平衡？不论是传统公共行政还是新公共管理，面对这一问题都望尘莫及。只有将效率和民主看成是伙伴关系的公共价值管理范式才能够解决这一问题。公共价值管理范式不仅能够指导组织间合作网络供给中的不同网络成员相互协商、互相学习，而且还能够帮助组织间合作网络供给的效率最大化。

2. 有利于公共服务组织间合作网络供给实现效率、责任和公平的均衡

任何一种管理范式都不能忽略效率、责任和公平这三个核心问题。对于指导公共服务供给的管理范式，这些问题是不可避免的。不同的范式基于对人类本性和动机的不同假设对这些问题提供了不同的答案。传统公共行政受等级制的世界观的影响，"人们应该受到规则的约束"是其核心假设。因此，传统公共行政范式主张通过遵守程序、规则和制度来实现效率，责任问题则交给由选举产生的政治官员，公平的实现则交给社会制度。社会制度在配置基本的权利与义务方面应做到机会均等与结果公正。新公共管理则认为人是个人主义的和具有企业家精神的，因此需要通过一定的激励措施

使他们正确地行动。所以新公共管理范式与传统公共行政不同，其主张通过为组织设立绩效目标来实现效率，责任的实现主要通过绩效评估，公平则作为对顾客需求回应的副产品得以实现。

公共价值管理范式与传统的公共行政和新公共管理相比，基于不同的人类动机。公共价值范式假设人们需要相互分享和支持彼此。因此，公共价值范式主张通过持续的检查使行为符合公共价值目标从而实现效率，责任的实现则通过协商制定目标和监督，公共价值范式的公平意味着给予人们成功的机会，期望他们作出贡献，强调通过发展个人能力从而使他们获得权利并承担责任来实现公平。公共价值管理范式的意义在于它提出了新的应对效率、责任和公平的挑战的方案。"公共价值管理范式的确是一种新的公共行政范式。它重新定义了如何应对效率、责任和公平性等方面的挑战。它不是基于规章和激励来推动公共服务的改革，而是全面的人性观。"①公共服务的组织间合作网络供给借鉴了公共价值管理范式。一方面，它主张通过不同供给主体间的相互协商、互动交流来确定公共服务供给的目标，从而确保了公共服务供给的责任；另一方面，它主张在合作供给公共服务的过程中，不同的供给主体的行为以共同目标为导向，而不是受个人利益的驱动，从而实现供给的效率。此外，组织间合作网络供给主张在合作供给公共服务的过程中不同的主体仍保留自己的自主权，具有独立的身份，赋予每一个供给主体同等的机会，从而保障公平。

3. 重新定位了公共服务组织间合作网络供给中政府的角色

新公共管理范式是以结果为导向的，认为公共管理者的首要任务是实现绩效目标(效率和经济性)，把公众看作顾客。公共价值管理范式认为公共管理者应关注关系而不是结果，因此主张公共管理者除了要实现绩效目标外，还要指挥网络成员来创造公共价值、建立和维持信任关系、对公众的集体性偏好作出回应。这一转变对公共管理者的角色有重要的影响。公共管理者不再只是执行宏观的政治计划或追求效率目标，而是通过与不同的利益相关者相互合作创造并实现公共价值。"与私人部门的管理者一样，公共部门的管理者必须努力工作来界定公共价值并创造公共价值。他们应该根据

① Janine O'Flynn. From New Public Management to Public Value: Paradigmatic Change and Managerial Implications. *The Australian Journal of Public Administration*, 2007, 66(3): 353–366.

政治环境和任务环境的改变及时调整和重新定位他们的组织，而不仅仅是维持连续性。"①公共管理者不仅要在自己的组织内发起一致行动,而且要能整合具有不同利益要求的利益相关者的行为以创造公共价值。这就要求公共管理者必须改变传统的关注绩效和顾客需求的管理方式,通过解决冲突、建立信任、共享知识、明确目标等方式整合不同的资源来创造公共价值。为了实施有效的管理,公共管理者应能容忍模糊性和不确定性、认识到知识的有限性、维持个人观点和自我认知、批判性反思和分散式领导。②

公共服务的组织间合作网络供给要求不同的供给主体围绕一个特定的问题形成一致的行动。一致行动能否取得满意的效果主要取决于成本和收益能否合理地在不同供给主体间分配。组织间合作网络供给借鉴了公共价值管理范式对公共管理者的角色定位。它主张政府在组织间合作网络供给公共服务的过程中扮演网络管理者的角色。政府作为网络的管理者不仅需要协调不同供给主体间的关系,使他们的行为都导向网络整体目标,而且还能合理地分配网络供给的收益和成本,维持不同供给主体的合作意愿。

第二节　公共服务组织间网络供给的合作机理

组织间合作网路供给之所以能够成为公共服务合作供给的路径选择,因为组织间合作网络供给能够创造有利于合作的环境条件和操作条件,弥补了公共服务的合作供给在微观操作层面的不足,从而为公共服务的合作供给实现超越提供了新的思路。

一、组织间合作网络创造了有利于合作的环境条件

正如本书第四章第二节所论述的，合作的环境条件包括合作主体间地

① Moore,M.H. *Creating Public Value:Strategic Management in Government.* Harvard University Press,1995:143.

② Broussine,M. Public Leadership. In:T.Bovarid,E.Loffler,eds. *Public Management and Governance.* Routledge,2009:301.

位的平等和相互信任。当合作主体在某些环境下，相互之间能够互相信任，合作才可能发生。合作主体间地位的平等也是合作的必要条件。科斯顿（Jennifer M. Coston）的研究发现政府与非政府组织之间的权力越是趋向于平衡，他们之间越是能建立亲密的合作关系，反之，如果他们之间的权力趋向于非均衡，那么他们之间更多地表现为敌对或压制的关系。[①]组织间合作网络创造了有利于合作的这两个环境条件。

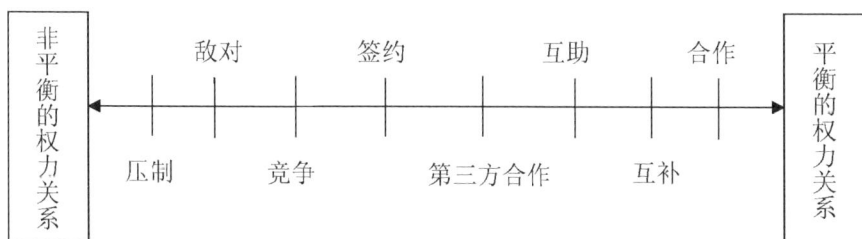

图5.2　科斯顿的政府－非政府组织关系模型

（一）长期稳定的组织间网络促成了合作主体间的相互信任

　　肯尼思·阿罗（Kenneth Joseph Arrow）指出："实际上，每一起商业交易都内在地含有信任成分，无疑，任何一种交易都要有一定的时间跨度。人们似乎有理由认为，经济落后很大一部分程度是由缺乏相互信任造成的。"[②]信任是合作的前提。虽然信任并不必然导致合作，但没有信任肯定就没有合作。从这一点来看，信任是合作的必要条件。在一个共同体中，信任水平越高，合作的可能性就越大。但合作所需要的信任并不是盲目的。"你并不会只是因为一个人说他要这么做，就会相信他真的会去做。你相信他，只是因为你知道他的性格，他所面临的选择及其后果，他的能力，等等，你期望他会选择这么做。"[③]在小规模的共同体中，这种预测可以建立在博纳德·威廉斯（Bernard Willams）所说的"厚信任"（thick trust）之上，也就是当事人因互相熟悉而产生的信任。张康之教授称之为流行于熟人社会的习俗型信任。然而在现代复杂

　　① 　Jennifer M. Coston. A Model and Typology of Government——NGO Relationships. *Nonprofit and Voluntary Sector Quarterly*, 1998, 27(3): 358–382.
　　②③ 　[英]罗伯特·D.帕特南：《使民主运转起来》，王列、赖海榕译，江西人民出版社，2001年，第199页。

的大规模的社会生活中,我们需要更多非私人化或间接的信任。但是我们不能被动地等待非私人化信任关系的出现才开始合作。我们应该对信任的产生有所作为,不断寻求增强信任和扩展信任的途径。

公共服务的合作供给虽然可以增加责任感,创造信任的氛围,推进信任的建设。但是公共服务的合作供给不能满足于此,它还需要探寻其他的方法来推动主体间的相互信任的建立。组织间合作网络所主张的不同的供给主体间的长期稳定的网络关系能够促进社会信任的产生。政府与其他供给主体间的长期稳定的组织间网络能够产生互惠规范。互惠规范能够使不同的供给主体对未来产生共同的预期,使他们相信即使自己的利益在当前的交换中受到损失,但在将来自己一定会得到补偿,"现在己予人,将来人予己"。西塞罗这样来描述互惠规范:"没有什么义务像报答那样责无旁贷。没有人会信任一个忘记他人恩惠的人。"[①]长期稳定的组织间网络通过一段时间内行动主体间不断重复的交易,能够鼓励互惠规范的发展。互惠规范使行动者之间产生信任。

"囚徒困境"很好地说明了这个问题。在囚徒困境的游戏中,有两个对策者, 他们可以选择互相合作也可以选择背叛,但无论他们作出什么样的选择,他们都是在"无知之幕"的情况下作出的,也就是说他们在作决策的时候并不清楚对方会作出什么样的选择。正是因为他们不知道对方的选择是什么,所以他们一般都会选择背叛,因为不管对方的选择是什么,他们认为选择背叛比选择合作能给自己带来更多的收益。这时困境就产生了,即合作能给双方带来最大的利益,但"理性"的双方最终却都选择了背叛(如表5.1)。在这个矩阵中,如果双方选择合作,双方都能获得较好的结果3,即"对双方合作的奖励"。如果一方选择合作而另一方选择背叛,那么背叛者将获得的利益为5,而合作者的收益为0。如果双方都选择背叛,那么他们每一个人都得到1。如果两位自私者玩一次这个游戏,那么他们的选择都会是背叛。这样每一方所得将少于双方合作所能得到的。但如果游戏要进行无限多次,对策者不能肯定什么时候是他们的最后一次,那么这时合作就有出现的可能。合作可能出现是因为对策者将再次相遇, 再次相遇使他们不再将目光局限于

---

① Alvin W. Gouldner. The Norm of Reciprocity: a Preliminary Statement. *American Sociological Review*, 1960, 25(2): 161–178.

眼前的利益,而会考虑自己今天的选择会对未来的收益有什么样的影响。因为未来会在当前投下它的影子并影响当前的对策局势。[①]

表 5.1　囚徒困境

B 决策		A 决策			
		合作		背叛	
		A 获利	B 获利	A 获利	B 获利
B 决策	合作	3	3	5	0
	背叛	0	5	1	1

公共服务的组织间合作网络供给通过长期稳定的组织间网络使得合作主体能够再次相遇。这种再次相遇的可能性意味着合作主体今天作出的选择不仅决定当前对局的结果,而且还影响网络成员以后的收益。未来会在当前投下它的影子并影响当前的对策局势。如果一方合作主体在当前的对局中选择了背叛,那么在今后的合作中他可能会受到"一报还一报"的对待。这种背叛虽然能给他带来一定的即时收益,但从长远看,他的利益会因为其他合作主体丧失对他的信任而蒙受损失。因此,从长远的利益考虑,合作主体一般不会选择背叛。此外,长期稳定的组织间网络使合作主体相信他今天所受到的损失在将来会得到补偿,即"我现在帮你摆脱困境,是期望你将来会帮我的忙"。这种长期的交换关系可以有效约束投机行为,使合作主体相信他们的信任会得到回报,而不会被人利用,从而为合作的进行创造了一个良好的环境。时间期望的作用对维持合作是关键的。长期稳定的组织间网络有利于政府与其他的供给主体间建立共同愿景和一致的目标, 形成合作互惠的关系。

(二)政府角色的转变促进了主体间地位的平等

组织间合作网络中的网络主体处于平等的地位。他们平等互动来共同解决问题。它的核心是网络成员之间的相互依赖关系。资源的相互依赖使成员间的相互作用成为必然。但为了防止网络主体陷入繁琐的相互协商的过程,而忽视了合作的目标,组织间合作网络要求由一个网络管理者来协调不

---

① ［美］罗伯特·阿克塞尔罗德:《合作的进化》,吴坚忠译,上海世纪出版集团,2005 年,第 9 页。

同的网络成员的关系。迈向合作的公共服务供给应该赋予不同的供给主体平等的地位。政府不再是高高在上的统治者,而是通过与其他的供给主体相互合作来为公众提供公共服务。为了保证公共服务合作供给的效率,在合作的过程中政府应该扮演管理者的角色。"当政府越来越依赖第三方提供服务的时候,其绩效也会更加依赖于管理各种伙伴关系并让合作伙伴们承担责任的能力。"但网络管理不同于传统的政府管理,因为它不是依靠合理、合法的权力。林(Erik-Hans Klijn),斯坦(Bram Steijn)和艾德伦波斯(Jurian Edelenbos)界定了四种政府网络管理的策略:连接的战略(connecting strategy),指的是识别潜在的参与者和资源并让他们愿意把资源投入到网络中;开发内容(exploring content),指的是寻求目标的一致性和改变成员的认识并创新解决问题的方法;安排(arranging),指的是创建新的临时的组织;过程协议(process arrangement),指的是草拟临时的用以指导成员间相互作用的并保护各自核心价值观的规则。在他们看来,连接的战略在保障网络化供给的有效性方面起到了重要的作用。因此,作为网络管理者的重要任务就是识别网络的重要的潜在参与者并动员他们参与到网络中来。①

虽然网络管理也将政府置于网络的中心位置,但这与以往的"政府中心论"的政府高高在上、统治一切的形象不同。网络管理更注重的是政府的职责而不是政府的权力。政府的管理并不是把政府放在一个高于其他供给主体的位置,它与其他供给主体的地位平等。只不过因为政府掌握着独特的资源,所以赋予它在提供公共服务的过程中协调不同供给主体目标的权力和为不同供给主体间的合作提供制度规范的权力。②总之,政府与其他供给主体的关系更像是"同辈中的长者"。一方面,它与其他的供给主体处于平等的地位。政府只是众多的公共服务供给者中的一员,它没有足够的权力把自己的意志强加在其它供给主体身上。在公共服务的网络化供给中不再有单一的权威。替代它的是不同的供给主体之间的相互依存。另一方面,政府又在平等中起着带头作用。虽然供给网络不是对政府负责,它们是组织的,且在

① Erik-Hans Klijn,Bram Steijn,Jurian Edelenbos. The Impact of Network Management on Outcomes in Governance Network. Public Administration,2010,88(4):1063-1082.

② Bob Jessop. The Rise of Governance and the Risk of Failure:the Case of Economic Development. *International Social Science Journal*,1998,155(50):29-45.

一定程度上独立于政府。但政府能够通过协调等间接的手段在一定程度上调控网络。因此,公共服务的组织间合作网络供给有利于政府角色的转变,使得不同供给主体的地位平等。政府在供给网络中扮演的不再是高于一切的控制者的角色,而只是发挥网络管理的作用。

二、组织间合作网络提供了有利于合作的操作条件

公共服务的组织间合作网络供给不仅表达了对合作的价值理性的追求,而且其内含的合作机理还为多元主体的合作提供了工具理性。鲍威尔(Walter W. Powell)对交换的社会学和经济学文献的分析表明,交易可以通过个体的松散聚集发生,或者可以通过交换伙伴的稳定网络发生,前者在市场中维持非个人的、变动不居的交换联系,而后者则维持密切的社会关系。公共服务的组织间合作网络供给强调网络成员间的交易活动是嵌入在他们的社会关系中的,主张通过网络成员间的密切关系来促进合作。"明天的治理再也不能忽视了关系,而是应将关系放到制度设计的中心位置。"①合作主体间的密切关系能够提供有利于合作的操作条件。正如本书第四章第二节所论述的,合作的操作条件是指合作主体间的互动状态。主体间的密切关系有利于他们之间的互动。

5.2.2.1 嵌入理论在公共服务组织间合作网络供给中的应用

新古典主义的系统阐述通常被当作研究组织间关系的基础理论,因为它体现了大多数经济研究的核心原则。在理想型的个人主义市场中,交换伙伴由不即不离的联系连接在一起。个人利益是行动的动机,行动者定期地转向新买主和新卖主,利用新的进入者以避免依赖。交换本身局限于价格,按照规定,价格数据浓缩了有效决定所需的所有信息,尤其是在存在多个买者和卖者的时候,或当交易是非特殊的时候。人与人之间的关系是冷酷的和个人主义的;如果持续的关系或暗含的契约在各方之间存在,那么它被认为更多的是个人利益的事情,是追求利益的行为,而不是任何承诺或利他的情

---

① [法]皮埃尔·卡蓝默:《破碎的民主——试论治理的革命》,高凌瀚译,生活·读书·新知三联书店,2005 年,第 11 页。

感。按照亚当·斯密在《国富论》中的说法,人类有一种"互通有无、物物交换、互相交易……的倾向"。斯密提出的这种狭隘的经济行动概念是人类本性所赋予的某种东西。另外,社会影响力通常被视为干扰经济行动的东西。在《国富论》的另一个重要的段落里,斯密如是说:"同业中人甚至为了娱乐或消遣也很少聚集在一起,他们谈话的结果,往往不是阴谋对付公众便是筹划抬高价格。"①经济行独立于其他一切的社会活动这种假设虽然在一定程度上促进了经济学的发展。但是这种观点已经被夸大到了不健康的程度,特别是在20世纪的某段时期,经济学家很少接触其他社会科学。

方法论个人主义应用于经济学的方式直接与社会学的研究方式对立:它从个人出发而且从他或她的行动出发去构想厂商、社会制度和其他宏观现象。对社会学家来说这很成问题。经济社会学强调,对赞美、身份、社会交际和权力的研究不可能与经济行动分开。例如,在这些先驱者中,涂尔干特别强调纯粹经济行动不可能只是短暂地将人们团结在一起,而且大部分经济行动实际上是长期延续模式的一部分。在《社会分工论》中,他写道:"甚至对于完全建立在分工基础上的社会而言,也不至于化解成为许多并列的、只是外在的和短暂的接触的原子。"实际上,"尽管社会成员完成交换的时间非常短暂,但他们之间的联系却超出了这段时间之外"。②卡尔·波兰尼在其著名的1944年的那本著作《大转型》及晚期著作中,也批判这种认为交换可能等同于经济的想法。他认为,在整个历史中,资源一直通过互惠和再分配加以配置。正是亲属和朋友群体通常在互惠中起核心作用,而国家或某些相似的政治的或集体的权力在再分配中起核心作用。相互之间有互动的商人可能发展出互惠的模式。波兰尼认为,在资本主义以这种激进的方式把经济价值提升为人类社会最高的规范之前,经济行动过去一直被适当地"嵌入"到政治和宗教活动之中,而且通过反独裁主义的社会主义,经济行动可能被适当地再嵌入。③

---

① [美]亚当·斯密:《国富论》,郭大力、王亚南译,商务印书馆,2014年,第263页。

② [法]埃米尔·涂尔干:《社会分工论》,渠东译,生活·读书·新知三联书店,2013年,第215页。

③ [英]卡尔·波兰尼:《大转型:我们时代的政治与经济起源》,冯钢、刘阳译,浙江人民出版社,2007年,第103页。

马克斯·韦伯在其《经济与社会》一书中也讨论了诸如此类的问题。与标准的经济理论不同,韦伯表明,情感往往是经济行动的组成部分,例如,某人做某事是出于对别人的忠诚。他认为,像所有规范一样,经济规范之所以得到维护是由于人们担心别人的反对,这直接与情感相联系。制度的合法性同样也是这样,即人们感到某些制度安排包括经济的安排是合适的。总之,社会学家认为方法论的个人主义存在一些问题。首先,个人从来不是孤立的,而是与其他个人和群体经常接触的。其次,人从一出生就进入到先赋的社会世界之中,而且这意味着,当个人出生时,复杂的社会结构总是存在的,而且是经由历史逐步形成的。再次,社会事实,包括社会结构不可能参照个人动机或偏好次序加以解释;与纯粹心理学相比,它构想社会世界要花费更多心思。简言之,社会学家认为经济行动是嵌入在持续存在的个人关系网络的,而不是由分裂成原子的个人完成的。

嵌入理论在组织间合作网络供给中的应用主要表现为组织间合作网络供给主张通过网络成员间的密切关系来促进合作,认为网络成员间的关系会对合作的发生和结果产生影响。一方面,这种密切的关系有利于主体间的信息共享、风险共担和资源交换;另一方面,它还能够降低合作的交易成本。交易伙伴间的嵌入关系与不即不离的关系有着重要的区别。他们不仅在关系的持续时间方面不同,而且在关系的质量、关系的内容等方面更是有着根本的区别。"嵌入关系比单纯的市场交换关系来说要复杂得多,相对于传统的市场交换关系,嵌入关系中的双方之间的关系具有人格化的特征,这种关系是通过对共同的交换和对承诺的履行来实现的。"[①]来自许多经验研究的结果表明,嵌入的交换有几种不同的特征。研究证明,在日本的汽车工业和意大利的针织品工业中的网络关系是以信任和个人关系为特征的,这些特征使期望更能被预测并降低管理成本。黑尔珀发现,在汽车工业中供应商和制造商之间的密切关系,对其默许的和专利的技术的"深度"信息交换来说是特有的。而拉森和拉泽松发现,成功的工商企业网络的典型特征是能促进知识转移和学习的协调策略。罗默和施韦茨以及多尔关于公司在地区生产网络中的嵌入性研究结果表明,嵌入的行动者旨在使价格合理,而不是使价

格最大化，他们的注意力从获得直接利润和开发附属机构的狭隘经济理性目标，转向培养长期的合作联系。

5.2.2.2 嵌入的社会资本：公共服务组织间合作网络供给的操作条件

公共服务的组织间合作网络供给借鉴了社会学的嵌入理论，主张通过网络成员间的社会关系网络来影响他们之间的交易。组织间网络通过长期的互动关系能够产生信任、互惠规范和承诺等社会资本。社会资本对合作关系能否成功具有重要的影响。集体行动的困境充斥在合作关系中。合作伙伴被期望为了实现共同目标而做出自己的贡献，与其合作伙伴分享有用的信息，在使用宝贵而有限的组织资源时进行责任约束。但组织无法确认和回报每一个合作行为，它也不能预测和惩罚每一个不合作的行为，因此使得合作主体在合作的过程中存在"搭便车"的心理，从而导致了集体行动的困境。

霍布斯是最早意识到这一困境的社会理论家，他主张通过第三方（霍布斯说的第三方是他称之为利维坦的国家）执行来解决这一困境。但是这种方法的成本太高。"与那些靠其他手段保持信任的社会相比，严重依赖暴力的社会，往往缺乏效率，成本昂贵，让人感到不愉快。"[①]而且第三方能否公正地执行也受制于它所要解决的基本困境。

以威廉姆森为代表的新制度主义学派则主张通过正式的制度安排来解决集体行动的困境。但是由于真实世界中所存在的不完美性，正式的制度安排，比如宪法、法律、合约等必然是不完全的。正式制度的理性设计得为非正式制度安排的发展留有余地。不仅如此，如果所谓的人为的制度框架要获得稳定，制度内部结构的建立就必须考虑到我们所认识的人性。人的情感和感受等会对人们的经济活动产生影响。因而，成功的合作不能完全通过正式的契约来加以规定并对其约束，合作关系很多时候需要通过合作伙伴间的社会资本来加以协调。"从理性人的假设出发，建立在互惠互利预期基础上的信任关系促成了特定社会关系网络内部的整合与团结，因此以互惠和信任

———————————

① ［英］罗伯特·D.帕特南：《使民主运转起来》，王列、赖海榕译，江西人民出版社，2001年，第193页。

关系为重要形式的社会资本作为一种公共物品促成了理性的社会选择的达成。"

社会资本区别于我们所熟悉的物质资本和人力资本。它通过社会参与网络将微观层面的个体选择与宏观层面的集体选择连接在一起。社会资本作为一种社会结构资源,将信任、互惠规范及文化认同等作为自己的核心,从而有利于行动者采取共同行动。[①]例如,那些成员之间互相信任的团体比缺乏这些资本的团体能取得更大的成就。总之,社会资本有利于网络成员间的互动,从而提供了合作的操作条件。在这里,我们主要从公共服务的个体供给者的价值结构的视角来分析社会资本对于合作的促进作用。公共服务供给主体的主观期望是合作的前提。在主观期望普遍建立的前提下,不同的供给主体提供能够产生合作租金的合作资源并寻求降低合作成本。只有当实现了供给主体间合作的租金大于合作的成本,公共服务供给中的合作才会得以实现和维持。

1. 社会资本能够降低合作成本

合作成本从广义上说包括合作过程中的生产成本和交易成本,但我们这里所说的合作成本主要指的是合作中的交易成本。交易成本经济学认为交易成本就是因签订合同而产生的成本,因此交易成本包括合同签订之前的交易成本和合同签订之后的交易成本。前者是指草拟合同、就合同的内容进行谈判,以及确保合同得以履行所付出的成本。后者主要包括为解决双方纠纷而产生的成本、纠正合同执行的偏差而产生的成本,以及监督对方履行合同而产生的成本等。[②]在此,我们借鉴弗鲁博顿(E.G. Furubotn)和芮切特(R. Richter)的观点,将合作成本概括为市场性的合作成本、管理性的合作成本和政治性的合作成本。市场性的合作成本是指用于寻找交易对象、确定交易的详细条款、监督合同的履行和提供法律保护的成本。管理性的合作成本是指用于建立、维持或改变组织设计的成本,除此之外,还包括组织运行的成本。莱维(Margaret Levi)将政治性交易成本描述为"对服从活动进行度量、监督、建立和执行"的费用。在一般意义上,政治性交易成本是集体行动提供

---

① 吴光芸、李建华:《区域合作的社会资本因素分析》,《贵州社会科学》,2009 年第 1 期。

② [美]奥利弗·E.威廉姆森:《资本主义经济制度》,段毅才、王伟译,商务印书馆,2002 年,第 85 页。

公共物品所产生的费用,可以被理解为与管理性交易成本类似的费用,主要包括:建立、维持和改变一个体制中的正式和非正式政治组织的费用和政体运行的费用。①嵌入在公共服务的组织间合作网络中的社会资本可以降低网络成员间的交易成本。

(1)社会资本有利于降低市场性的合作成本

公共服务的组织间合作网络供给主张通过建立不同的供给主体间的长期的、稳定的组织间网络来合作供给公共服务。长期的组织间网络有利于在网络成员间产生社会资本。这种嵌入在组织间网络中的社会资本使得网络成员间能够相互信任,防止欺诈。基于网络成员间密切的联系和持续的互惠规范产生的信任是"关系信任",不同于陌生人之间基于对可能性的预期而产生的信任。关系信任使政府不必制定出详细的合同来规制其他供给主体的行为,从而节省了谈判的成本,因为他们相信合作的收益和费用能够公平地分摊,合作伙伴有着良好的意愿不会采取投机的行为。按鲍威尔的话说,让信任发挥功能"就像在经济交换中用功效卓著的润滑剂,用它来化解复杂的现实问题,比采取预测预报手段、运用权威、或者通过讨价还价,要快速得多,省力得多"②。关系信任还能降低监督的成本。当政府对其他供给主体缺少足够的信任时,典型的反应是加大对信息系统的投资以增加对其他供给主体监督的能力。信任能够通过释放善意、保持声誉、互惠关系减少用于防范和控制投机行为的监督成本。"信任能够促进网络成员间的知识共享和信息交流,从而有利于协调他们之间的关系。信任还能够降低监督成本。因为如果网络成员间的信任缺失,那么政府将不得不花大量的时间和精力用于谈判和监督合同的执行,从而使监督的成本不断地上升。因此,单纯的合同条款并不能确保网络内部的责任性。网络的成功离不开信任。"③

(2)社会资本有利于降低管理性的合作成本

管理性的合作成本主要指公共服务的各个供给主体内部为完成合作任

---

① [美]埃里克·弗鲁博顿、[美]鲁道夫·芮切特:《新制度经济学》,姜建强、罗长远译,上海三联书店、上海人民出版社,2006年,第60~65页。

② Walter W. Powell. Neither Market nor Hierarchy:Network Forms of Organization. *Research in Organizational Behavior*,1990(12):295–336.

③ Myrna P. Mandell,Robyn Keast. Evaluating the Effectiveness of Interorganizational Relations through Networks,*Public Management Review*,2008,11(6):715–731.

务而使得各项相关决策得以贯彻执行的成本。由于不同供给主体间性质的差异,在相互合作的过程中,他们需要改变自身的管理理念、管理方式、管理制度等,从而能够实现彼此间的管理体制的对接。以政府为例,公共服务的网络化供给需要政府转变自身的管理理念和管理方式。"网络化治理很难,真的相当难。有无数条道儿都可能会使你误入歧途。"一个巨大的障碍是:政府的组织、管理和人事制度是为等级制政府模式而不是为网络化政府模式设计的。管理网络与管理等级制政府的方式不同,它需要一种新的管理模式。这需求政府转变角色理念并进行政府组织结构的改革。对政府来说,这些改变会产生管理性的合作成本。嵌入在组织间合作网络中的社会资本能够降低这种合作成本。因为管理性的合作成本具有边际递减的趋势。在合作关系建立初期,管理性的合作成本会非常高,但如果合作关系具有稳定性,那么管理本身就具有了重复性,重复性的管理程序使得合作主体在管理的过程中更为熟练,从而降低了管理性的合作成本。不同供给主体间的社会资本使得他们珍视与其他主体的合作,并愿意继续开展合作。由于管理性合作成本的边际递减的特征,合作的持续性和稳定性能够降低管理性的合作成本。

(3)社会资本有利于降低政治性的合作成本

政治性的合作成本主要是合作主体因为参与合作而产生的协调成本,是"网络成员间因分担任务的复杂性,而联合或独立地实施超越组织边界行为的协调和相关的交流与决策所需的成本"[1]。协调成本的产生主要有三个来源:一是复杂的任务需要不同的主体之间相互合作,但各主体有着不同的目标和利益诉求,这就需要通过协调来实施共同行动。二是不同主体的行为具有不确定性,他们的投机偏好会影响利益格局的分布,这需要通过协调来解决。三是"临时资产"的加入和退出会对局部利益和目标产生影响,这需要协调来保证网络的正常运行。嵌入在组织间合作网络的社会资本能够降低主体间相互协调的成本。因为社会资本的存在使得不同的供给主体间建立了默契,这会在较大程度上降低政治性的合作成本。而且社会资本使合作主体从长远的利益来考虑自己的行为。如果双方之间的交易具有可持续性,那

---

① 彭正银:《网络治理:理论与模式研究》,经济科学出版社,2003年,第93页。

么他们就会维持一个稳定的合作关系。因为持续的交易使得任何一方行为主体都相信他们今天的投机行为在未来的合作过程中会受到另一方主体的惩罚,而且因惩罚而造成的损失远高于通过投机所获得的收益。就像囚徒困境中"困境"的解决一样。除非"囚徒困境"中的这两个案犯在未来会再在同样的情况下被抓,否则他们会通过出卖对方来得到个人的好处。也就是说,只要这种接触不是重复的,合作就非常困难。

2. 社会资本能够产生合作租金

这里的合作租金指的是关系性租金。公共服务的不同供给主体对资源可占用的关心是要从组织合作中所创造的关系性租金中,公平地分享属于自己的那一部分,即治理的收益。所谓的关系性租金是指供给主体通过对相互之间的关系进行投资使得不同的供给主体愿意与其他的组织分享自己的优势资源,形成不同主体间的优势互补,从而产生一种超过所有供给主体收益总和的超额收益。市场交易关系是一种不即不离的关系。这些关系在清晰的和不带感情的语言中得到描述,反映了交易的本质。"这是与一种密切关系对立的东西,它们是一次性交易,一只手弄不湿另一只手","成本决定一切的交易","它们是疏远的关系。它们不考虑人的感情","你仅仅讨论金钱"。这种交易关系中不存在专用资产投资、最少的信息交流(价格作为协调机制向买方和卖方传递相关的信息)、每个组织的独立的技能和功能系统使他们之间保持最小程度的相互依赖、较低的交易成本,以及对治理机制的最少投资。在这种情况下,组织很容易寻找新的合作伙伴而不会受到损失,因为其他的组织也可以为他们提供完全相同的产品。戈沙尔(Sumantra Ghoshal)所说的"市场的优势在于执行常规性任务方面的效率"正是这个意思。因此,不即不离的市场交易不能产生关系租金,因为交易关系中不存在特殊性使得两个交易主体能够产生超过与其他主体进行交易所产生的利润。合作伙伴间的密切关系则不同。合作伙伴间的密切关系能够产生社会资本,社会资本能够带来合作租金。本书借鉴戴尔(Jeffrey H.Dyer)和辛格(Harbir Singh)的观点,认为合作租金的来源主要有三个:合作伙伴间的关系专属性投资(interfirm relation-specific assets)、合作伙伴间的互补的资源禀赋(complementary resource endowments)、合作伙伴间的知识共享惯例(interfirm knowledge-sharing routines)。①

（1）社会资本能够保证不同的供给主体有效利用彼此互补的资源禀赋

合作伙伴间互补的资源禀赋是合作租金的重要来源。资源相互依赖是不同的供给主体相互合作的前提。任何一个组织都不可能拥有自身活动所需要的所有资源。为了更好地来履行自己的职责，它需要与其他的组织形成伙伴关系。宾尼斯（J.M.Pennings）将资源依赖关系区分为水平依存、共生依存和垂直依存。水平依存是指具有竞争性的组织为了获得相似的资源而在某些特殊的情境下建立了联合的互动关系；共生依存是指具有互补地位的组织间的依赖关系；垂直共存是指组织间明显的上下级的依赖关系。②这里所说的资源禀赋是一种共生依存关系。互补性的资源禀赋是指掌握在不同合作伙伴手中的分散的、异质性的资源相互结合能够获得较大的收益。组织间的共生的依存关系使各合作伙伴能够通过合作产生出比组织独自行动所产生的收益总和更大的利润。"战略联盟允许企业获取资产、能力，尤其是专业化的技能、无形的资产。这些是无法通过市场交易获得的。"合作伙伴将自己独特的资源带入到合作关系中。当具有互补优势的资源相互整合就能够产生协同增效的效应。以政府与非营利组织之间的合作为例，非营利组织与政府组织相比具有相当程度的灵活性、较小的运作规模、有效利用志愿服务和慈善资金、及时的回应性、专业化程度较高。政府组织则具有自己的优势，包括资金充足、代表公共利益、权威性。政府与非营利组织各有自己的功能优势。非营利组织能够帮助政府实现其公共服务的目标，同时政府又能促进非营利组织的发展壮大。一方的存在正好可以弥补另一方的不足。因此，两者之间的合作可以产生协同增效的效应。

然而利用合作伙伴间互补的资源禀赋产生合作租金面临着一定的挑战。他们必须能够发现彼此，而且能够意识到彼此之间资源整合的潜在价值。如果潜在的合作伙伴拥有完全的信息，那么他们能够轻易地计算出与不同的对象合作的价值，进而理性地选择那些能够带来最大合作收益的对象

---

① Jeffrey H.Dyer, Harbir Singh. The Relational View: Cooperative Strategy and Sources of Interorganizational Competitive Advantage. *Academy of Management Review*, 1998,23（4）:660-679.

② 汪锦军：《走向合作治理：政府与非营利组织合作的条件、模式和路径》，浙江大学出版社，2012年，第17页。

与之合作。但是计算出不同的潜在合作伙伴的价值很困难并且成本很高。即使组织能够确认出拥有互补性资源的潜在合作对象，它还将面临另外一个挑战，即建立合适的组织机制来促成互补性资源的协同增效效应。合作伙伴是否能形成互补性资源的协同增效取决于合作伙伴的决策过程、信息与控制系统和组织文化的兼容性。互补性资源是合作租金产生的必要但不充分条件，只有当具有互补性资源禀赋的组织间有着相容的系统和文化，从而有利于组织间的相互协调时，合作租金才会产生。社会资本能够减少合作伙伴间的冲突与竞争，并通过信任、互惠规范和承诺等社会心理因素促进合作伙伴间的相互协调，从而能够整合网络成员的互补性的资源禀赋，促进合作租金的产生。

（2）社会资本能够促进不同供给主体间的知识共享

英国著名的文学家萧伯纳（Geroge Bernard Shaw）有一句至理名言：如果你有一个苹果，我有一个苹果，那我们两个人相互交换，每个人还是只有一个苹果。但如果你有一种思想，我也有一种思想，那么我们相互交换后每个人就有了两种思想。这句话证明了知识共享和知识交流的重要意义。许多的学者都认为组织间的相互学习对组织获得竞争优势具有重要作用，注意到了组织经常通过与其他组织之间的合作来获得相关的知识。组织的合作伙伴经常是新思想和信息的重要来源。这些新的思想和信息有利于组织绩效的提高并促进组织的创新。比如，冯·希普尔（Von Hippel）通过研究发现在某些行业领域中，超过三分之二的组织创新来自于顾客的建议；在另外一些行业领域中，主要的创新来自于供应商。因此，他认为使用者、供应商和生产者之间有着良好的知识转移机制的生产网络比那些知识转移差的生产网络更具有创新性。①所以优秀的知识共享惯例能够产生合作租金。知识共享惯例是为了促进合作伙伴间的知识交换而设计的制度化的组织间相互作用的程序，它是指组织间相互作用的常规模式。通过组织间的相互作用，组织间的知识可以相互转移、重组或创造出新的专业知识。

我们不能仅限于讨论合作伙伴通过知识共享惯例可以创造出合作租金，还应该关注合作伙伴是如何设计出产生竞争优势的知识共享惯例。根据

---

① Von Hippel. *The Sources of Innovation*. Oxford University Press, 1988:52.

知识传递和获取的难易程度,可以将知识分为显性的知识和隐性的知识。显性的知识是指那些能够容易编码的知识,因此只要知道解密它的语法规则,它在传递的过程中就仍然能保持其完整性。与此相反,隐性的知识是指那些复杂的、难以编码的知识,因此它很难被模仿和传递。"经验丰富的工人身怀绝技,但外人要透彻地了解或猜测出它有这种技术确是很困难的。"①然而正是这些特点使得隐性知识与显性知识相比更能够产生竞争优势。因此,能够有效地传递隐性知识的合作关系更能够产生合作租金。但是由于隐性知识能够给知识的所有者带来垄断性的收益,所以在知识共享的过程中,知识的所有者出于竞争的考虑往往会有意保留一些核心的知识或者只共享那些二流的知识。知识共享取决于合作伙伴是否能真诚地共享其掌握的所有知识,尤其是隐性知识,而且合作伙伴相信其合作对象不会利用它共享的隐性知识来进行投机。因此,必须在合作伙伴间创造一定的机制来激励他们进行知识共享。

社会资本在促进合作伙伴间的知识共享方面具有重要的作用。隐性知识的传递需要合作伙伴之间重复的交易过程,知识传递成功与否依赖于合作伙伴间之间是否有直接的、密切的和经常的联系。结构性的社会资本表现为合作伙伴间的密切联系。这种密切联系影响着信息和知识在合作伙伴间传递的速度,有助于各合作主体从网络中获取隐性知识并对其进行转化。隐性知识正如前面论述的是组织的核心竞争力,所以隐性知识的传递需要知识的传递者相信知识的接受者不会利用自己的核心竞争力来与自己进行竞争,而且其合作对象也会共享自己的核心知识。关系性的社会资本主要表现为合作对象之间的信任。组织成员对其合作对象的信任预期使得他愿意分享自己的资源,进行资源的交换和整合。因此,信任在隐性知识的传递过程中使得知识的传递者愿意参与到合作关系中,从而促进了隐性知识的传递和转化。隐性知识的转化需要合作伙伴间存在着相关的知识,即隐性知识的转化需要知识的接受者具有"吸收能力"。知识的吸收能力是指组织认知新的、外部知识的价值,并将其吸收转化应用到实践中的能力。组织的知识吸

---

① [美]奥利弗·E.威廉姆森:《资本主义经济制度》,段毅才、王伟译,商务印书馆,2010年,第79页。

收能力取决于组织是否与知识的传递者有着重叠的知识基础。认知性的社会资本包括组织共享的语言、符号和价值观。共享的语言使得人们能够轻易地从其他人那里获得信息。因此,共享的语言、共同的知识背景有利于隐性知识的传递和转化。

(3)社会资本有利于网络成员间进行关系专用性资产投资

专门化的资产是资金的必要前提。因此,为了获得竞争优势,组织必须进行一些专门的或独一无二的投资。一个组织可能会选择投资和开发与特定的合作对象的独特需要相关的资产来获得竞争优势。这些资产是为了特定的合作对象而投资的。如果双方之间的合作关系不存在了,那么这些资产的价值也就可能不存在了,因为它是合作伙伴之间特有的,不具有普遍适用性。威廉姆森将资产的专用性分为四类:专用场地,比如紧密相邻的货场,可以节省存货和运输成本;专用事务资产,比如为生产零部件所需的专用模具;因"实践出真知"而形成的专用人力资产;特定用途资产,它表示为提高通用的生产能力而进行的分期投资所形成的资产。①戴尔的研究发现关系专用性投资与企业绩效之间存在着正相关关系。其实,许多学者都证明了通过专用场地投资所产生的物理相似性有利于组织间的协调和交流,从而提高组织的绩效。因此,关系专用性资产投资能够产生合作租金。

合作伙伴是否进行关系专用性资产投资受到两个因素的影响。一是是否存在保障机制来防止投机行为。组织一旦与其他的组织建立了合作关系,它可能会为了合作关系而进行专用性的资产投资,从而就产生了锁定(lock-in)效应。这是因为专用性资产投资在很大程度上转换为沉没成本,它使得交易的一方不蒙受损失就不可能退出。如果组织离开了这个合作关系,也就意味着它放弃了它的投资,也就无法收回其沉没成本。而且进行特定的关系专用性投资需要一定的预付成本。因此,对组织来说,一旦其作出专用性资产投资后,可能在事后重新谈判中被迫接受不利于自己的契约条款,或者由于他人的契约行为而使其投资贬值,这就导致"要挟"行为的产生。因此,除非存在有效的保障机制,否则合作伙伴不会进行关系专用性资产投资。二是交

---

① [美]奥利弗·E.威廉姆森:《资本主义经济制度》,段毅才、王伟译,商务印书馆,2010年,第134页。

易数量的大小。威廉姆森认为交易伙伴之间的交易越频繁、越具有可重复性，他们就越希望通过关系专用性投资来获得关系租金。社会资本能够激励合作伙伴进行资产专用性投资。信任关系的存在使得合作伙伴相信其合作对象不会利用专用资产对其进行要挟，而且合作伙伴间亲密的关系使他们不会轻易地更换合作对象，从而愿意对专用性资产进行投资。反过来，专用性资产投资又会为合作主体带来合作租金。

3. 社会资本有利于合作主体形成合作预期

合作预期是指合作主体意识到参与合作需要付出一定的代价，比如需要承担一定的合作成本并要受到规则的约束，但合作能给他们带来远远高于这些代价的收益。合作关系的建立是一个复杂的、动态的过程。它不仅与合作主体自身的组织特性有关，而且还需要消耗一定的时间、人力、物力和财力。除非合作主体形成对未来一段时间内的合作正效应的主观预期，否则他们不会愿意承担合作关系建立初期所产生的成本。如果未来相对于现在是足够重要的话，那么双方的合作才会是稳定的。组织是否参与合作关系是建立在组织的信念和动机的基础之上的。在解释集体行动中，信念的重要性表现在两方面：一是每个潜在的合作者一定会对集体行动技术有一些认识，即不同的合作水平上贡献的成本和收益；二是他必须对可能达到的合作水平有一个估计，即估计其他合作者的预期数量。奥尔森的集体行动的逻辑很好地说明了这一问题。奥尔森从成本–收益的视角来分析集体行动。他认为任何一个集体的收益都具有公共性，也就是说不管成员有没有为集体的收益做出贡献，他都能平等地从集体收益中分得一杯羹。因此，理性的、追求自身利益最大化的成员在没有外部控制，或者集团在很大的情况下没有动力来为集体利益贡献自己的力量，他们就更愿意作一个"搭便车者"，期待从别人的共同行动中获得收益。换句话说，即使一个大集团中的所有个人都意识到了共同行动能给他们带来共同的利益，他们也不愿意采取集体行动，因为他们担心采取共同行动而产生的成本不能平等地在所有的集团成员间分配。我们在此将奥尔森的集体行动的逻辑的对错放到一边，他的成本–收益的视角还是具有可借鉴性的。

激励理论认为每个主体都通过从集体中获得回报作为对其贡献的奖励。只有当行动主体所获得的回报大于他所付出的贡献时，他才会选择继续参与该集体。合作主体是否参与合作关系也取决于他从合作关系中获得的收益及为建立合作关系而付出的成本。社会资本有利于合作主体形成对合作的主观预期。社会资本中的信任要素使得合作主体相信他们会公平地分享合作的收益和合作的成本。"在开始合作前,不仅必须相信他人,还要确信自己是被他人所信任的。"否则,由于缺乏可信的互相承诺,人人都愿意搭便车。每一个理性的经济人都会猜测其合作对象会背叛,从而导致非理性的集体行为。社会资本中的互惠规范具有高度的生产性。我们这里所说的互惠是普遍的互惠。普遍的互惠与那种强调价值的等价交换的均衡的互惠不同。普遍的互惠能够使人们对未来产生共同的预期,使他们相信即使自己的利益在当前的交换中受到损失,但在将来也一定会得到补偿的,"现在己予人,将来人予己"①。普遍的互惠把为我利益和团结互助结合起来。它使行动主体相信自己的短期利他性(自己负担成本,他人收益),将来会给自己带来一定的收益,从而形成对未来合作正效应的主观预期。

合作主体的主观期望是合作发生的前提,即合作主体相信通过合作能给其带来一定的有形或无形的价值或资源。只有当合作主体认为合作的租金大于合作的成本时,合作关系才能维持下去。公共服务的组织间合作网络供给主张通过相互合作来促使不同的供给主体贡献能够产生合作租金的合作资源,主张通过建立合作主体间长期的、稳定的组织间网络来激发合作主体的合作意愿,凝聚合作主体的主观期望,主张通过网络关系的嵌入来降低合作的成本。因此,公共服务的网络化供给能够形成合作主体对于合作的主观预期,并且降低合作的成本、提高合作的租金,从而促进合作的发生。

需要说明的一点是,公共服务的组织间合作网络供给虽然强调通过网络成员间的社会资本来建立和维持合作关系,但这不意味着它完全排斥正式的合同在协调网络成员间关系的作用。"正式的规则能够补充并提高非正式约束的有效性。"②一方面,公共服务的网络化供给强调网络成员间的重复交易能够产生社会资本,从而有利于长期的合作关系。期望从未来的交易中

---

① [英]罗伯特 D.帕特南:《使民主运转起来》,王列、赖海榕译,江西人民出版社,2001年,第230页。

② [美]道格拉斯·诺斯:《制度、制度变迁与经济绩效》,杭行译,格致出版社,2008年,第49页。

获得收益制止了人们对短期利益的追求,因为这会损害合作关系的持续性。"合作可能出现是因为对策者将再次相遇。再次相遇使他们不再将目光局限于眼前的利益,而会考虑自己今天的选择会对未来的收益有什么样的影响。因为未来会在当前投下它的影子并影响当前的对策局势。"①另一方面,正式的合同通过明确各方的权责范围可以避免项目管理中的误解。"重要的战略性资源的外包要求供给方和外包方之间密切的交流和协调,因为他们对于组织的绩效和竞争优势具有重要的作用。"②这些协调机制可以通过合同的形式加以规定。合同条款不仅可以明确列出期望完成的任务,确定使用的程序和制定绩效标准,而且合同还可以规定决策的决定权并以明确的方式构建沟通渠道。另外,合同还可以保证无法预料的意外事件。意外事件指的是那些超过合同双方的控制范围,但仍会对合作关系产生影响的事件,比如新技术的发展或者外界环境的变化等。意外事件会影响合作关系,因为合作关系通常会持续相当长的一段时间,因此充满着不确定性。总之,合同使人们产生一种预期,即合作伙伴在合作的过程中不会采取投机行为,从而补充了社会关系的非正式约束的不足。现在的合作行为巩固了人们对未来合作的预期。

---

① [美]罗伯特·阿克塞尔罗德:《合作的进化》,吴坚忠译,上海世纪出版集团,2005年,第9页。

② Bello DC,Lohtia R,Dant SP. Collaborative Relationships for Component Development:The Role of Strategic Issues,Production Costs,and Transaction Costs[J]. *Journal of Business Research*,1999,45 (1).

▶第六章

公共服务组织间合作网络供给的构建及运行

　　在共同利益实现进程中，供给网络要管理外在进展，但这肯定是不够的。它还必须保持内部管理的健康，即保持有效的运作过程。正如前文所论述的，公共服务的组织间合作网络供给是指自主的多元主体(包括政府、私人部门、社会组织和公民社会)基于资源的相互依赖形成一种稳定的组织间网络，并在组织间网络所建构的情境模式下，通过协同政府的管理及网络成员间的水平融合的互动，供给公共服务的一种服务供给模式。因此，公共服务的组织间合作网络供给的构建和运行不同于传统的政府垄断供给，也不同于市场化的竞争供给。它的构建需要考虑不同供给主体间的关系，因为组织间合作网络供给的核心是通过嵌入在不同供给主体社会关系中的社会资本来促进合作，它的运行需要考虑供给主体间的水平互动，因为组织间合作网络供给中供给主体的地位是平等的。

　　本书主要通过将组织间合作网络的动态研究和静态研究相结合来分析公共服务的组织间合作网络供给。就组织间合作网络供给的静态研究而言，包括公共服务网络化供给的类型、结构和价值。就公共服务组织间合作供给的动态研究而言，包括网络的构建、协调、效果和完成等阶段。本书在分析的过程中将二者紧密结合起来，以网络化供给的动态研究为主线。在网络化供给设计和运行过程中，注重网络化供给的结构特征，寻求有效的途径协调不同行动主体之间的关系，保障网络化供给的顺利进行；在网络化供给的效果阶段主要分析网络化供给的任务是否达成；如果网络化供给实现了预期的效果，那么这一网络化供给阶段即完成，反之则需要对网络化供给模式进行调整。具体的分析范式见图 6.1。

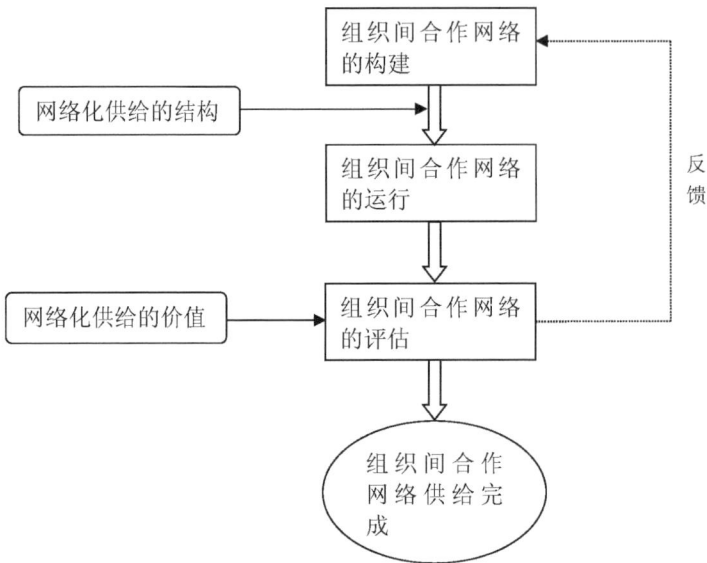

图 6.1　公共服务组织间合作网络供给的实践分析范式

第一节　公共服务组织间合作网络供给的构建

随着社会经济的发展,人们对公共服务的需求越来越多样化和个性化。为了解决公共服务供给中存在的问题,实现公共服务的高效供给,本书认为公共服务的供给应构建公共服务的组织间合作网络供给模型。正如我们前文所界定的,网络是指由一些关系所联结的行动者。网络的特点是由它的行动者和他们之间的关系决定的。行动者可以是个人、团队,也可以是组织。这些行动者之间因为相互依赖而产生的持续的互动形成了特定的关系。这些关系把行动者联系起来,可以是有导向的,也可以是无导向的。因此,供给网络的建构应从网络的行动者和网络关系两个方面着手,包括行动者的选择和网络结构的形成。

一、网络行动者的选择

正如菲利普·库珀(Phillip J. Cooper)所观察的那样:"整个网络只能与其

最弱的组成部分一样强。"①这就使得每一个网络成员的选择都非常重要。供给网络不是一个封闭的系统,发起者有权决定谁可以加入,谁不能加入。供给网络会发现,许多潜在的新成员都向自己伸出橄榄枝。这是件好事,这表明供给网络在某个重大事件发展过程中的中心地位正得到越来越多的认可。但并不是所有的潜在成员都可以成为供给网络的成员。供给网络的构建应有效地选择必要的网络行动者。网络行动者的选择要求识别并整合对于实现网络目标至关重要的人力和资源(比如资金、专业技能和权力等)。这就需要评估和分析潜在的网络参与者的技能、知识和资源。行动者的选择对供给网络的绩效具有重要的影响,因为资源可以作为网络的整合机制。如果网络行动者的选择是基于对潜在参与者的正确地确认基础上的,而且这些潜在的参与者愿意贡献他们的资源,那么公共服务供给网络就会带来较高的绩效。但网络成员并不是永久不变的。即使网络已经开始运作,但如果发现供给网络中包含了不合理的行动者或资源,我们也可以开除这些不合理的参与者。

网络行动者的选择受到各种因素的影响,而且分配给每一种因素的加权都要根据特殊的情况发生变化。有一些标准可以帮助选择合适的网络行动者。

(一)共同的目标

网络行动者选择的一个重要标准就是网络成员有着共同的目标。共同的目标有助于合作。纳吉姆(Najam Adil)的"4C"模型(图 6.2)很好地解释了共同目标对合作的重要性。他从偏好的策略和目标这两个维度来观察政府与非营利组织的关系,指出政府与非营利组织的目标相似,则他们之间的关系是合作的或互补的,若政府与非营利组织的目标不相似,则他们之间的关系是冲突性的或笼络吸纳性的。②与人一样,组织也倾向于和那些与自己具有相似性的组织建立联系。组织间的相似性可以催生出信任关系。社会心理

---

① Phillip J. Cooper. *Governing by Contract:Challenges and Opportunities for Public Managers.* Washington DC:CQ Press,2003:117.

② Najam A. The Four－C's of Third Sector－Government Relations:Cooperation,Confrontation, Complementarity,and Co-optation. *Nonprofit Management and Leadership*,2000,10(4):375-396.

学早已发现人们往往更愿意相信那些与自己处在同一个群体中的人,而不愿意相信那些来自不同群体的人。一个公司里的员工间也有类似的效应。知道某个人来自同一公司,这在某种程度上会使他或她更值得信任。因此,要想保证长期持久的、互惠互利的关系,在选择网络行动者的时候就要关注目标的共享性问题。共同的目标使得网络行动者之间更能够产生信任,信任又使得网络行动者之间进行频繁的互动,频繁的互动反过来又能加强信任,从而形成一连串的连锁反应。所以组织间合作网络的建构应选择具有共同目标的网络行动者。针对不同的供给目标,选择不同的供给主体。共同的目标是合作的前提。如果双方没有共同的目标,他们是不可能开展合作的。

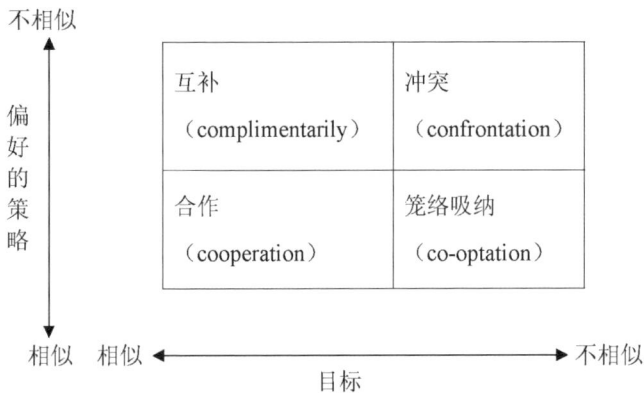

	不相似	
偏好的策略	互补 (complimentarily)	冲突 (confrontation)
	合作 (cooperation)	笼络吸纳 (co-optation)
相似 相似 ←————————→ 不相似		
目标		

图 6.2　纳吉姆的"4C"模型

(二)过去的合作关系

　　如果组织间在以往存在过合作关系,那么他们之间相对来说比较容易建立关系密切的合作关系。今天活动中的合作是将来合作的一种标示。通过不断富有成效的活动,一个人在与他人合作的趋向上建立了信任,即伯纳德·威廉斯(Bernard Williams)所说的"厚信任"。信任是在互动与交流中建立起来的,是通过时间的积累缓慢发展起来的。这就是格兰诺维特论述过的"将既存的社会关系转化为工具性使用"。既存的社会关系不仅有利于合作主体间建立信任,而且还可以降低合作主体间的管理成本。古拉蒂对这一观点进行了证明。①因此,在建构公共服务的组织间合作网络时应考虑网络成员过去是否存在一个印象良好的合作关系。政府在选择合作伙伴的时候应该选择那些在过去与其有过合作关系的社会组织和私人部门,并且还要考虑这些社会组织和私人部门在过去的合作关系中表现如何。

(三)网络行动者的资源

　　组织缺少满足自身需要的所有资源。单个组织可能缺少处理繁重的工作任务的能力。单个组织能够提供的服务质量和类型也可能因机构的传统和专业化而受到限制。有时,组织由于受到空间位置的约束而不能服务于分散在一个较广领域的所有顾客。单个组织的工作人员可能缺少提供与当地的语言、文化和民族特征相适应的服务能力。资源交换理论认为当一个组织拥有对另一个组织来说有益,但却不具备的资源或能力时,组织将会建立联盟。合作关系建立的一个主要动力就是获得实现目标所需要的,但自己又不具备的关键性资源。当组织间存在着高度的资源相互依赖关系时,他们就会形成合作关系来获得自身所需的资源。组织间通过建立战略联盟使得组织可以获得隐性的知识、互补的技能、新的技术和提供超越组织能力限制的产品或服务的能力。因此,在构建公共服务的组织间合作网络时,应考虑行动者的地理位置和目标群体,或基于他们的经验或文化及语言能力等专业技能。私人部门与政府相比通常具有专业化的技术能力和多渠道的资金筹集途径,社会组织则具有丰富的社会资源。这些都是政府所不具备的。因此,公共服务的合作供给应将这些供给主体纳入进来结成公共服务的供给网络,这些网络成员可以开展多种形式的合作。布林克霍夫(Brinkerhoff J.M.)对资源的依赖与行动者之间的合作进行了很好的论述。②(图 6.3)

──────────

　　①　Gulati,R. Does Familiarity Breed Trust? The Implications of Repeated ties for Contractual Choice in Alliances. *The Academy of Management Journal*. 1995,38(1):85–112.

　　②　Brinkerhoff Jennifer M. Government-nonprofit Partnership:A Defining Framework. *Public Administration*,2002(22):19–30.

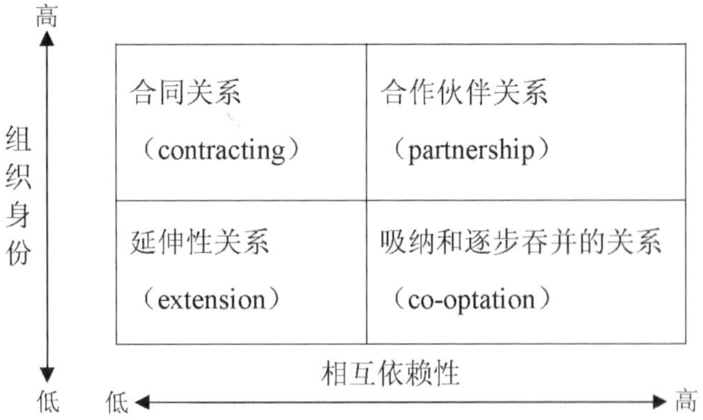

高

组
织
身
份

| 合同关系
（contracting） | 合作伙伴关系
（partnership） |
| 延伸性关系
（extension） | 吸纳和逐步吞并的关系
（co-optation） |

相互依赖性

低　　低　　　　　　　　　　　　高

图 6.3　布林克霍夫的关系模型

以社区治安为例。专业化的保安公司的主要职责是为了预防和防止违法犯罪行为的发生而有偿地从事一些安全防范的工作。它主要为社区的医院、学校、部分娱乐场所和企事业单位提供派驻安保服务。与公安机关相比，保安公司具有独立的企业法人资格，在经济上独立核算、自负盈亏，因此它可以满足人们的不同层次的安全需求；与一般群众性治安防范组织不同，它具有专业化的职业队伍和高水平的服务技能，因此可以满足人们日益增长的高标准的安全需求。由于专业化的保安公司在维护社区治安方面的资源优势，因此在选择社区治安网络成员时应将其纳入进去。

因此，公共服务的组织间合作网络供给的构建应首先从社会中选择合适的供给主体参与到供给网络中，针对特定的供给目标，选择合适的供给主体。公共服务的有效供给需要多元主体的参与，但对于不同的供给目标和不同的公共服务需求，供给的主体往往也不同。公共服务的组织间合作网络供给构建的第一步就是为供给网络选择网络成员，对不同的供给主体进行选择和搭配，让合适的供给主体参与到公共服务的供给中。

二、网络结构的形成

公共服务组织间合作网络供给的绩效不仅取决于单个的供给主体的服务供给绩效，还取决于网络中所有的供给主体相互协调和整合的有效性。组织间合作网络的主要作用就是通过整合不同的成员和他们拥有的资源，推动共同行动和相互学习从而及时有效地提供公共服务。如果网络化供给的所有成员效率低下,那么即使网络得到了很好的整合,网络化供给的效果也好不到哪里去。人们对这一点不会有任何的质疑。但人们往往忽视了它的对立面,即即使所有的供给主体运转高效,但如果忽视了他们之间的协调与整合,那么网络化供给的绩效仍然是不理想的。因此,网络化供给需要一种能够促进不同的供给主体相互整合的网络结构。

网络化供给的结构特征与网络化供给有效性之间有着密切的关系。公共服务供给网络的结构是公共服务组织间合作网络供给有效性的必要但不充分条件。[①]但在网络治理领域,结构没有引起人们多大的兴趣。这是因为人们更关注网络治理的过程。其实,在网络化供给中,网络化供给的结构与过程相互作用,共同影响网络化供给的效果。好的网络结构能够促进行为的有效协调、推动相互信任和团队合作的产生。格兰诺维特的嵌入观点已经对这一论调进行了证明。他批判了新古典经济学的低度社会化的观点和社会学的过度社会化的观点,认为它们要么单方面强调社会行动的作用,要么单方面强调社会文化的作用,而且都持有原子化的个人主义的观点,都否定了社会关系对个人行为的影响。他强调社会行动是在社会关系网内的互动过程中作出决定的。因此,公共服务供给网络的结构会影响供给的制度安排和不同供给主体间的相互作用过程。"不同行动者之间的关系结构和行动者在网络中的位置不仅对行动者个体,而且对整个网络都有着重要的行为的、认知的和态度的影响。"[②]虽然公共服务供给网络的结构受到环境的影响,包括环境的稳定性和资源的丰富性不断地变动,比如政策环境的变化改变了供给网络所嵌入的政策领域的资源分配状况,从而要求重新安排网络成员间的关系结构。

网络成员间相互合作的模糊性和复杂性也使得网络结构处于动态的变化中。但无论公共服务供给网络的结构如何变化,它的结构建构都应遵循一定的原则。一项对美国四个不同城市的精神护理服务的网络化供给的研究

① Garry Robins,Lorraine Bates and Philippa Pattison. Network governance and Environmental Management:Conflict and Cooperation. *Pubic Administration*,2011,89(4):1293-1313.

② Knoke,D. *Political Networks:The Dtructural Perspective.* Cambridge University Press.1990:9.

表明,在整个网络范围内围绕一个核心行动者联结程度高的城市,其治疗的效果最好。相比之下,治疗机构间联结密度最高的城市,其治疗的效果却最差。①后来,普罗文(Keith G. Provan)和塞巴斯蒂安(Juliann G. Sebastian)在这个研究的基础上进一步拓展了网络结构和网络绩效的关系,认为如果分权的整合不能提高网络化供给的绩效,那么通过网络内部高度整合的小集团和小集团之间的交叠可以提高网络化供给的绩效。②本书认为有效的网络结构应能促进网络成员间的协调和共享网络目标。在确定何种网络结构适合于公共服务的组织间合作网络供给之前,应先了解几种网络结构的类型。

(一)网络结构的类型

网络考察可以从个体中心网和整体格局网两个层面来展开。前者描述的是一个人的社会关系网,而后者则描述了所有的行动者及他们之间的关系。我们这里所要研究的是整体格局网。普罗文(Keith G. Provan)等认为整体格局网的网络结构类型的划分有两个标准。第一个标准是网络中是否存在一个中介者。在一种极端情况下,网络完全由组成它的所有成员来进行管理。每一个网络成员通过与其他网络成员的相互作用来共同管理网络,从而形成了一个密集的、高度分权式的网络结构。在另一种极端情况下,网络中存在着一个中介者,网络成员间的直接联系很少。网络的管理是由网络中介者进行的。第二个标准是在存在网络中介者的网络中,网络中介者是网络成员之一还是网络的外部组织。依据这两个标准,他们将网络结构划分为三种类型:③

1. 共享型的网络结构(shared governance structure)

共享型的网络结构是最普遍的。它不存在一个独立的或专门的组织来对网络进行管理。网络的管理是通过网络成员间的定期会面来进行的。所有

---

① Keith G. Provan and H. Briton Milward. A Preliminary Theory of Interorganizational Network Effectiveness: A Comparative Study of Four Community Mental Health Systems. *Administrative Science Quarterly*, 1995, 40(1): 1–33.

② Keith G. Provan and Juliann G. Sebastian. Networks within Networks: Service Link Overlap, Organizational Cliques, And Network Effectiveness. *Academy of Management Journal*, 1998, 41(4): 453–463.

③ Provan, K.G. and P. Kenis. Modes of Network Governance: Structure, Management, and Effectiveness. *Journal of Public Administration Research and Theory*, 2008, 18(2): 229–257.

的网络成员都参与到网络的决策和网络的管理中。他们自己管理网络内部的关系和与网络外部的关系,比如与网络资助者、顾客之间的关系。尽管网络成员的组织规模、资源和能力可能不同,但他们参与决策的权力是平等的。只有所有的网络成员都平等地参与到网络的管理中,网络成员才会认可网络的目标。

2. 核心组织管理型的网络结构(lead organization structure)

在这种类型的网络结构中,所有的网络成员都在某种程度上共享网络的目标,同时也维持自身的目标。他们与其他的网络成员相互作用。然而与共享型的网络结构不同,网络中所有的行为和关键的决策都是由网络管理者来进行协调的。网络管理者也是网络成员之一。它的主要责任在于对组织间网络进行管理并激励所有的网络成员尽自己最大的努力来实现网络的目标。核心组织管理型的网络结构因为网络管理者的管理可以解决共享型网络结构内在的复杂性和无序的状况,从而提高网络的效率。

3. 行政机构管理型的网络结构(network administrative structure)

该网络结构最大的一个特点就是专门设立一个行政机构来管理网络及其运行。与核心组织管理型的网络结构相似,网络的行政机构主要负责管理和协调网络及其行为。它在协调网络行动和维持网络运行方面具有重要的作用。与核心组织管理型的网络结构不同的是,网络的行政机构并不是网络中的一员。在这种网络结构中,网络参与者之间可能会相互作用并共同努力来实现网络目标,但他们的行为及网络中的重要决策则是由一个专门设立的、独立的机构来进行协调的。究竟选择哪一种网络结构主要取决于四个要素:

①信任。当网络成员间存在着密切的信任关系时,共享型的网络结构是个不错的选择。但如果并不是所有的网络成员都相互信任,那么核心组织管理型的网络结构或者行政机构管理型的网络结构则是第一选择。

②网络成员的数量。共享型的网络结构受到网络成员的欢迎,因为他们能够对网络的运行实施控制。然而这种类型的网络结构最适合于网络成员比较少的网络。因为只有当网络成员数量比较少的时候,网络成员间面对面的商谈和交流才可能发生。随着网络成员的数量不断地增加,由专门的组织进行协调的网络结构才是最好的选择。

③网络目标的一致性。同质性原则经常被用来解释特定的主体为什么

相互吸引从而形成网络。当网络成员都认可网络层面的目标时,共享型的网络化结构是最有效的。因为网络成员之间不会产生冲突,每个成员在为网络目标作出自己的贡献的同时也实现了自身的目标。当网络目标的一致性低的时候, 核心组织管理型的网络结构或者行政机构管理型的网络结构比共享型的网络结构更加适合。

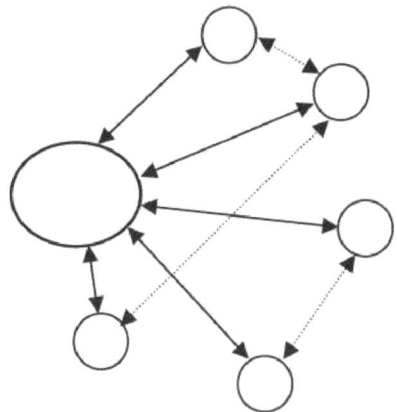

④对网络能力的需要。组织参与或形成网络的目的有很多,包括获得合法性、更有效地服务顾客、获得资源及解决复杂的问题等。但总体上来看,所有的网络成员都是为了实现特定的靠他们自己所不能实现的目标。如果网络目标的实现需要不同的网络成员间的相互协调、网络成员间的相互依赖,那么共享型的网络结构不太适合。如果网络的目标是保护网络不受外界环境的冲击,比如建立外部合法性、寻找新的网络成员、获得资助等,那么核心组织管理型的网络结构比共享型的网络结构更有效。它们之间的区别见表6.1。

表 6.1   三种网络结构类型的区别

网络结构	信任度	网络成员数量	目标一致性	网络能力要求
共享型	高	少	高	低
管理型	低	中等	中等偏下	中
行政组织型	中等	中等偏上	中等偏上	高

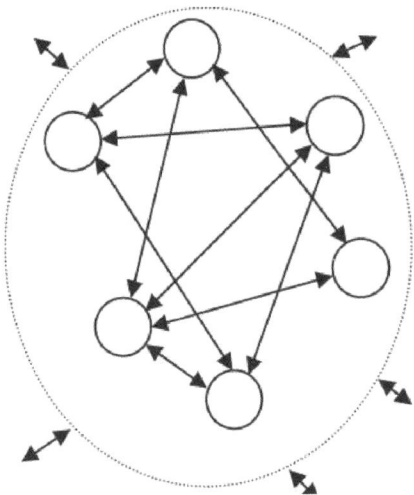

共享型的网络结构   核心组织管理型的网络结构

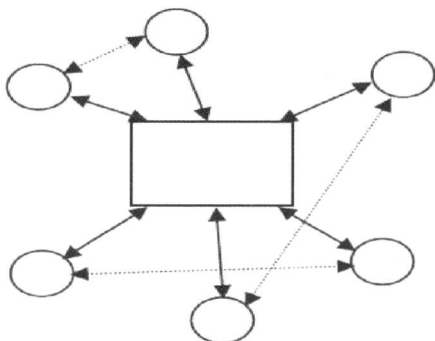

行政机构管理型的网络结构

图 6.4　三种结构类型的结构图

(二)公共服务组织间合作网络供给的结构

正如我们前文所论述的公共服务的组织间合作网络供给是多元的平等主体基于政府的管理而展开水平互动。政府作为网络供给中的一员同时扮演着网络管理者的角色。公共服务的组织间合作网络供给的有效性的发挥需要政府发挥管理者的作用。这是因为：

首先,组织间合作网络供给是多元的供给主体围绕资源相互依赖、信任和合作等概念来共同决策和行动,从而满足特定的顾客群体。合作网络供给通过相互合作、信息共享和共同学习可以有效应对环境的变动和解决单个组织不能有效解决的问题。对于网络化供给而言,为了在相互依赖的情境中达成网络供给的目标, 网络成员必须通过各种各样的方式来相互协商达成一致目标,在目标实施的过程中要相互协调自己的行为,从而保证行动的一致性。但网络供给的成员来自不同的部门和领域,他们都有着各自的组织目标,对问题有不同的见解和看法,都试图扩大自己对网络化供给的过程和结果的影响力, 因此在网络化供给的过程中不可避免地会产生冲突。格雷(Gray Barbara)认为权力是网络化供给中冲突的主要来源,并认为冲突随着网络化供给过程的变化而变化。当网络成员试图对要解决的问题达成一致时,对于问题的范围和外延可能会有不同的看法,从而产生冲突;当网络成员在讨论处理问题的方向时, 他们可能对协作议程的形成和相关信息的分享持有不同的看法,从而产生冲突;一旦网络化供给开始执行,围绕着资源控制、行为授权和权力影响的冲突又会发生。[①]如果网络化供给的成员的地位差距很大(比如成员的声誉、资金和规模等),那么冲突又会进一步加剧。

冲突是不可避免的,旧的冲突的解决为新的冲突的产生作好了准备。传统观点认为组织间或组织内部的冲突不利于组织功能的有效发挥。其实冲突是网络化供给过程的一个特征,它是合法的和必要的,并可能带来长期的利益。这主要取决于冲突的解决方式。如果冲突的解决能够增强共识、明确角色分工、明晰工作任务,那么冲突的存在不仅不会降低网络化供给的效率,还能推动网络化供给的有效进行。因此,网络化供给应采取有效的方式对不同的网络成员间的行为进行协调并有效控制他们之间的冲突。网络化供给的网络成员之间是相互依赖的关系,形成的是一种扁平的结构,不能通过正式的层级结构,要求组织的每一个人都在金字塔型的关系控制结构中有明确的位置,位于低层级的人要受到上一层级的监管来协调和控制冲突,而是需要一个处于不同成员间资源相互流动的中心位置,以及网络成员与外部联系的中心位置的核心机构来进行协调和控制冲突。该机构作为网络成员的中间人可以帮助网络成员达成一致目标并能把不同的成员连接在一起来共同实现目标。此外,公共服务供给网络中的核心机构还能调停和解决不同的网络成员的冲突。

通过唯一的核心机构进行整合和协调的公共服务供给网络比那些关系密度大的、分权的整合的网络更有效,而且如果网络的集中度高,那么通过该核心机构对网络化供给的行为进行监督和控制也变得有可能。这种控制对于鼓励拥有自主权的网络成员导向网络目标而不是组织目标具有重要的作用。"治理既有动员个体参与到共同行动中的一面,又有为了实现共同利益而对个体的行为进行规制的一面。"[②]政府作为公共资源的使用者,与其他网络成员相比,它具有资源优势,而且政府作为公共利益的代表,有责任协调不同的网络成员的行为导向公共利益。因此,公共服务的供给网络需要政

---

① Gray,Barbara. Cross-Sectoral Partners:Collaborative Alliances among Business,Government, and Communities. In:Chris Huxham,eds. *Creating Collaborative Advantage*. Thousand Oaks,CA:Sage Publications,1996:57-59.

② [法]皮埃尔·卡蓝默:《破碎的民主——试论治理的革命》,高凌瀚译,生活·读书·新知三联书店,2005年,第76页。

府作为网络管理者来协调不同网络成员间的关系。但有一点应该注意,政府虽然扮演着网络管理者的角色,但并不是说政府可以以行政命令的方式来要求网络成员,政府只是起到一个协调者的作用。

其次,公共服务的组织间合作网络供给需要整合不同的网络成员的行为。由于公共服务的复杂性,为了高效地提供公共服务,公共服务供给网络通常需要整合来自多个不同成员的资源。以社区治安为例,社区治安网络的主体很多,包括官方的行动主体,比如街道办事处、治安综合治理委员会和派出所,还包括非官方的行动主体,比如居委会、保安公司、志愿者和社区居民等。网络成员的数量很多导致如果没有一个中介组织进行管理,会使网络成员在合作的过程中忽视了合作供给的目标而疲于应付合作的过程。即使他们实现了网络化供给的目标,供给的效率也不会很高。因此,公共服务的网络化供给不适合网络成员需要相互联系,通过面对面地商谈制定决策。比如,一项对三个不同城市的精神病治疗机构关系网络的研究表明,在整个网络范围内治疗机构间联结密度最低的城市,其治疗的效果却最好。相比之下,治疗机构间联结密度最高的城市,其治疗的效果却最差。[1]因此,由于公共服务的复杂性,所建构的公共服务网络应该允许一个组织起到网络中介者的作用,所有的组织通过该中介组织而间接地相互联系。在公共服务的所有供给者中,只有政府可以扮演这样的角色。

因此,本书认为公共服务的组织间合作网络供给的结构应该是政府主导的网络化结构。政府主导的组织间网络结构遵循了主动辅助性原则。所谓的主动性是指提出具体解决方案的责任在于各个网络成员。所谓的辅助性是指所有的网络成员不能完全任其自主地采取行动,而是要符合一定的共同指导原则。主动辅助性原则指导下的政府主导的网络结构可以保证最大限度的一致性与最大限度的多样性的统一,从而能够提高公共服务合作供给的效果。

总之,公共服务组织间合作网络供给的构建应充分发挥政府的统筹作用,积极整合私人部门和社会组织参与到公共服务的供给中。政府在选择合

---

① 　Keith G. Provan and Juliann G. Sebastian. Networks within Networks:Service Link Overlap,Organizational Cliques,and Network Effectiveness. *Academy of Management Journal*,1998,41(4):453-463.

作伙伴时应秉着公正的态度,选择那些具有较高的专业技能、良好信誉的组织参与到公共服务的供给中。政府除了要为供给网络选择网络成员外,还要发挥公众的参与作用,让公众作为网络的一个节点也参与到公共服务的组织间网络中。公众的参与能够使政府准确知晓其服务需求。多元主体的参与带来了协调的难题。政府作为公共利益的代表和公共权力的执行者,除了整合不同的主体参与到公共服务的供给中,还应对不同供给主体间的行为进行协调,使他们共同导向网络目标。由于私人部门和社会组织有着自己的利益目标,为了防止公共利益受到损害,政府还应对其他主体的供给行为进行监督。

第二节　公共服务组织间合作网络供给的运行

　　公共服务组织间合作网络供给的运行其实是不同的供给主体之间相互作用的过程,它涉及供给主体之间的相互协商、使命的建立及使命的实施。不同的供给主体是基于他们自己的利益和网络的利益来协调、发展和评估他们的使命的。供给主体的自身利益与网络整体利益间的张力使得网络的运作充满着模糊性、动态性和复杂性。因此,为保持网络的整体功能,使其实现网络目标,需要一系列的与供给网络的运行有关的概念来指导供给网络中的信息流动、相互作用的广度和深度,以及不同供给主体间相互交换的复杂性和动态性,减少供给主体间的冲突。供给主体之间的相互作用是一个"黑匣子"。人们对于供给网络的行动者之间是如何相互作用的知之甚少。林等认为网络行动者之间的相互作用是重复的和循环的,不是线性的。如果网络的行动者能够通过协商获得最低限度的对共同行动的一致认可,那么他们会支持采取共同行动。如果共同行动在实施的过程中是以互惠的方式进行,那么网络成员将会继续他们的相互承诺。如果共同行动没有以互惠的方式进行,那么参与者要么选择重新进行协商,要么降低他们的使命感来发起补救措施。①

① Ring,Peter Smith,and Andrew H. Van de Ven. Development Processes of Cooperative Interorganizational Relationships. *Academy of Management Review*,1994,19(1):90~118.

　　公共服务的组织间合作网络供给要求不同的网络成员通过正式的或非正式的协商来共同制定指导他们之间相互作用的规则和关系结构及相互作用的目标。不同的网络成员在相互作用的过程中仍保持自己的自主性和自身的利益诉求。为了实现网络的整体目标、采取一致行动，网络成员在相互协商的过程中应以网络整体目标作为目标导向、以共同价值观和规范作为行为依据、以互惠作为活动方式。汤姆森(Ann Marie Thomson)将供给网络的运行过程分解为五个维度：[1]

　　(1)治理(governance)。网络行动者必须知道如何共同制定指导他们行为和关系的规则，此外，还需要知道如何通过共享的权力安排来达成一致目标。该过程既不是静态的，也不存在一种放之四海而皆准的方法。沃伦(Roland L.Warren)认为要想达成关于如何解决共同问题的共识，应通过协商形成一种均衡。这种均衡使得不同网络成员间的竞争和冲突仍然存在，但这种冲突的存在不会影响到网络成员间的相互协商与合作。[2]

　　(2)实施(administration)。网络成员间的相互作用不是自我实施的(self-administering)。网络成员间的相互作用是因为他们期望实现一定的目标。为了实现这个目标需要一定的执行机构,从而推动治理走向行动。这些执行机构更少地关注制度供给，而注重实行和管理，即如何实现目标。然而供给网络中不存在传统的协调机制，比如层级制和标准化，常规化在供给网络中也是不可行的，因为网络成员拥有自主权或准自主权。供给网络只能通过社会协调机制来沟通、组织和传递信息。

　　(3)组织的自治权(organizational autonomy)。公共服务供给网络中的成员具有两个身份,他们既是网络的成员又保持自己独特的身份和组织权力。这使得网络成员既要实现自己的组织使命,维持自己的独立地位,又要实现网络目标,对其他的网络成员负责。赫哈姆(Chris Huxham)将这一张力称为"自治权-责任困境"。[3]当网络的目标与网络成员自身的组织目标相冲突时,

　　① Ann Marie Thomson,James L. Perry. Collaboration Processes:inside the Black Box. *Public Administration Review*,2006(december),Special issue:20–32.

　　② Warren,Roland L. The Interorganizational Field as a Focus for Investigation. *Administrative Science Quarterly*,1967,12(1):396–419.

　　③ Huxham,Chris. Collaboration and Collaborative Advantage. In:Chris Huxham,eds. *Creating Collaborative Advantage*. Thousand Oaks,Sage Publications,1996:1–18.

网络成员往往会选择牺牲网络目标。供给网络中缺少正式的权力等级使得"不同的网络成员只能基于彼此间的友谊相互合作"。这进一步加剧了二者之间的冲突。友谊的产生并不需要完全消除网络成员间的冲突。冲突具有创新的潜力。网络化供给的运行关键是要找到一种处于混沌边缘的中间状态。在这种状态中,网络成员能够最大化他们之间的潜在的协同效应,发现内含于组织利益和共同利益的冲突中的潜在动力。

(4)相互关系(mutuality)。相互关系根源于不同的网络成员间的相互依赖。当一个组织拥有独特的资源,恰好这些资源是另一个组织所需要的并且能给它带来效益时,那么组织间就形成了依赖关系。由于不同成员间的相互依赖,网络成员不会以牺牲其他成员的利益来追逐自己的利益。他们会通过相互合作来实现共赢。只要网络成员能够满足彼此的不同利益又不损害自身的利益,网络成员间的相互作用就会发生。网络成员间的共同利益,比如使命的相似性、服务于同一目标群体或者专业定位和文化的相似性等也使得网络成员寻求通过相互合作来实现共赢。

(5)规范(norms)。互惠规范和信任从概念上讲是密切相关的。在相互作用的过程中,网络成员通常会表现出一种"如果你这样做我就会这样做"的心态。在相互作用之初,网络成员愿意承担不合理的成本,因为他们认为他们的合作伙伴基于责任感在相互作用的过程中会不断地均衡成本和收益的分配。奥斯特罗姆(Elinor Ostrom)和鲍威尔(Walter W. Powell)都认为互惠规范是成功的集体行动的关键因素。在互惠关系中,每个人都为他人的福利做贡献。与互惠密切相关的是规范的第二个方面——信任。信任就是在最糟糕的情况下,其他人不会故意损害你,而在最好的情况下,其他人将站在你的利益的角度采取行动。[1]信任是网络成员相互作用的核心要素,因为它能减少复杂性和交易成本。

与汤姆森的网络运行的五个维度相适应,本书认为公共服务组织间合作网络供给的运行主要包括合作目标的协商、合作过程的协调及合作关系的规范。

---

[1] 黄晓东:《社会资本与政府治理》,社会科学文献出版社,2011年,第99页。

一、合作目标的协商

目标来自所求之的结果。目标的精确度和具体化程度取决于对所求结果的判断准则。人们的任何一项行为都是以目标为导向的。经济学家和决策理论学家认为，组织目标可以转化为一组代表不同选择所致结果价值的偏好函数或效用函数。如果备选方案的结果之间没有明确的偏好排序，理性的判断和选择就无法进行。公共服务的组织间合作网络供给必须有一个详细、明确的目标。明确的网络目标使得网络成员清楚地知道他们为什么要形成相互合作的供给网络及指导网络结构的设计。它可以避免网络成员对要从事的任务的误解并降低人们的不合理的期望。更重要的是，它能指引网络成员的行为导向网络目标。这种目标使所有的网络成员都清楚自己的任务是什么，可以避免出现利益之争和推诿扯皮的现象。

为了确保共同的目标得以吸纳，参与主体不仅要保证自己的目标与整体目标相一致，还要确保自己的目标与其他参与者的目标相一致。但对整体目标的一致认识并不像想象中那么容易获得。不管是组织还是组织中的个体，都希望通过参与来实现自己的特定目标，该目标可能与整体目标无关。比如，某些组织参与合作的目的是为了提高自身的形象，从而确保自己未来的生存和发展；组织中的个体可能把个人职业生涯发展和职业安全作为参与的目的。他们不会把这些目标明确地表达出来，但这些目标却实实在在地是他们参与合作的幕后动机。在这种情况下，参与的成员组织很难达成一致目标。即使每一个成员组织及组织中的个人都把自己参与合作的目的明确地表达出来，从而使得彼此相互了解对方的目的，他们也很难达成一致意见。因为目标的明确表达会凸显出不同目标之间的不相容性。

当我们面对相互冲突、含混的组织成员目标时，我们应该如何确定组织的目标？一种观点认为，应该让管理权威来为组织设定一个成果目标。这是从理性系统的视角来分析组织的目标。理性系统的组织观认为所有的正式组织都要求其组织成员遵从管理权威所设定的组织目标，这不仅是为了实现秩序、效率和一致，也是为了保护组织、组织成员和客户。保持组织秩序必要性的观点和霍布斯（Thomas Hobbes）的社会契约论的观点非常相似。托马斯·霍布斯认为,当被统治者和统治者之间形成一种契约关系时,契约就赋予统治者掌控绝对的权力。当这个观点被应用到公共行政的背景时,就意味着当个体加入一个组织后,他就必须服从管理机构的决策。公共服务供给网络和正式的理性系统的组织观不同。它不存在像正式组织中的那种层级结构,不同的网络成员间的关系是相互依赖的关系。虽然在公共服务的组织间合作网络中政府或核心机构在网络的发起和管理中发挥重要的作用,但他们不是供给网络的权威机构,不能预先为网络设定一个目标,这会导致网络参与各方的普遍不接受或不承认。

公共服务供给网络在设置网络目标时应遵循社会建构主义途径。社会建构主义途径建立在有关公共行政和组织理论的解释性和批判性理论基础之上。社会建构主义不太在意决策者是如何作出决策的及对组织的成员进行控制。他们更在意的是组织成员是如何通过互动交流和相互对话来协调自己与其他成员的关系,从而在相互理解和支持的基础上制定一个大家都认可的决策方案。合作关系本身就要求一个有组织的行动者所组成的社会,以自然的方式体现社会中的各种力量和各种利益。为了赋予合作伙伴关系一定的意义,它本身需要一种机制上的价值;一个社会群体如果被他人承认并应邀制定一项共同的方案,那么对于其机制的建构则是巨大的鼓励。

公共服务的组织间合作网络供给的过程其实是不同的供给主体间相互博弈的过程。不同的供给主体有着不同的目标和利益诉求。因此,为了使不同的主体间开展有效的合作,应为他们提供一个自由的利益表达的平台,使他们通过相互沟通和协商确立共同的供给目标。对此,可以借鉴英国利物浦市的做法。利物浦市有关经济、社会和环境福祉等方面的政策都是由全体社区、企业、社会组织和政府等通过地方论坛、焦点访谈和邻里行动等方式相互协商制定的。当个体与他人一起参与进入某一个组织情境时,他就会了解到其他组织成员带到讨论中的不同思想。每个人对组织情境的主观解释可能会和其他人的截然不同。当一个人通过互动和对话面对其他人时,他就可能超越其原有的想法,形成一种新理解。

二、合作过程的协调

我们相信,在许多情况下,政府通过网络模式能够更有效地提供公共服务。但我们也必须认识到实施这一新模式会带来的巨大挑战。因为供给网络的运行比等级制组织的运行更为复杂。网络成员具有自主权,他们既是网络的参与者,但又具有自己独立的身份。这使得网络成员在网络运行的过程中处于追求自身利益,还是追求共同利益的两难困境。此外,网络成员可能来自不同的部门,他们具有不同的目的和绩效期望。比如,来自公共部门的网络成员希望通过参与网络来实现公共利益,而来自私营部门的网络成员则把参与网络看成是实现自身利益的途径。集体行动的种种问题充斥着供给网络。网络成员被期望为了网络目标而奉献出时间和关注,与其他网络成员分享信息,在使用宝贵而有限的组织资源时进行责任约束。然而虽然大多数人都意识到,不与他人合作会产生大家都不期望的结果,但他们也认识到孤立的合作行为不可能对网络供给的后果有太大的影响。此外,供给网络无法确认和回报每一个合作行为,它也不能预测和惩罚每一个不合作的行为。合作者承担了合作的所有重担而利益却是所有人共享。因而,成功的供给网络,至少部分是依赖于网络成员采取促进集体目标的行为的意愿。

个体的合作意愿是有条件的,至少部分上是依据群体或组织的其他成员将会采取同样行动的这种信念或期望。霍曼斯(George C.Homans)假设三类因素——互动、情感和活动之间,存在着互惠关系与正相关关系。个体之间经常的互动使他们能够彼此相互熟悉并培养感情。在互动过程中产生的深厚友谊反过来又使他们愿意通过相互合作来实现共同目标。公共服务供给网络强调不同的网络成员之间的互动关系,在不断地互动过程中,网络成员产生了组织认同。因此,理性的网络成员在作出任何一项决定的时候固然会考虑个人的利益,但他的最终决定是在互动的过程中作出的。他的行为是镶嵌在互动的关系网络中的,受到社会脉络的制约。乔治·霍曼斯(George C. Homans)对这一点作出了明确的陈述:"人们之间的互动是一种商品、物质与非物质的交换。交换理论的一个附带优势是,它可能使社会学与经济学——

人类最先进、应用性最强和在学术界最孤立的科学——靠得更近。"①

　　基于社会网络的协调与科层制的协调和市场协调不同。长期以来,等级制被看作是在人、知识、时间和空间之间协调和控制行动的有效方式。即使是在管制成为组织形式之前的工业革命期间,生产过程等级的、自上而下的结构也是作为协调机制而被广泛使用的。市场化的协调机制在供给网络中的作用也有限。市场是一种自发的协调机制。新古典经济学认为市场具有非凡的功能, 仅靠各种价格就能把一切问题摆平。正如弗里德里希·哈耶克(Friedrich Augustvon Hayek)所说的那样,市场"奇妙无比"。然而市场化的协调机制会产生较高的交易成本。市场是通过价格杠杆来进行自发的协调的。因此,市场要想很好地发挥协调作用就必须能够发现相关的价格。这就会产生较高的交易成本。因为如果市场的协调是靠价格杠杆的作用,那么一系列的契约就是必须的。这时谈判和签约的费用也必须考虑在内。无论是市场化的协调机制,还是等级化的协调机制都强调通过外部控制来进行协调。等级化的协调机制认为权力可以导致服从,让网络成员服从网络目标,控制网络成员间的冲突。市场化的协调机制认为价格可以用来指引追求自身利益最大化的理性经济人选择最优的适应性反应。基于社会关系的协调能创造出一些机会,而这些是市场协调或科层协调所无法复制的。当政府越来越依赖第三方提供公共服务,当等级制不再作为主要的协调机制,当市场化的协调机制产生较高的交易成本时, 公共服务供给网络的协调就越来越依赖于网络成员间的嵌入关系。

　　(一)基于关系嵌入的协调

　　"关系嵌入"是由格兰诺维特(Mark Granovetter)在其著作《经济行动和社会结构:嵌入性问题》中提出的。所谓关系嵌入是指行动者嵌入与其有直接关系的各种关系之中。关系嵌入有三个主要的组成部分,它们能调节交易伙伴的期望和行为:信任、信息共享以及共同解决问题。这些组成部分虽然是相关的,因为它们都是社会结构的组成部分,但在概念上是独立的。

---

① Homans,George C. Human Behavior as Exchange. *American Journal of Sociology*,1958,63(6): 597–606.

1. 信任

信任是组织间合作网络供给中网络成员用以协调彼此行为的最主要的要素。信任受到学者的注意是在 20 世纪 80 年代中期。不管是社会学家、经济学家还是组织社会学家都认为信任是一种相互性的行为，而且强调信任在组织间的相互合作中扮演着重要的作用。在组织学和战略学的文献中，学者们都声称信任有利于企业间的交易，是企业获得竞争优势的来源。在组织经济学的文献中，学者们认为信任可以减少投机行为、降低交易成本。尽管在心理学和社会学中有很多学者都对个人之间的信任和社会群体中的信任进行了研究，但组织间的信任只是到最近才引起了人们的兴趣。组织间的信任是指组织成员对于合作伙伴组织的信任。与组织间的信任相对应，我们把前一种信任称为人际关系间的信任，是指跨边界者个体对于其对手的信任。组织间的信任与人际关系间的信任通过制度化的过程而发生联系。我们这里所说的信任主要是指组织间的信任。信任可以被定义为交易的一方相信在交换的过程中对方不会以牺牲自己的利益来寻求他们自身利益的最大化。它代表着对一个事件或行动将会发生或不会发生的信念，这种信念是在重复的交换中被相互期待的。

摆脱社会关系的纯粹的市场交易是建立在契约的基础上的。契约反映的是陌生人之间的不信任关系。陌生人之间本来是不存在信任的，但契约的存在使他们相信对方不会违背契约的规定，从而使他们之间又变得互相信任了。张康之教授将这种信任称之为契约型信任。张康之教授从经济学的角度将人类历史划分为农业社会、工业社会和后工业社会，从人类学的角度又将人类历史划分为熟人社会和陌生人社会。根据这两个维度，他认为信任可以区分为习俗型信任、契约型信任和合作型信任。存在于熟人社会中的信任就是习俗型信任。这种信任的产生是因为习俗的规定和要求，也就是说这种信任是与习俗一体化的。基于习俗型信任所产生的合作是感性的合作。感性的合作主要存在于有着密切关系的熟人群体中，有着明确的边界和排外性。这种合作在有利于小群体的时候既可能有利于社会整体，也可能不利于社会整体。

契约型信任是发生在陌生人社会中的。与熟人社会不同，陌生人社会中人与人之间互相不了解，但他们又需要相互联系，因此他们之间的联系需要一定的信任作为保障。但这种信任是不同于熟人之间的那种信任。张康之教授称之为契约型信任。契约型信任具有非人格化的特征,它是出于防范人的非理性因素的需要而产生的一种积极的不信任。契约型信任不需要人们之间相互了解和熟悉,因为它把人们之间的关系掩藏在契约背后。契约型信任忽视了人的情感需要,因此基于契约型信任产生的合作也只是从属于利益的目的,是一种理性的合作。基于契约型信任的理性的合作能否维持,取决于维护契约关系的规则体系是否完善。只有通过不断地强化契约的规则体系才能使契约关系转变为合作行为。合作型信任发生在网络式的陌生人社会。在这种社会中,立体的网络结构决定了人们必须在与他人的交往中获得生存,只有人与人之间的合作才是最好的出路。同时,这种结构也赋予了人们能够相互了解、相互信任和相互合作的机会。

按照张康之教授的说法,契约型信任虽然是理性的,但工具理性色彩太浓,摈弃了人们的情感需要,是一种形式化的信任,其实质是由于人们之间的不信任而作出的无奈选择。自格兰诺维特区分了强、弱关系之后,高频率的互动、长时间的认识、亲密的谈话与行为以及情感性的互惠等是关系嵌入的主要特征。网络成员愿意表达善意,而不愿欺骗别人情感的依赖,在作出决策时会考虑其他行动者的需要和目标,从而在他们之间建立了互惠的信任关系。因此,关系嵌入的市场交易是理性与情感的统一。在这种交易中,人们仍然是理性的经济人,仍然会追求自身的利益,但他们开始注重社会关系和社会交往。他们不再是自私自利的,而变得具有公益感。"即使各方对问题发生时有清楚细心的协议,比方说送货被延迟了,他们不会依照协议行事。如果大家还想继续做生意,不会把契约中的条款读给对方,不会随便把律师找来,反而会立刻商量出一个解决办法,好像没有协议存在似的。"[1]这种超出契约规定而作出的普遍的互惠行动可以减少机会主义行为,在人与人之间产生信任关系。这种信任关系是在社会互动的过程中产生的,是一种基于强联系和持续互惠规范的弹性合作型信任。

合作型信任有利于合作主体之间的合作。信任是一种"预先承诺"装置,合作主体能克服各自有限理性的先天不足,更重要的是,信任能够使各个合

---

① [美]马克·格兰诺维特:《镶嵌:社会网与经济行动》,罗家德译,社会科学文献出版社,2007年,第19页。

作主体约束自己的不合理要求，可以在相互尊重对方利益的基础上调整各自的行为,采取合作行动实现共同利益。唐斯说:"任何组织的最初形成都是为了实现一定目的的。如果不对从事不同任务的许多个体的工作进行协调,目的是不可能实现的。这意味着组织的每一个成员都必须愿意调整自己的行为以与其他成员的行为相互协调。如果这种相互协调可以同时实现,那么,将不再需要层级分明的权威组织。"所以信任有利于合作,而且这种合作是一种发自内心的自觉自愿的行为。

合作型信任有利于加强政府的合法性。合法性是社会成员基于某种价值信仰,对政治统治的正当性表示的认可。合法性危机是一种直接的认同危机,它是由于"履行政府计划的各项任务使失去政治意义的公共领域的结构受到怀疑,从而使确保生产资料私人占有的形式民主受到怀疑"①而造成的。合法性危机主要表现在两个方面:统治者的统治失去正当性和效能性;社会成员亦不愿再对现行统治表示理念上的认同和行动上的参与。随着社会不确定程度和复杂程度的加深,政府对社会资源的垄断地位被打破,公民与政府在同样的信息环境下生活,公民的自主性不断提高,政治参与的意识不断增强并参与到社会事务的管理中来,个人对政府的依赖正在减弱。在这样的背景下,政府获得合法性的途径不是工业社会中的法律条文,也不是农业社会中的国家主权或上级的命令,而是社会的需求和公众的需要。信任是从属于价值理性的,而且这种价值理性还包含着情感的因素。这种理性与情感的统一,不仅可以满足社会的需求,还可以满足公众的需要,从而加强了政府的合法性。

合作型信任还有利于保持各个合作主体的独立性。在共同行动中,人们必须保持自己的独立性和自主性,只有建立在人的独立性和自主性基础上的共同行动,才是他的自我确证,才是对于他的自我实现有意义的行动。否则,就会像以往世代中所出现的那种共同行动一样,人被裹挟于其中而失去自我。②尽管非政府组织有着与政府不同的目标和使命,有着一定程度的自我决定和独立于政府控制的需求,但对于各种不同类型的非政府组织而言,政府的支持和鼓励是他们运作的有利环境,要想实现组织使命,必须得到政

① [美]尤尔根·哈贝马斯:《合法化危机》,刘北成、曹卫东译,上海人民出版社,2006年,第65页。
② 张康之:《论组织管理中的信任与合作》,《浙江学刊》,2007年第2期。

府的许可和承认,还要争取从政府那获得更多的资源支持。而且非政府组织的独立性必须被政府对实现公平,保证公共资源被用于预期目标的需求所调和。合作型信任可以很好地协调政府与非政府部门之间的这种张力关系并保持非政府部门的独立性。合作型信任与习俗型信任和契约型信任不同。习俗型信任仅限于血缘、亲情的狭小圈子内,公共生活中的信任与合作很少;契约型信任是一种计算式的信任,不是人们寄予相互理解和沟通而产生的"基于理解的信任",也不同于"认同的信任";合作型信任既不是可以强迫的,也不是可以诱导的。只有当人们的平等及其他条件具备了的时候,才会生成信任关系。否则,所经营出来的都只能是信任的假象和信任的异化形态——信赖。①所以信任要求把政府和非政府部门看成是处于平等地位的伙伴关系,他们之间不是服从的关系,而是一种相互依赖的关系,他们之间通过协商达成了有意义的、一致的标准,用来指导他们的行动,从而保证了各个主体的独立性。

合作型信任有利于维持合作的灵活性。合作主体之间的合作经常处于复杂的、不确定性的环境中,经常会面临着一些富有挑战性的目标。这就需要赋予合作一定的灵活性来有效地解决问题。习俗型信任主要是从属于习俗的规范和满足于习俗的需要。信任是与习俗一体化的。习俗是人类文明长期发展积淀下来的,虽然是不成文的,但不会轻易改变。基于习俗型信任的合作对合作双方的行为有着严格的限制,必须与习俗相一致。契约型信任在本质上是对契约和维护契约的规则的信任。契约型信任把人掩藏在契约和维护契约的规则背后。契约对合作双方的行为有着明确的规定,契约是基于双方讨价还价的基础上建立的,任何一方违反契约的行为都会导致信任危机。"任何抽象的规范都不可能完全决定一项具体的判决或一种具体的行为步骤。"②无论是习俗还是契约都对合作双方的权利和义务有着先导的限定,而不考虑环境的变化。基于这两种信任的合作必然是缺少灵活性的。合作型信任与传统的习俗型信任和契约型信任不同,合作型信任是基于人们发自内心的自愿合作的基础上的,这种信任有助于合作双方养成思考的习惯,遇

① 张康之:《论信任——合作以及合作制组织》,《人文杂志》,2008 年第 2 期。
② [美]肯尼斯.F·沃伦:《政治体制中的行政法》,王丛虎等译,中国人民大学出版社,2002 年,第 67 页。

到问题的时候不是去照搬习俗或契约，而是通过思考来灵活地应对突发问题。

合作型信任可以减少合作主体之间的交易成本。交易成本理论是由诺贝尔经济学奖得主科斯提出的。所谓交易成本就是在一定的社会关系中，人们自愿交往、彼此合作达成交易所支付的成本。从本质上说，有人类交往互换活动，就有交易成本。习俗型信任是建立在熟人社会中的，对"圈外人"是一种明显的不信任。政府与第三部门之间按照习俗型信任是一种陌生人关系。陌生人之间的交往必然会充分满着不确定性。契约型信任是一种积极的不信任。基于这种信任的合作双方都是以各自的成本 效益分析为基础，他们都以各自利益的最大化为目标。这种合作必然会充满着投机行为。无论是不确定性还是投机行为都是威廉姆森认为的交易成本的来源。而合作型信任是建立在双方相互理解、相互尊重的基础上的，这种信任可以使合作的双方或多方之间的信息沟通更有效，信息不对称导致的道德风险和机会主义会大大减少，从而减少了交易成本；而且合作型信任还可以在各治理主体之间形成一种自我监督和约束的机制，从而减少了监督成本，可以有更多的资源用于对社会事务的治理。所以合作型信任可以减少政府与第三部门之间的交易成本。

2. 信息共享

关系嵌入影响交易活动的第二个要素是信息的交换。信息困境一直被说成是个人私利和团体利益间的冲突。为了克服公共服务的碎片化及协调网络成员之间的活动，网络成员应共享信息。全面披露的信息系统可以及时提供有关网络成员成就的信息。信息是交易的最主要的和最经常的交换单位。信息处理是协调活动的重要环节。广泛的信息渠道可以使网络成员认可系统的目标和其他网络成员的目标，从而协调自身目标与整体目标及网络成员目标。信息共享还可以扩大网络成员行为选择的范围及提高对未来行为预测度的准确性。

自亚当·斯密以来，经济学家一直希望自由市场能够带来信息的自由流动，从而为买方提供机会进行理性比较来防止不法行为。不幸的是，即使在同构型很高的大众产品市场中，出于商业竞争目的的战略性操控以及空间和时间的障碍都使得信息成为有价值的商品，更不要说那些在效用和质量上有很大差别的产品的交易了。因此,不同的主体出于竞争的目的往往会隐藏那些涉及自身隐私权的信息。如果每一个合作主体不能共享其信息,他们之间的协调活动就不可能发生。公共服务的组织间合作网络供给不同,它注重网络成员间的社会关系。基于关系嵌入的信息交换不同于只注重价格和数量等方面信息的纯粹的市场交换,它能提供更多的专有信息和隐形知识,包括拉森提到的战略信息、利润率以及在实践中所获得的无法言明的信息。①关系嵌入是主要的信息交换或信息获取的工具。

在纯粹的市场交易过程中, 行为者的机会主义行为使其不愿意提供合同所界定的全部信息。基于相互信任和互动的关系嵌入为知识的转移和共享奠定了基础,同时它还能遏制行为者的机会主义行为,防止关键的专有知识的泄露。克拉茨认为关系嵌入能够促进组织间合作和组织间学习,使得组织能够更快地积累知识;②萨克森宁证实开放式的组织间网络与封闭式的科层制相比,往往在信息的传播和资源的扩散方面更有效率;③乌兹发现企业间的关系嵌入可以促进企业间信息的传递, 有利于企业间形成共同的解决方案。总之,关系嵌入的信息交换不仅有利于行为者从其他行为者那里学习新的技术和技能,而且还能相互鼓励和推动行为者的创新活动。

3. 共同解决问题

关系嵌入影响交易活动的第三个要素是共同解决问题。纯粹的市场交易认为价格机制可以有效地协调交易活动,任何社会安排都是多余的,除非在双边垄断或者市场有缺陷的情况下。但由于市场的缺陷,价格机制并不能有效地协调交易活动, 需要一定的问题解决机制使行为者能够协调并解决问题。公共服务组织间合作网络供给中的关系嵌入所带来的解决问题的机制能使行动者在忙碌中协调行动和处理问题。这些机制包括常规的协商和

---

① Larson,Andrea. Network Dyads in Entrepreneurial Setting:A Study of the Governance of Exchange Processes. *Administrative Science Quarterly*,1992,37(1):76-104.

② Kraatz,M.S. Learning by Association? Interorganizational Networks and Adaptation to Environmental Change. *Academy of Management Journal*,1998,41(6):621-643.

③ Saxenian,A. Regional Networks and the Resurgence of Silicon Valley. *California Management Review*,1985,33(1):89-112.

相互适应机制。相互协商和适应机制意味着行为者对于出现的问题超越了"为我"还是"为他"的思维模式，而是在"共在"的基础上寻求共同解决问题。关系嵌入使得网络成员不仅能在不完全参照价格标准的情况下配置资源，使行为者不再将目光局限在"签约义务"，把自己所拥有和所能够提供的资源作为交换的筹码，而是发挥自身的优势，通过相互间的优势互补及时地解决问题，而且更重要的是它使得关系所嵌入于其中的制度脉络有别于市场，从而使得行动者的行为可以被影响。共同解决问题还能促进资源和隐性知识在行为主体间传递，从而创造出新的知识来解决具体的问题。

（二）基于结构嵌入的协调

结构维度是以整体性视角来看待网络成员之间的关系，主要考虑网络成员之间是否相互联系，他们之间相互联系的强度如何以及整体的社会关系网络的结构。因此，结构嵌入能够传播价值观念和规范，从而协调具有自主权的网络行动者的行为。由于结构嵌入使信息在整个系统内传播，所以结构嵌入还有利于宏观文化的发展，比如制度和规范等。制度和规范使行动者能够克服在集体行动中所遇到的各种困境。共享的规范对个人的策略具有重要的影响，可以形成个人对其他行为者的预期，并减少监督和制裁的成本。结构嵌入能够传播与网络行动者的战略和声誉有关的信息。结构嵌入使得所有的网络行动者相互认识，即使彼此之间互不相识，他们也可以相互了解，"在寻求关于他我的信息上，自我求助于对他我有了解的受人信任的交往者，而且，这些交往者通过与自我共享所有的一切信息来维持与自我的合作关系。可能了解他我的经历并讲给自我的人们与他我自我都有很强的联系。所以，自我与他我通过共同的朋友与熟人的间接联系越强，他们听到的关于对方交往的经历就越多"①。

网络中的结构嵌入越多，每一个行动者了解到的其他行为者的声誉的信息就越多。声誉与脸面一样，都是政治战略和学术分析的核心概念，指的是对行动者特征、技能、可靠性及其他一些与交易相关的重要属性的尊重。

---

① ［美］罗德里克·M.克雷默、汤姆·R.泰勒：《组织中的信任》，管兵、刘穗琴译，中国城市出版社，2003年，第91页。

声誉可以提供关于合作伙伴可靠性和商誉的信息，使行动者知道与谁进行交易或避免与谁交易，从而减少行为的不确定性。随着环境不确定性的增加，交易双方越来越重视自己与其合作伙伴的声誉。一个行动者的社会声誉和社会地位是最重要的。因为自身不值得信任的商业实践如果被人抓住把柄，会导致信誉扫地，从而影响未来的合作。对于这种后果的担心使得所有的行动者都非常珍视自己的声誉，在合作的过程中会规避投机的行为，使自己的行为符合共同目标的要求。正如达斯古普塔（Partha Dasgupta）所说："人们之所以投资一笔很大的经费，其目的就是为了建立和维持一种诚实的声誉。"①这是对克雷普斯的信誉效应的社会学分析。

声誉影响的出现取决于持续的交往和稳定的传播声誉信息的社会关系网。共同的朋友使得交易一方很容易获得对方的信息。一旦行动主体在任何一次交易中做了不守信的事，那么他的劣迹就会在朋友圈里传播开来。这就使得行动主体非常重视自己的信誉。为了维持一个良好的信誉，他们在每一次交易中都会表现出较好的合作意愿，从而促进了合作的可能性。集体制裁也是结构嵌入协调成员行为的方式。集体制裁是指所有的网络成员都对违反网络规范或者网络目标的成员施以处罚。结构嵌入使得所有的网络成员间形成了一个闭合的网络系统，网络成员间不仅存在着强连接，而且都和共同的第三方相互联系。这种结构使得关系网络中的他人能够在另一种关系中发挥直接作用。比如，那些融入到主要关系中的当事人有责任遵守共同的模式，如果第一当事人不能履行其义务，与第一当事人有社会联系的那些人有责任对此作出反应；如果第二当事人不能对第一当事人的违约行为作出反应的话，那么与第二当事人有社会联系的那些人有责任调节其与第二当事人的关系。这不仅有利于网络成员有效地监督彼此行为，而且使网络成员能够团结起来联合抵制违反行为规范或网络目标的行为。集体制裁能够协调网络成员的行为，保障相互作用的顺利进行，因为它通过展示违反网络规范和价值观的行为的后果重申了可接受的行为标准。

因此，在公共服务的组织间合作网络供给中，不同的供给主体在相互信

---

① [美]罗德里克·M.克雷默、汤姆·R.泰勒：《组织中的信任》，管兵、刘穗琴译，中国城市出版社，2003年，第91页。

任的基础上,通过信息共享、共同解决问题来协调彼此的行为,形成一个优势互补、利益共享、风险共担的局面。市场的价格协调机制和官僚制的命令协调机制在公共服务的组织间合作网络供给中都行不通。但网络供给的协调并不要求以关系嵌入完全取代合同。合同通过明确的惩罚条款可以限制人们的投机行为,从而确保交易初期阶段的成功。"与交易伙伴过去的成功经历会在现阶段产生更大的成功。"因为简单地重复交易能够激励长期的合作。因此,明确的合同条款、补救措施和争议解决的过程,以及社会关系嵌入所产生的团结、互惠和关系的持续性,共同鼓励不同的行动主体在网络运行的过程中相互合作。

三、合作关系的规范

任何集体活动都需要一套共同的规则来维持秩序。公共服务的组织间合作网络供给也不例外。公共服务的组织间合作网络供给需要一定的规则来规范网络成员间的合作行为。所有规则都包含着禁止、允许或要求某些行动或结构的规定。埃莉诺·奥斯特罗姆等人认为规则是为秩序服务的,它明确规定了允许人们做什么和禁止人们做什么,具体包括谁有权力做出什么样的行为,行动的过程应该是什么样的,在行动的过程中应该提供什么样的信息,以及如何根据个人的行动给予其一定的回报。[①]规则使得集体活动中的每个个体能够按照一种共同的知识而行动,从而把集体变成一个有秩序的关系共同体。网络规则与网络控制有关。尽管网络控制可以通过许多不同的机制,网络规则强调通过正式的行为规范和程序来规定网络成员的行为。网络规则使得不同的网络成员间的相互作用成为可能并为网络成员的行为提供基础。"社会合作不能由一个权威机构以命令的方式来进行协调,而是通过合作主体共同制定并认可的规则来协调他们的行为。"[②]网络规则通过对所有可能的行动设置界限,使得网络成员的行为具有可预测性,并且仍然

---

① [美]埃莉诺·奥斯特罗姆:《公共事务的治理之道》,余逊达、陈旭东译,上海译文出版社,2012年,第60页。

② [美]约翰·罗尔斯:《作为公平的正义——正义新论》,姚大志译,中国社会科学出版社,2011年,第11页。

对选择自由开放充分的空间。此外,网络规则可以降低网络成员间相互作用的成本和风险。相互作用的成本低于单独开展工作的成本是不同的网络成员间相互合作的前提。因为除非网络成员相信他们之间是相互依赖的,否则他们不会自动地开展合作。

选择什么样的规则来约束网络成员间的相互作用? 规则的供给就像公共物品的提供一样,获得规则的过程中存在着集体困境,"即使回报是对等的,引进新制度会使所有人的境况都变得更好,但既然制度提供的是一个集体物品,理性人寻求的是免费确保自己的利益,就仍然会有制度供给的失败。搭便车的动机会逐渐削弱组织解决集体困境的动机"[①]。供给网络就像一个棋盘,网络成员是棋盘中的棋子。但这些棋子都具有自主性并遵循着自身的行动原则。只有当用于确定网络规则的立法原则与推动单个人行动的原则一致时,"人类社会的博弈才能容易地和安定地进行下去"并且才能产生出"很可能是愉快和成功的"结果。[②]因此,公共服务的组织间合作网络供给中规则的制定是建立在互惠基础之上的。政府与其他的供给主体共同确定所需提供的公共服务的数量和质量,共同对公共服务的提供方式和流程进行规划,共同设定公共服务供给的绩效目标即考核的方法等。关于合作供给中的权力和责任如何分配的问题也是由政府与其他的供给主体共同决定的。各个供给主体在集体行动规则的约束下,积极交流互动,对于所要提供的公共服务,优势互补,扬长避短,进行集体决策。在此基础上,政府、市场和社会组织相互合作提供特定的公共服务。这不仅能够有效地满足公众的公共服务的需求,而且还能确保供给网络的整体目标和各个供给主体的目标得以实现。

通过以上论述可以发现不管是网络目标的协商、网络规则的制定,还是网络关系的协调都是网络成员基于信任等社会资本自发地进行相互作用和协商的。相互作用和协商的过程对网络化供给的效果具有重要的作用。但网络成员间自发的相互作用需要政府的管理。热力学中提出的熵定律说明任

---

① [美]埃莉诺·奥斯特罗姆:《公共事务的治理之道》,上海译文出版社,2012年,第50页。
② [美]V.奥斯特罗姆、D.菲尼、H.皮希特:《制度分析与发展的反思——问题与抉择》,王诚等译,商务印书馆,1992年,第51页。

何一个网络都应有一个管理者来贯彻执行网络规则、确保网络目标的实现，否则网络只是偶遇者聚会的网络俱乐部。随着政府逐渐倚重以网络为基础的组织形式，政府官员必须理解如何运作，建立现代政府制度。[①]这首先是因为政府无法以垂直的方法解决复杂的组织间关系；其次是政府的角色已经由服务的直接提供转换为社会价值的创造；最后是政府有责任要让公众理解，政府通过网络形态如何实现其对公民的责任。因此，有必要对网络的运行过程加以策略性的管理。这与网络化供给的结构——政府主导的网络供给是对应的。网络管理对公共服务网络化供给的绩效具有重要的影响。网络管理需要一种不同于政府内部管理的管理模式。网络管理应避免使用那种可能会损害网络成员自主性的方法来对网络进行管理。比如，政府不能通过直接的行政命令来管理网络。它应该通过一系列间接的、温和的方式来规制网络的运行，从而引导网络成员的自主行动来实现公共服务供给的总体要求和目标，即"放开缰绳但并不失去控制权力"[②]。网络管理者主要有两种功能：培育网络（nurturing the network）和掌舵网络（steering the network）。前者是指网络的管理者主要扮演网络的促进者和协调者的角色，后者是指网络的管理者主要扮演网络的指挥者的角色。网络管理者通过为网络成员提供一个良好的环境、促进网络成员间信息的交流、塑造一个和谐的合作氛围、缓解网络成员间的冲突来促进网络成员间的相互作用，同时网络的管理者还通过建立明确的网络化供给的使命和绩效目标来引导网络成员的行为。

第三节　公共服务组织间合作网络供给的评估

任何一项活动在结束后都需要对其运行的效果进行评估。评估不仅能够及时发现在运行过程中存在的问题，而且能够为以后的行为提供借鉴意

---

① 现代政府制度是由沈亚平教授提出的相对于传统政府制度而言的一种制度安排。它主要包括以下内容：功能界限的清晰化、治理主体的多元化、职能取向的社会化、资源配置的理性化、政府行为的民主化和权力运行的规范化。

② Eva Sorensen, Jacob Torfing. Making Governance Networks Effective and Democratic through Metagovernance. *Public Administration*. 2009, 87(2):234-258.

义。组织间合作网络供给公共服务也不例外。如同官僚组织一样,供给网络也需要通过绩效评估,以掌握其目的是否达成。对公共服务组织间合作网络供给的绩效进行评估能够帮助了解网络是否完成了其任务、是否提升了网络的价值。如果网络化供给完成了其任务,则公共服务网络化供给的过程得以完成;如果网络化供给未完成其任务,则需要找出原因,并相应地对网络化供给的运行进行调整。组织间合作网络供给的绩效评估对于网络的健康发展至关重要。网络供给的绩效评估可以为网络成员们提供共同反思的机会。他们可以问问自己,怎样才能做得更好,怎样才能发掘新的途径来利用别人已有的技术。可以说,网络化供给的评估作为一种反馈机制有利于对组织和事件进程进行检测。这样就会带来调整,而调整又会带来可持续发展。

但人们对评价网络化供给的有效性仍缺乏明确的认识。因为有效性是组织学中最有争议的话题,关于有效性的讨论一直没有达成一致的看法。"大部分关注于有效性的研究都致力于研究在什么样的条件下组织是有效的,而不注重对于有效性概念本身的研究。有效性的概念仍然很模糊。"[1]"如果我们要认真对待网络,我们必须知道他们是否起作用。"[2]我们这里所说的网络有效性是指整体网络的有效性,而不是指网络成员组织在提供特定的公共服务方面表现得比较好。如果网络成员的效率低下,那么整体网络的有效性可能低,但即使所有的网络成员都运作良好,整体网络的有效性也可能并不高。网络化供给的有效性必须作为一个独立的问题来研究。但网络化供给的有效性很少被作为一个因变量来进行研究。反而是许多研究都关注研究网络的特点,或者即使人们研究网络的有效性也是从组织的层面来解释政策产出和服务的有效性。

我们缺乏对"什么是网络化供给的有效性"的明确的和足够的认识。即使有些学者已经认识到网络化有效性研究的重要性,但也只是解释了不同网络的有效性标准是不同的,没有对网络化供给的有效性进行概念的界定,也没有提出一个评价网络化供给有效性的系统框架。比如,早期的理性系统

① Yuchtman,E. and S.Seashore. A System Resource Approach to Organizational Effectiveness. *American Sociological Review*. 1967,32(6):891-903.

② Laurence J. O'Toole. TreatingNetworks Seriously:Practical and Rresearch-Based Agendas in Public Administration. *Public Administration Review*. 1997,57(1):45-52.

论者关注产出的数量和质量,以及从输入到产出的转换过程的经济性。自然系统论者坚持贡献对于组织生存和活力的重要性。而开放系统论者则强调组织在获取稀缺和有价值资源时利用环境的能力,以及适应性和灵活性的重要性。学者们除了对准则有不同的看法,对度量有效性的指标也有不同的意见。

总体上有三种类型的指标,分别代表度量内容的三个不同的侧重点:①结果。侧重组织所实现的物质或客观结果的特征,比如产品的可靠性、销售量、患者健康状况的改善等。虽然这类指标通常被认为是有效性的典型指标,但是对这类指标的解释往往会掩盖严重的问题。结果并不能表明工作活动的认真和精确,而且还受组织的投入与产出环境的影响。②过程。侧重组织所开展的活动的数量和质量。过程指标强调对投入的数量和力度的考评而不是对产出的考评,关心的是做了什么和做得怎么样。一般来说,行动者欢迎对绩效的过程进行考量,因为他们通常更容易控制工作的过程而不是结果。关于过程的数据也更容易收集和解释。过程指标的缺点在于它们往往与结果关联性不强。③结构。测评组织有效运行的能力。如果说过程指标远离结果,那么结构指标与结果的距离就更远了,因为这些指标度量的并不是人或系统所做的工作,而是人或系统从事工作的能力。

一、评估组织间合作网路供给有效性的难题

组织间合作网络供给是否起到了应有的作用? 有些人认为两个或两个以上的相互依赖的组织通过互相合作肯定比单个组织更能有效地提供公共服务。这一逻辑假设来自博弈论。博弈论认为博弈双方的合作比竞争更能给彼此带来有利的结果。公共服务供给网络由来自不同部门的组织行动者组成。他们基于各自的专业技能开展合作。因此,人们认为公共服务供给网络一定比单个组织更能提高公共服务供给的效率。这是以传统的评估单个组织绩效的方法来衡量的。传统的绩效评估主要衡量组织任务的完成情况。尽管网络化供给模式是由单个组织组成的,但在评价网络化供给的有效性时,我们发现组织间合作网络和单一组织具有相似的特点:领导、关系和利益相关者的支持。但是组织间合作网络的运作不应与传统的组织结构的运作相

混淆。

与单个组织不同，组织间合作网络的领导不是基于韦伯的合理合法性权力而是由平等的网络成员共享的。网络供给中的关系也不是等级序列的关系，而是基于信任和对网络整体的承诺建立的。利益相关者也不再指需要被管理的外部群体，而是指作为网络的关键参与者。网络化供给需要特定政策领域的相互依赖的行动主体间的持续作用。不同的网络化供给中网络成员间合作的性质和强度可能不同。某些网络化供给中的网络成员间的关系可能具有对抗性，从而导致网络成员间的合作很难并且耗时很长，甚至他们之间的合作也是不可能的。还有些网络化供给中的网络成员具有共同的目标并且共同制定出行动方案。传统的绩效评估忽视了网络化供给中的关系运作。组织间合作网络是一个独立的结构安排，网络成员间的关系是其核心要素。在评价网络化供给的有效性时，不能仅评价网络成员是否能通过网络化的形式更好地提供公共服务，还应评价网络成员之间的关系。因此，评价网络化供给的有效性与评价单个组织的有效性相比具有一定的难度。

(一)事前目标的不适合性

事先确定目标的评估方法在网络化供给有效性的评价过程中可信度不高。[1]首先，网络化供给涉及众多的利益相关者，包括内部的利益相关者和外部的利益相关者。他们都有着明确的或含蓄的期望、利益、目标和认知。这些都会影响评估的过程。尽管在网络化供给的运行过程中，不同的行为主体可能会建立一个正式的网络目标，但这并不意味着该目标在评估的过程中一定具有权威性。其次，网络化供给需要网络成员投入大量的资源。评价网络的效果应考虑网络成员因相互作用而产生的成本:这些付出是否值得? 网络化供给会产生额外的成本和收益，这是不能通过事先确定的目标得以体现的。网络化供给的过程可能会影响到网络成员间的关系质量,从而为未来的合作带来成本或收益。比如,在网络运作的过程中,网络成员间的关系破裂,从而使得未来进一步的合作会非常困难;抑或在网络运作的过程中,网络成

---

① Klijn,E.H.,Koppenjan,J.F.M. Public Management and Policy Networks:Foundations of a Network Approach to Governance. *Public Management*,2000,2(2):135-158.

员间建立了信任关系,从而为未来的合作创造了有利的条件。最后,网络化供给涉及新的工作方法的建立。这不仅会影响到制度实践,而且还会影响到人们对合作结果的认识。这可能会导致对服务供给的性质或水平的重新定义或者发展出新的公共项目。网络化供给的这种动态化意味着事先确定的目标在互动的过程中可能会发生变化。因此,以事先确定的目标的完成情况作为评估网络化供给有效性的标准存在一定的问题。网络化供给的评估需要更广泛的指标。传统的绩效评估本身不可能成为评价公共服务网络化供给有效性的有用工具。"只关注最终产品和影响,比如服务的数量、单位成本、顾客行为的改变或服务的完成等是粗鲁的、不可靠的、具有欺骗性的和无意义的。"[①]因此,网络化供给有效性的评估还应基于网络成员的主观评价进行事后满意度的评价。

(二)网络类型的多样性

网络有不同的形式。它们要不在网络成员间的关系方面不同,要不在网络发起的方式方面不同,或者在其它的方面不同。许多网络缺少生产某种特定类型的产出的功能。这并不是说这些网络天生就是功能失调的,而是它们被设计出来以实现其它一些种类的产出。比如,阿格拉诺夫(Robert Agranoff)详细地说明了一系列的网络类型和目的,曼德尔(Myrna Mandell)和基斯特(Robyn Keast)在分解不同的网络类型时确认了三种重要的水平关系的类型——互助、协作和合作。这些关系类型与不同的网络结构相适应。认识到网络类型的不同和网络结构的区别很关键,因为它们不仅有着不同的目的,而且结构特征也不相同,因此要求不同的信任水平。不同的网络关系的强度决定了应采用不同类型的绩效评估标准。比如,互助型网络中的网络成员是独立的,他们只关注自身的需求而不考虑其他网络成员的需求。因此,衡量服务如何提供的传统的绩效评估对于互助型网络是适合的。但是对于合作型网络来说,网络成员不再是独立的,在提供公共服务的过程中他们需要放弃自己的一部分利益来获取共同的利益。而且合作型网络强调基于较高水

---

① Flynn,R.,Pickard,S. and Williams,G. Contracts in the Quasi-Market in Community Health Services. *Journal of Social Policy*. 1995,24(4):529—550.

平的信任和相互作用建立网络成员间的强关系。因此,传统的绩效评估不太适合合作型网络,因为传统的绩效评估并不能够评价这些无形的结果。范拉杰(Van Raaij)通过四个为非先天性脑损伤患者提供公共服务的供给网络的研究发现,用于评价自愿建立的网络化供给和通过命令建立的网络化供给的评价指标也不同。网络合法性、激活的能力(使网络运转的能力)和网络风气(网络成员组织的利益实现和他们愿意超越自身利益而基于整体组织的利益作出决策的意愿之间的平衡)这三个指标适合于评价自愿建立的网络化供给,而不适用于通过命令建立的网络化供给。[①]因此,网络化供给有效性的评价应考虑到网络化供给的类型。

(三)网络发展的阶段性

奎恩(R.Quinn)和卡梅伦(K.Cameron)在他们 1983 年发表的《组织的生命周期和有效性标准的改变》一文中声称人们很少考虑到组织生命周期在不同阶段的不同评价标准的适用性问题。[②]他们声称的这种现象在今天仍然存在。网络成员经历了许多不同的发展阶段。迪达诺(T. D'Aunno)和朱克曼(H.Zuckerman)提出了网络发展的四阶段说,并确认了影响网络从一个阶段过渡到另一个阶段的重要因素。这四个阶段分别为:合作的出现(emergence of a coalition)、合作转变为联盟(transition to a federation)、联盟的成熟(maturity of federation)和发展的十字路口(critical crossroads)。[③]虽然他们是基于对医院联盟的研究提出了网络发展的四阶段说,但他们的网络生命周期模型也适用于其他大部分公共网络的发展,包括公共服务供给网络。这里的目的并不在于提出一个网络发展阶段的新的模型或讨论不同发展阶段的关键因素,而是证明不同的网络发展阶段适应不同的评价标准。

对于新发起的网络化供给来说,建立关系是至关重要的。除非建立了关

---

① Van Raaij,D. Norms Network Members Use:an Alternative Perspective for Indicating Network Success or Failure. *International Public Management Journal*,2006,9(3):249-270.

② Quinn,R. K.Cameron. Organizational Life Cycles and Shifting Criteria of Effectiveness:Some Preliminary Evidence. *Management Science*. 1983,29(1):33-41.

③ D'Aunno,T. and H.Zuckerman. A Life-Cycle Model of Organizational Federations:the Case of Hospitals. *Academy of Management Review*.1987,12(3):534-545.

系,否则网络化供给是不可能进行下去的。在这一发展阶段,网络成员的大部分时间和精力都用来建立网络结构、建构网络过程,而不是实现目标。因此,如果用目标实现作为衡量处于这一发展阶段的网络的有效性是有问题的。相反,发展相对成熟的网络应该能够有效地运作并实现网络层面的目标。因为发展到这一阶段的网络,它的相互作用的过程和网络成员间的合作已经成熟了,而且网络结构也早已建立了,再对网络运行的这些方面的有效性进行评价已经没有任何价值了。因此,网络化供给的评价应基于网络发展的不同阶段制定不同的评价指标。

(四)网络成员的多元性

评估网络化供给有效性的困难与评价组织有效性的困难密切相关,但与之相比更为复杂。评价组织有效性的尝试都是基于满足组织的关键利益相关者这一核心理念。关键利益相关者通常指的是顾客。通过满足顾客的需求或者遵守顾客导向,组织不仅对他的顾客有效,而且对其他的利益相关者,比如投资者或雇员也是有效的。然而顾客只是代表了选民的一部分,对于公共部门来说,他们甚至不是最关键的利益相关者。以公立学校为例,学生和家庭是公立学校最主要的选民,满足他们的需求对公立学校的成功与否至关重要。然而学生群体可能会分裂为多元的选民群体,不同的选民群体对于如何定义成功具有不同的看法。比如,有天赋的学生和他们的家庭对于如何评价公立学校有自己的标准,而具有学习障碍的学生和他们的家庭则有另外一套标准。评价单个组织有效性的这些问题在评价网络化供给的有效性时也会存在,甚至更为复杂。

评价网络化供给有效性最难的一点在于不同的网络成员有着不同的服务对象。不同网络成员以网络化的形式相互合作提供公共服务可能会满足顾客的多元化需求,但也可能会带来资源共享、管辖权之争等问题。因此,某些利益相关者群体可能会满足于向顾客提供边际质量的服务,只要服务是由那些他们可以控制的单个组织提供的。由多元组织相互合作提供更高质量的有效的服务可能对某些利益相关者缺乏吸引力,因为他们的行为不能被监督和控制。因此,网络供给有效性的评估不仅要能确认和追踪关系的改变及隐性的收益和结果,还要确认不同利益相关者的感受。“网络成员对网络有效性的认知是评价网络结果的最好的方法。"①

二、评估网络化供给的视角——基于利益相关者的视角

组织间合作网络供给需要特定政策领域的相互依赖的行动主体间持续的互动作用。网络主体间的关系是其核心要素。合作供给的过程可能会影响到网络主体间的关系质量,从而为未来的合作带来成本或收益。比如,在合作的过程中,网络主体间的关系破裂使未来进一步的合作会变得非常困难。抑或在合作过程中,网络主体间建立了信任关系,从而为未来的合作创造了有利条件。因此,以评估政府公共服务供给的绩效维度作为评估组织间合作网络供给的绩效维度存在一定的问题。合作供给需要更广泛的维度。无论是将成本还是将结果看作是公共服务合作供给绩效评估的维度,都是不尽如人意的。它还需要一种考察公共服务供给中各个主体间关系构建是否合理的评估机制。"只关注最终产品和影响比如服务的数量、单位成本、顾客行为的改变或服务的完成等是粗鲁的、不可靠的、具有欺骗性的和无意义的。"②

普罗文(Keith G. Provan)和米尔沃德(H.Britnton Milward)以提高顾客的福利作为衡量网络化供给有效性的标准,认为为了对顾客的福利有一个全面的理解,多视角的评估方法很有必要。这种方法需要从顾客本身、他们的家庭和顾客的治疗师三个群体来收集与顾客福利有关的信息。网络化供给的绩效评估取决于网络化供给的绩效是对谁而言的。他们在早期研究的基础上,进一步提出了从社区、网络自身和网络成员的视角来评价网络化供给的有效性,并相应地确定了与网络评价有关的利益相关者,"委托人,主要监督和资助网络及网络活动;代理人,主要作为网络的管理者和服务方面的专业人员在网络中活动;顾客,主要是从网络获得所需的服务"③。

① Hasnain-Wynia,R.,Sofaer,S.,Bazoli,G.,Alexandar,J.,et al. Perceptions of Community Care Network Partnership's Effectiveness. *Medical Care Research and Review*,2003,60(4):40-62.

② Flynn,R.,Pickard,S. and Williams,G. Contracts in the Quasi-Market in Community Health Services. *Journal of Social Policy*,1995,24(4):529-550.

③ Provan,K. and Milward,H.B. A Preliminary Theory of Interorganizational Effectiveness:a Comparative Study of Four Community Health Systems. *Administrative Science Quarterly*. 1995,40(1):1-33.

　　詹宁斯(E.T. Jennings)和艾沃特(J.A.Ewalt)也强调以多个标准来衡量网络化供给的有效性,"某一方面的成功并不意味着其他方面也是成功的"①。格蕾(Barbara Gray)确认了五个评价网络化供给有效性的维度:①问题解决或目标实现;②社会资本的形成;③共同目标的产生;④网络结构的改变;⑤权力分配的转移。②曼德尔(Myrna Mandell)和基斯特(Robyn Keast)认为网络化供给的特点决定了网络化供给有效性的评估与单个组织有效性的评估不能采用同样的标准。他们从网络化供给的建立和运行、网络中决策的制定方式、单个组织对于共同行动进行承诺的能力和网络中领导者的作用确定了网络化供给的独特特征,并认为评价网络化供给的有效性应基于网络化供给的上述四个特点及它们之间的相互关系,因此评价网络化供给的有效性指标应包括网络成员间关系的松紧程度、成员对整体的使命感、相关利益者是否被纳入到网络中、正式和非正式规则的类型、参与者开放交流的程度、网络内外部的关键行为者对网络的支持程度等。③

　　虽然不同学者提出的评价指标不同,但他们的研究有一个共同的特征即网络和单个组织不同,不能使用评价单个组织的绩效标准来评价网络化供给的有效性。有效性的评价应该是多视角、多层面的。网络化供给的评价应考虑它自身的特征。网络化供给的任务通常具有复杂性和创新性,很难事先确定它的绩效目标,因此网络化供给有效性的评估应反应网络化供给的复杂性和网络结果的多维性。这可以通过使用多个评价指标和评价方法,将定性评价和定量评价相结合、产出指标和结果指标相结合来实现。网络化供给的网络成员间是一种相互依赖关系,因此网络化供给有效性的评价还要反映出网络成员间的相互依赖性。网络化供给的过程是一个动态的过程,因此网络化供给有效性的评估还应避免使用事先确定的目标,因为这种评估方法忽视了网络合作的动态性,而且也不利于创新。所以公共服务的组织间

————————

　　①　Jennings,E.T. and Ewalt,J.A. Interorganizational Coordination,Administrative Consolidation, and Policy Performance. *Public Administration Review*. 1998,58(5):417-428.

　　②　Gray,Barbara. Assessing Inter-Organizational Collaboration:Multiple Conceptions and Multiple Methods. In:D.Faulkner,M.De Rond,eds. *Cooperative Strategy:Economic,Business and Organizational Issues*. Oxford University Press. 2000:243-260.

　　③　Myrna Mandell,Robyn Keast. Evaluating Network Arrangements:toward Revised Performance Measures. *Public Performance and Management Review*. 2007,30(4):574-597.

合作网络供给应建立与其自身特点相关的合作供给评估机制。这对于及时发现组织间合作网络供给的水平与应当达到的水平之间的差距，以及对以后公共服务的合作供给的主体、方式的选择都具有重要意义。

大多数组织理论家坚持认为组织必须面对多个而不是一个评价者，或者说有多个利益相关者。利益相关者包括那些能够影响组织生存与发展的社会行动者(个人或组织)和受到组织行动影响的个人与组织。所有的利益相关者都有权向组织提出诉求，但他们推动组织满足自己诉求的能力随着时间和地点的不同而差异巨大。鉴于网络化供给的关系导向，网络供给是否能达到预期目标，除了需要各利益相关者不断的努力之外，还需要他们之间相互的合作。因此，组织间合作网络供给的绩效评估可以以利益相关者理论为视角。

利益相关者理论产生之前，人们一致认为企业是由股东投资成立的，股东因此承担了企业经营的风险，因此股东作为企业的所有者理所应当地享有企业剩余价值的索取权和控制权。利益相关者理论不赞同这种观点，认为除了股东以外，企业的其他利益相关者也都对企业的生存和发展进行了专用性投资并分担了企业经营的风险，因此所有的利益相关者都应拥有企业的所有权且有权对企业实施治理。

利益相关者(stakeholder)一词最早出现在 1963 年斯坦福研究院的内部备忘录中。利益相关者的概念原本是想将 "股东是管理需要应对的唯一群体"的思想一般化，因此利益相关者起初被定义为"一个组织如果没有这些群体的支持就将无法存在"，这些群体包括股东、员工、客户、供应商、债权人和社团。①在斯坦福研究院的早期研究后，利益相关者理论的发展分化为多个方向：(1)战略管理学派；(2)系统理论学派；(3)企业社会责任学派；(4)组织理论学派。战略管理学派认为对广大利益相关者群体深思熟虑的分析能够提升组织的决策制定。其中，迪尔(Dill)的研究对于战略管理中利益相关者概念的发展十分重要。他结合"影响"和"责任"来定义利益相关者。他双向

---

① [美]爱德华·弗里曼、杰弗里·哈里森等：《利益相关者理论现状与展望》，盛亚、李靖华等译，知识产权出版社，2013 年，第 26~27 页。

描述了这些因素:公司面向它的利益相关者,利益相关者也面向公司。① 20世纪 70 年代以罗素·艾科夫和 C. 维斯特·切奇曼为代表的系统理论研究者重新关注利益相关者分析。"系统中的利益相关者"这一观点与战略管理文献中对利益相关者概念的使用是不同的。在系统观看来,关于组织层面的分析就是一个错误。问题不应该被聚焦和分解化定义,而是应该放大和综合。艾科夫认为系统设计只有利益相关者参与才能完成,从而在解决整个系统性问题时需要涵盖利益相关者群体。②

另一个对斯坦福研究院最初利益相关者概念研究予以关注的是很多商业组织社会责任的研究者们。企业社会责任学派的研究者将利益相关者运用于非传统利益相关者群体,而后者通常被认为与公司是敌对关系。具体地,他们并不强调满足所有者利益,而是强调满足大众、社区和雇员的利益。组织理论学派的典型代表人物是瑞安曼(Rhenman)。瑞安曼在其工业化民主的研究中明确使用了利益相关者概念。他认为利益相关者是这样的一些群体或个人:他们的目标依赖于公司,公司目标的实现也依赖于他们,而不是任何为支持公司持续生存所必要的群体。③可见,他所定义的利益相关者的范围比斯坦福研究院的要窄。组织理论学派与战略管理学派,以及系统理论学派和企业社会责任学派之间很少有明确的"吻合",但是他们的研究为利益相关者方法——用于解决价值创造和交易、伦理和思维模式问题——的构建提供了肥沃的土壤。

随着利益相关者理论的发展,人们逐渐意识到利益相关者与组织绩效的关系。"企业追求纯经济效益的观点是存在问题的……公司所有的利益相关者群体都向公司投入了威胁和机会。"④因此,绩效评估应考虑到每一个利益相关者对组织的诉求。罗伯特·卡普兰(Robert S.Kaplan)与戴维·诺顿(David P.Norton)就将利益相关者理论应用到组织的绩效评估中,提出了绩效评估

---

① Dill,W.R. Public Participation in Corporate –planning:Strategic Management in a Kibitzer's World. *Long Range Planning*,1975,8(1):57–63.

② Ackoff,R.L. *A Concept of Corporate Planning*. John Wiley&Sons,1970.

③ Freeman,R.E. and Evan.W. Corporate Governance:a Stakeholder Interpretation. *Journal of Behavioral Economics*,1990,19(4):337–359.

④ Slatter,S.S.,Strategic Planning for Public Relations. *Long Range Planning*,1980,13(3):57–69.

的"平衡计分卡法"。平衡计分卡是以"平衡"为主要诉求点,追求的是财务指标与非财务指标之间的平衡,外部利益相关者和内部利益相关者之间的平衡。平衡计分卡的设计包括四个方面:财务视角、顾客视角、内部流程视角及学习和成长视角。这四个视角分别代表了企业三个主要的利益相关者:股东、顾客和员工。还有些学者根据利益相关者理论的规范性基础,认为企业绩效不仅包括企业经营绩效还包括企业社会责任,即企业不仅要考虑股东的利益还要考虑那些可以影响到企业或者被企业影响的人的利益。[①]实际上,不管是绩效评估主体的选择、评估维度的确定、评估方法的甄选,还是绩效评估结果的应用都是利益相关者理论的核心内容。

在我国传统的公共服务合作供给中,政府既是公共服务合作供给的主体又是合作供给绩效评估的主体,导致公共服务合作供给的绩效评估只是政府对于其他供给主体是否达到政府的绩效要求的评估。这种评估方式使得其他供给主体在提供公共服务的过程中为了确保自己的利益,会采取保险的方法来实现合同目标,而且往往会为了实现合同要求而忽视公众的利益。但正如前文所述,任何一个组织要想获得长期的发展和成功就必须考虑到每一个利益相关者的利益和需求。中国有句俗话"事不关己高高挂起",即当事情与自己无关时,相关的行为人就会把它搁置在一边而不管。因此,为了保证评估的客观性,应避免让那些对评估的结果持有无所谓态度的人或组织成为服务供给效果的评估者。一个有效的合作应该对各方利益相关者的效用都是正向的,否则便可终止。虽然组织的生存和发展离不开利益相关者的支持,但是不同的利益相关者对组织的影响是不同的。因此,公共服务组织间合作网络供给的绩效评估关键是要区分出不同的利益相关者,并确定不同种类的利益相关者对公共服务供给的利益诉求。

自 20 世纪 80 年代以来,很多学者都开始关注利益相关者的分类。查克汉姆(Charkham)根据利益相关者与组织是否存在交易性合同关系,将利益相关者分为契约型利益相关者和公众型利益相关者。[②]威勒(Wheeler)则根据

---

① 贾生华、陈宏辉、田传浩:《基于利益相关者理论的企业绩效评价—— 一个分析框架和应用研究》,《科研管理》,2003 年第 4 期。

② Charkham, J. Corporate Governance Lessons from Aboard. *European Business Journal*, 1992, 4 (2):8–16.

社会维度的紧密型差别,将利益相关者分为一级社会性利益相关者、二级社会性利益相关者、一级非社会性利益相关者和二级非社会性利益相关者。[1]
米切尔评分法是利益相关者分类的最主要的方法。米切尔评分法是由米切尔和伍德提出的。他们依据合法性、权力性和紧迫性三个属性将利益相关者分为潜在型的利益相关者、预期型的利益相关者和确定型的利益相关者。合法性是指某一群体是否拥有法律上或者道义上的对企业的索取权;权力性则是指某一群体是否拥有影响企业决策的能力或地位;紧迫性则主要关注群体的要求是否能引起企业的重视。如果某一群体拥有以上三种属性中的一种属性,那么它就是企业的潜在型利益相关者。预期型的利益相关者具有以上三种属性中的两种。而确定型的利益相关者则完全具备这三种属性。[2]
借鉴米切尔评分法, 本书界定出公共服务组织间合作网络供给的利益相关者,如表 6.2 所示:

表 6.2　公共服务组织间合作网络供给的利益相关者

属性 利益相关者	合法性	权力性	紧迫性
确定型利益相关者	—	—	—
服务接受者	高	高	高
政府	高	高	高
预期型利益相关者	—	—	—
私人部门	中	低	中
社会组织	中	低	中
潜在型利益相关者	—	—	—
社区	低	中	低
一般大众	低	中	低

　　不同的利益相关者对公共服务组织间合作网络供给有着不同的利益诉求, 因此公共服务组织间合作网络供给的绩效评估要考虑合作供给对每一

---

　　[1]　Wheeler D. and Maria S.,Including the Stakeholders:the Business Case,*Long Range Planning*,1998,31(2):201.

　　[2]　Mitchell,A. and Wood,D.,Toward a Theory of Stakeholder Identification and Salience:Defining the Principle of Who and What really Counts,*Academy of Management Review*,1997,22(4):853.

个利益相关者的意义,并根据利益相关者的不同诉求确定绩效评估的维度。

(一)预期型利益相关者的绩效维度

公共服务组织间合作网络供给的预期型利益相关者主要指公共服务组织间合作网络供给的供给主体,包括私人部门和社会组织等。每个供给主体都有自己的商业模式,参与合作并不意味着要全盘改变本组织的模式。否则,参与合作的门槛就太高了。依据交易成本理论和资源相互依赖理论,对于那些考虑成为合作供给中的一名成员的组织来说,他们考虑的首要问题就是参与合作网络能给自身带来多大的好处。虽然合作供给可能比单个的组织更能有效地提供公共服务,但对供给主体来说,他们既是合作供给网络中的一员又保留自身的独立地位,因此自身的生存才是最重要的。换言之,他们是主角而非配角,应重视他们的意见。只有当不同的供给主体认识到参与合作供给能给其带来一定的优势,尤其是有利于他们的生存时,他们才会决定参与合作供给。因此,评价公共服务组织间合作网络供给的绩效应首先考虑网络对于网络成员的有效性。政策目标达成或是单纯的效率标准并非评价合作供给对供给主体的有效性的标准。合作网络供给对合作主体层面的有效性可以从以下三个维度进行评估:

1. 资源的获得

资源依赖理论认为合作是资源相互流动的一种方式。组织参与合作的目的是获得他们不能自己生产的资源。这些资源对于组织在一个高度竞争的环境中生存是必须的。对于组织来说,最重要的资源是那些能够帮助组织形成自身独特能力的资源。单一的公共服务供给部门可能缺少处理不断增长的服务需求的能力,单一的机构也可能因为组织传统和专业化在所提供的公共服务的种类和数量方面受到限制。空间限制也会影响公共服务供给部门向分散在较大地理区域范围内的顾客提供服务的能力。因此,单一组织参与到合作供给中的目的是为了获得互补的资源。有效的合作供给中的供给主体应能从合作网络中获得其所不具备的,但对它的运行至关重要的那些资源,包括获得隐性的知识和互补的能力、新的技术或市场、超于组织边界提供更广范围的产品和服务的能力等。

2. 合法性的建立

合法性是指网络或组织的活动和行为在外部和内部的利益相关者看来是令人满意的、适当的。制度理论认为战略联盟源自一个组织期望提高他们的声誉、形象、威望的动力。比如，一个非营利的公共服务组织可能选择与一个受人尊敬的组织交往从而来提高自己的声誉。因此，供给主体认为有效的合作供给应赋予他们一定的合法性，使他们能够获得一定的社会地位和社会可接受性。而这些是通过他们自身的努力很难得到的。有效的合作供给还应允许不同的供给主体作为合作网络的组成部分可以分享网络的信息、主张和顾客，尤其是对于那些规模比较小的、权力不大的、相对来说不太出名的网络成员。

3. 过程的公平

公共服务组织间合作网络供给的过程是一个不同的供给主体互动的过程。在这一互动过程中，不同的供给主体通过共同制定决策及正式的和非正式的协商来一起建立合作网络的规章和结构。在协商的过程中，要求合作主体处于平等的地位。优化项目的共同运作也是合作供给的重要互动过程。合作供给通过两个或两个以上的供给主体来提供公共服务。因此，合作供给需要明确不同的供给主体的责任、协调供给主体的活动。合作的互动过程也是供给主体分享信息和资源的过程。在互动的过程中，不同的供给主体应能获得其他合作伙伴的互补技能并能分享到其他供给主体所掌握的信息。因此，对于供给主体来说，有效的供给网络不仅能为供给主体带来好的互动的结果，比如上面所说的资源的获得和合法性的建立，还能使不同的供给主体在互动的过程中自由表达自己的立场、平等地参与民主讨论、共同制定决策。

(二)确定型利益相关者的绩效维度

正如前文所述，公共服务组织间合作网络供给的确定型利益相关者主要有服务的接受者和政府。评价组织间合作网络供给对服务接受者的有效性在评价合作网络供给对所有的利益相关者的有效性中处于优先地位。有效的合作供给应能向服务的接受者提供更多更好的服务并降低政府提供公共服务的成本。这与管理学中的"物有所值"的观点和民主理论中的"寻求公共利益"的观点一致。因此，确定型利益相关者层面的有效性可以通过两个指标来进行评价:顾客满意度和公共服务供给的效率。

1. 顾客满意度

对于合作供给外部群体,比如政策制定者和资金资助者以及公众来说,他们更注重合作供给是否能提高服务接受者的整体生活水平,而不关心合作供给是否能实现不同供给主体的目标。顾客满意度是指公众对所感受到的整体生活水平的一般和客观的评价。它源自于新公共管理的顾客导向的理念。服务接受者是公共服务合作供给的最主要的利益相关者。如果合作能够满足顾客的需要并遵守顾客导向,那么它不仅对顾客是有效的,而且对其他的利益相关者,比如政策制定者和资助者来说也是有效的。当不同的组织通过以合作的方式来提供公共服务时,我们期待公共服务合作供给与顾客满意度之间会有明显的正相关关系。有效的公共服务合作供给应能为顾客提供整体化服务。因为合作供给强调在组织间层面进行协调,以克服组织间的障碍和服务的不连续性。合作供给主体在提供服务的过程中通过相互沟通和协调确保服务供给的同步化,从而使顾客能够得到持续的无障碍的服务。顾客通过供给网络可以享受到更广范围的服务,这是单个组织所无法实现的。有效的公共服务合作供给应能满足顾客的动态化需求。合作网络的运行机制相比等级制的政府更具有创新性。因为网络运行机制与公众的联系更为广泛,更能够获得与公众的态度和需求相关的信息,这些信息反过来又会提高政府的创新性和回应性。合作网络内部的这种适应性是与生俱来的,不存在等级决策和外部干预。整个系统不断地发展、变化,就像一个生命体那样,这种演变不会受到任何命令和控制的约束。相反,一切都是通过自我调节、通过所有成员的集体行为产生的。

2. 供给的效率

效率是投入与产出之比。组织间合作网络供给的效率即合作供给用于供给公共服务所投入的成本与所提供的公共服务之间的比例。组织间合作网络供给的成本包括信息搜寻成本、监督控制成本和生产成本。我们可以把前两种成本统称为交易成本。交易成本与生产成本不同,它主要指在交易的过程中所引起的成本。公共服务的组织间合作网络供给模式借鉴了社会网络理论和镶嵌理论,强调通过嵌入在网络成员间的社会关系来开展合作。这可以降低网络运行的交易成本。自科斯 1937 年那篇富有启发性的文章发表以来,交易成本一直是经济学中研究制度和组织的主题。在所谓的新制度主义经济学家中间,威廉姆森提出了一个把组织结构和交易成本联系在一起的重要理论观点。在他著名的关于市场与等级制的分析中,最小化交易成本被认为是组织结构背后的主导逻辑。他认为之所以产生交易成本,是因为行动者是有限理性的和倾向机会主义的,所以交易中如何进行信息搜寻和控制不正当行为成为这一理论的核心议题。有效的合作供给通过关系嵌入可以降低网络运行的交易成本。嵌入的观点强调具体的关系以及关系结构能产生信任。信任对信息搜寻和控制不法行为是很有用的。如格兰诺维特认为,所有风险在信任关系中都能得到有效地控制。因此,有效的合作供给应能通过网络成员间的信任关系降低交易的成本,从而提高公共服务供给的效率。

(三)潜在型利益相关者的绩效维度

政府在提供公共服务时不能仅考虑服务供给的效率,还应考虑服务供给的公平性和公正性。正如罗伯特·B.登哈特教授所言:"在民主社会里,当我们思考治理制度时,对民主价值观的关注应该是极为重要的。效率和生产力的价值观不应丧失,它应当被置于民主、社区和公共利益这一更广泛的框架体系之中。在这个框架中,其他有价值的技术和价值观都可能粉墨登场。"①如果组织间合作网络供给有效性的评估只关注硬性的、可量化的产出,它肯定会忽视那些软性的、更加抽象的供给价值指标。因此,有效的公共服务合作供给网络不仅要更好地满足顾客的公共服务的需求、获得网络成员的认可,更重要的是还要对社会的其他方面,包括一般大众和社区即公共服务的潜在利益相关者产生影响。正如公私合作不仅会提高公共服务的效率,更重要的是能促进其他一些重要的社会价值的产生。这些重要的社会价值包括群体和个人的自由、多样性、社区感、公民行动主义等。评估公共服务组织间合作网络供给对潜在型利益相关者的有效性主要可以从以下三个维度进行评估:

---

① Robert B. Denhardt, Janet VinzantDenhardt, The New Public Service, Serving rather than Steering, *Public Administration Review*, 2000, 60(6):549–559.

1. 社会资本的建立

社会资本是新经济社会学的核心概念,它是以关系网络为载体的。信任是社会资本的主要内容。信任被表述为这样一种信念:交易伙伴不以损害另一个交易伙伴的自私方式行事,表现为不像在冒精心计算的风险,而是像在冒探索式风险——在解释另一个人的动机和行为时朝最好方面考虑的偏好。这种探索性质是重要的,因为它能加快决策,保存认知资源。关于信任的典型描述是:"信任是一种个人关系的区别性特征","信任是一种个人感情",以及"信任意味着他人不准备设法寻找一种能占我的便宜的手段。你不是自私地只顾自己。合作关系是第一位的"。①朱克认为信任的产生有三个主要来源:①行为主体间的互动有利于信任的产生;②行为主体间的相似性有利于信任的产生;③社会制度的存在有利于信任的产生。夏皮罗、谢博德和切拉斯金与朱克的观点相似,他们认为信任是建立在威吓、认同和认识基础之上的。公共服务合作供给中合作主体间的关系表现为合作成员间的密切关系即强连带关系。它与市场交易中的不即不离的关系不同。不即不离的关系在清晰的和不带感情的语言中得到描述,反映了交易的本质。典型的特征描述集中于交易伙伴之间相互作用的缺乏,以及局限于经济事务。亲密与情感是强连带关系的标志。自格兰诺维特划分强、弱连带之后,强连带即被认为是产生信任的主要关系来源。因为人们重视彼此之间的亲密关系,不愿意做出有损双方感情的事,因此降低了机会主义的可能性,而使双方保持善意的互动,增加相互信任。"社会资本是不同的网络成员相互合作所产生的重要的结果。"所以有效运转的公共服务供给网络应能在网络成员间建立信任关系,从而有利于网络成员在未来进一步地开展合作。

2. 政府角色的转变

政府角色的转变是一个持续不断的过程,而且几乎可以肯定的是,只要政府存在,这一过程就永远不会停止。就某种程度而言,实践工作者和学者们不断寻求促使政府更好运作的新方法本身就证明了人们期望改善政府行为的愿望。尽管在过去稳定的组织环境中,政府作为"掌舵者"为社会的发展起到了重要的促进作用,但随着社会的快速变迁,人们民主意识的不断加

---

① [美]马克·格兰诺维特、[瑞典]理查德·斯威德伯格主编:《经济生活中的社会学》,上海世纪出版集团、上海人民出版社,2014年,第231页。

强,人们不再希望政府仍统领一切。他们期待自己能参与到与自己的利益密切相关的公共事务中。①因此,直面后工业社会动荡的、不断演进的社会环境需要涉及多重群体的相互作用来为社会和政治生活提供政策方案。米尔沃德用"空心化国家"一词来形容这种现象。在公共服务领域表现为,由于社会经济的发展和社会结构的分化,人们的价值观越来越多元化。不同的人群具有不同的公共服务的需求,而且人们的需求呈现出不断增长的态势。这需要政府改变传统的观念,重塑自身的理念和思维,认可社会组织提供公共服务的职能,可以通过政府与社会组织合作提供公共物品和公共服务。

公共服务的合作供给是资源相互依赖的自主的多元主体(包括政府、私人部门、社会组织和公民社会)通过动态的互动过程和互惠原则合作供给公共服务。政府不再是高高在上的统治者,而是合作网络中的一名成员,和其它的网络成员处于平等的地位。传统的与官僚制相关的命令与控制机制被多元主体间复杂的关系取代。政府不再是公共服务的直接供给者,而是作为调停者和中介者来协调不同供给主体间的关系,使他们能够互相配合以更好地提供公共服务。政府虽然不再直接提供公共服务,但因其是公共利益的代表,政府还应扮演监督者的角色,从而确保其他供给主体的行为不会损害公共利益。政府还应鼓励公众积极地表达自己的利益诉求并为公众参与提供途径。因此,有效的公共服务供给网络应能促进政府角色的转变,使得政府不再扮演"利维坦"的角色,而是作为供给网络的促进者、协调者、中介者、激活者来发挥作用。

3. 公民民主意识的增强

公共服务的组织间合作网络供给既是公民政治参与的现实形式,也是培育公民民主精神的重要渠道。"救治民主弊病的唯一良方是更多的民主。"②公共服务的组织间合作网络供给使得公众不再只是被动地接受政府提供的公共服务,而是有权利参与到各种市场和社会活动中来表达自己的需求和意见。这种公民参与使得公民社会获得了新的活力。公民社会的根本价值就

---

① [美]金钟燮:《公共行政的社会建构:解释与批判》,孙柏瑛等译,北京大学出版社,2008年,第2页。

② [美]詹姆斯·博曼:《公共协商:多元主义、复杂性与民主》,黄相怀译,中央编译出版社,2006年,第4页。

在于它有助于推动民主。此外,公共服务的合作供给还鼓励公众参与到公共事务中。公共服务的合作供给"不再抑制个人和集体的各种进取心,以致包括家庭在内的、以前盛行的提供服务的形式完全废弃"①,而是通过运用政府的力量去培育创造出更多的社会组织,鼓励公民的自我管理。因此,有效的公共服务组织间合作网络供给应能够增强公民的民主意识,培育社会的民主精神。

公共服务的组织间合作网络供给是一个新兴的研究领域。一个完整的网络供给的过程,除了网络构建和网络运行外,还需对网络供给活动进行科学的评估。只有通过绩效评估,才能及时发现网络供给中存在的问题,找出改进的方法。总之,网络构建、网络运行和网络评估这三个环节是依次递进、互相关联的。只有每一个环节都充分发挥作用,公共服务的组织间合作网络供给才可能有效。

---

① [美]B.盖伊·彼得斯:《政府未来的治理模式》,吴爱明译,中国人民大学出版社,2001 年,第72 页。

▶第七章

公共服务组织间合作网络供给的政策建议

公共服务组织间合作网络供给的运行需要方方面面的因素对其进行支持和保障。本书将这些因素概括为：与组织间合作网络供给有关的法律体系、与组织间合作网络供给有关的供给主体的能力、与组织间合作网络供给有关的合作机制。

第一节　健全组织间合作网络供给的法律体系

在公共服务供给机制上，未来发展应建构一个有利于政府与私人部门和社会组织合作的制度框架，从而为公共服务的合作供给建立有效的制度性激励和引导。"一个支持性的法律框架对充满生机活力的公民社会的出现和非政府组织的发展以及建构有效的伙伴关系至关重要。"因此，组织间合作网络的有效运行需要建构与之相关的法律体系框架。

一、完善公共服务组织间合作网络供给的法律法规

公共服务的组织间合作网络供给首先需要完善相关的公共服务供给立法，确立私人部门和社会组织参与公共服务供给的主体地位，明确不同的供给主体在公共服务供给中的权利和义务，实现公共服务合作供给的法治化。其他供给主体参与公共服务供给权利的法定化能够防止政府对于公共服务供给过程的任意垄断或干预，保证不同的供给主体能够有序、合法并高效地参与公共服务的供给。其次，公共服务的组织间合作网络供给还需要完善相关的法律法规来规范公共服务网络供给的范围。组织间合作网络供给公共服务的目的是为了更好地满足公众的服务需求。不能为了使上级政府满意

或者受到上级政府的影响而推行公共服务的组织间合作网络供给。政府不能为了响应政治号召或跟随流行趋势，在不具备组织间合作供给公共服务的外部环境和内部能力的时候，或者特定的公共服务的合作供给可能会损害公众利益的时候进行公共服务的组织间合作网络供给。因此，公共服务的组织间合作网络供给应通过法律明确规定什么时候可以采取公共服务网络供给，哪些公共服务可以采用公共服务组织间合作网络供给的方式，哪些公共服务不能通过组织间合作网络来提供。适合合作供给的公共服务但却没有采取合作模式可能会影响公共服务供给的有效性，但如果不适合合作供给却采用合作供给的方式可能会导致服务供给的滞后性。一般来说，对于那些服务本身具有"硬性"特征，该服务领域易于进行竞争性招标，而且风险较小的服务可以进行合作供给，而对于那些绩效标准难以衡量的服务、公共属性强、对社会影响比较大的服务则应避免通过合作的方式提供。莫认为："公共和私人部门的根本区别应该得到确认，以之作为发展部门间职能配置标准的前提。"①

公共服务合作供给的范围应以法律条文的形式加以规定。具体地说，国家的立法机关应通过制定法律或者通过授权立法的形式对哪些可以由私人部门或社会组织提供的公共服务予以规范。对于那些适合于私人部门或者社会组织参与的公共服务还应以法律条款的形式规定不同的供给主体在公共服务供给中的责任、地位。具体来说，政府可以从准入制度、保障制度、监督制度和淘汰制度等方面来对公共服务供给方面的法律制度进行完善。就准入制度来说，政府应通过相应的制度安排明确社会组织或者私人部门可以进入的公共服务领域以及进入的条件。同时，还应健全合作的法定流程，保证私人部门或社会组织进入的公平性。就保障制度来说，政府应完善保障参与公共服务供给的私人部门和社会组织的合法权益的制度。尤其是要完善与私人部门供给相关的产权制度。因为公共服务是制度化程度很高的领域，需要长期的人力和物资资本投资，但他们面对的通常又是单一的政府需求市场，投资具有很高的专用性。因此，政府应完善合作供给的保障制度，以激发合作者进行长期合作、投资和创新的意愿。就监督制度来说，政府应通

---

① Moe,Ronald,Exploring the Limits of Privatization,*Public Administration Review*,1987,47(6).

过相关的法律制度来加强不同的供给主体之间的相互监督，同时还要健全外部监督主体对于公共服务合作供给的监督制度。准入制度解决的是入口的问题，而淘汰制度解决的是出口的问题。[①]就淘汰制度来说，政府应完善供给主体的淘汰制度，从而确保那些表现不好的私人部门或者社会组织淘汰出局，以保证公共服务组织间合作网络供给的主体的有效性，最终促进组织间合作网络供给的良性运作。

总之，在公共服务的组织间合作网络供给中，首先需要明确的是组织间合作网络供给的法律地位，其次需要对网络成员间的合作进行规范，包括服务的领域、准入组织的条件，合作的程序和评价标准、监督程序、合作主体的权利和义务。此外，还需要修改一系列实体性与程序性的制度和法律。

二、修订促进社会组织发展的法律制度

公共服务的组织间合作网络供给需要社会组织的参与。政府也越来越认识到社会组织的健康发展对整个社会的全面发展是十分必要的，这在一些政策报告中可以体现出来。党的十八大报告提出："加快形成政社分开、权责明确、依法自治的现代社会组织体制，加快形成源头治理、动态管理、应急处置相结合的社会管理机制"；"改进政府提供公共服务方式，加强基层社会管理和服务体系建设，增强城乡社区服务功能，强化企事业单位、人民团体在社会管理和服务中的职责，引导社会组织健康有序发展，充分发挥群众参与社会管理的基础作用"。党的十九大报告中总共五次提到社会组织，"要推动协商民主广泛、多层、制度化发展，统筹推进政党协商、人大协商、政府协商、政协协商、人民团体协商、基层协商以及社会组织协商"；"加强社区治理体系建设推动社会治理重心向基层下移，发挥社会组织作用，实现政府治理和社会调节、居民自治良性互动"；"构建政府为主导、企业为主体、社会组织和公众共同参与的环境治理体系。积极参与全球环境治理，落实减排承诺"；"要以提升组织力为重点，突出政治功能，把企业、农村、机关、学校、科研院所、街道社区、社会组织等基层党组织建设成为宣传党的主张、贯彻党的决

---

①　王春福：《公共产品多元治理模式的制度创新》，《管理世界》，2007 年第 3 期。

定、领导基层治理、团结动员群众、推动改革发展的坚强战斗堡垒";"注重从产业工人、青年农民、高知群体中和在非公有制经济组织、社会组织中发展党员。加强党内激励关怀帮扶。增强党员教育管理针对性和有效性,稳妥开展不合格党员组织处置工作"。

但我国现行的政策法律对社会组织的约束作用大大超过了对社会组织的扶持。目前,我国与社会组织相关的法律文件主要有民法通则和基金会、社团、民办非企业的管理条例。根据 1986 年颁布的民法通则,法人分为四种类型:企业、机关、事业单位、社会团体。与社会组织相对应的是社团法人。而对社会组织进行规范的制度最早可追溯至 1950 年政务院制定通过的《社会团体登记暂行办法》。1988 年,《基金会管理办法》出台。不过,该办法依然将基金会看作是一种社团。1989 年,国务院通过《社会团体登记管理条例》。这一时期的社会组织被认为是依附于国家和政党的。因此,这些组织无需独立存在或独立的规制框架。1998 年,政府的法律开始区分不同社会组织的差异。其主要标志就是国务院颁发的《民办非企业单位登记管理暂行条例》。2004年,国务院又颁布了《基金会管理条例》,该条例区分了公募基金和非公募基金。[1]可见,在法规体系上,我国目前对社会组织监管的法律制度并不严格规范。因此,修订和完善促进社会组织发展的法律制度不仅能够推动社会组织的健康发展,而且能够优化社会组织与政府之间的关系,从而推进公共服务的组织间合作网络供给的有效运行。

社会组织的发展首先应建立一部社会组织法来统领与社会组织有关的其他的规章制度。目前,我国关于社会组织的制度规定层次不高,还没有上升到法律的层面,只是一些行政条例或者执行办法,比如国务院颁发的《社会团体登记管理条例》、民政部出台的《取缔非法民间组织暂行办法》。社会组织的发展离不开对公民结社权的保护。只有在公民结社权得到有效保护的情况下,社会组织才能得以发展。我国宪法赋予了公民具有结社自由的权利。对于宪法赋予人民的基本权利的限制必须通过狭义法律的名义来进行。但目前我国缺少对于公民结社权的法律规定,只是通过一些低位的行政法规来加以规范。这是立法上的错位。因此,社会组织的发展应通过制定一部

---

① 汪锦军:《走向合作治理:政府与非营利组织合作的条件、模式和路径》,浙江大学出版社,2012 年,第 105~106 页。

社会组织法来替代原有的立法层次较低的行政法规。社会组织法应对社会组织的人员编制、养老保险、收费许可、社会捐赠等方面进行相应的规定,从而保证社会组织的稳定,增强社会组织的活力和作用。

其次,政府应针对不同的社会组织分门别类地制定相应的法律制度。中国的社会组织比较复杂。按照组织性质,社会组织可以划分为公益性社会组织和互益性社会组织。公益性社会组织主要是指那些向社会上不特定多数提供公共服务的社会组织,而互益性社会组织的服务对象通常是组织的成员。按照组织体制又可以把社会组织分为会员制和非会员制。这两种划分标准具有一定的关联性。会员制的社会组织,比如行业协会等通常是维护组织成员的共同利益或追求共同兴趣的组织,如果从组织性质上来看他们大多属于互益型的社会组织。而像基金会这类非会员制的社会组织,从性质上来看基本上都属于公益性的组织。当然,这两个标准并非完全重合。因此,应在社会组织法的法律精神的指引下,对不同类别的社会组织建立分类监管的行政法规体系。

第二节　完善公共服务供给的主体

公共服务的组织间合作网络供给是指自主的多元主体(包括政府、私人部门、社会组织和公民社会)基于资源的相互依赖形成一种稳定的组织间网络,并在组织间网络所建构的关系模式下,通过协同政府的管理及网络成员间的水平融合的互动供给公共服务的一种服务供给模式。因此,公共服务的组织间合作网络供给的有效运行需要创新传统的公共服务的单一供给主体,不仅要对传统的公共服务供给主体——政府的职能进行重新界定,还需要发展其他的供给主体。

一、政府职能的重新定位

公共服务的组织间合作网络供给是政府组织的一种边界扩展行为。政府通过与以前仅仅存在垂直性的一般社会管理关系的非政府主体间建立水平性的合作关系将活动领域扩展到了政府组织本身具备的能力之外。公共服务的组织间合作网络供给并不意味着政府从公共服务领域完全退出,而是创造了新的任务环境,需要政府发展新的能力,去掌握和控制服务合作供给的过程,从而对公共服务的合作供给实施有效的管理。"政府能够适应未来社会的挑战关键取决于政府能否及时地进行角色的转变以适应新的环境。"①如果缺少科学合理划分政府职能的前提,就会出现政府职能过度而其他供给主体的作用受到抑制,或是政府供给不足而其他供给主体也不能有效发挥的情况,最终导致各自的功能优势无法发挥。

(一)加快政府职能转变

20世纪80年代以来,我国经济改革的深入促动了政府行政体制的改革。这一时期,政府改革主要围绕"集权与分权","分权让利"被设定为政府改革的主题。90年代,政府改革围绕国家与社会、政府与市场的关系进行,"小政府"模式一度被看好,精简机构成为政府改革的主要内容。这一时期,我国政府进行过1993年和1998年两次国务院机构改革,其中借着1998年政府机构改革的东风,理论界开始深入探讨中国政府机构改革的目的、方向和途径等问题,构建服务型政府的理论开始逐步成熟。

2000年以后,政府改革的主题进一步深化,此时人们达成了新的共识:政府权力的集中或分散、政府规模的大或小,未必是一个好政府的主要标志,一个良好的政府应该是有效履行公共管理和公共服务职能的"强政府"。基于这样的认识,"转变政府职能"就成为政府改革的核心议题,而改变政府管理模式、构建服务型政府,便理所当然成为政府改革的目标。②党的十六大以来,我国政府从顶层设计开始推进服务型政府建设,现已进入了实践探索的阶段。2003年,我国政府进行了改革开放以来第五次大规模的国务院机构改革,改革最突出的特点是按照"经济调节、市场监管、社会管理和公共服务"的政府职能定位,紧紧抓住"转变政府职能"这个关键,加强监管和宏观

---

① [美]理查德·C.博克斯:《公民治理:引领21世纪的美国社区》,孙柏瑛译,中国人民大学出版社,2005年。

② 燕继荣:《服务型政府的研究路向——近十年来国内服务型政府研究综述》,《学海》,2009年第1期。

调控职能,大力减少审批事项,增强服务功能,界定和理顺部门职能关系,更好地适应市场经济。这一次改革的动因"主要是为了使上层建筑更好地适应经济发展",调整现有的政府职能结构和机构设置,以适应经济和社会发展以及改革的深入,特别是加入世界贸易组织后的对政府管理提出的需求。

任何一个组织为了能够在社会选择中生存下去必须保护其得到社会确认的核心价值。核心价值代表了支撑组织运行的关键认知结果,是支持组织存在合理与合法性的基本理由。组织的功能与结构设计的基本原则就是要提倡和保护其核心价值,避免外部挑战和不确定性,同时沉淀成本的存在使得组织难以承受核心价值的重大变动。政府的核心价值包含政治-法律和功能-技术成分。从政治-法律角度,合法的政府组织必须能够有效满足来自公民尤其是公民主体的需求,并且对满足这些需求的效果问责。从功能-技术角度看,政府需要具备竞争力的组织体系。政府机构在完成其职能方面应该是高效、有效和节约的,以实现预期的目标。[1]因此,成功的公共服务组织间合作网络供给意味着政府应实现以结果为导向的目标获取和以过程为导向的环境控制。目标获取要通过利用非政府部门的组织来寻求良好的经济和管理绩效,实现有效、高效、节约的公共服务供给。环境控制旨在规避风险,化解政治、制度的不确定性,尽量减少负面的政治或社会后果,建立新的合法性符号和社会共识,为服务合作提供一个安全和有利的环境。这需要政府从权力和功能两个角度对政府职能进行转变和回归。从权力转变与回归的角度看,政府将集中的权力回归到社会;从功能回归的视角看,原来由政府独揽的事务由政府与其他供给主体共同承担,或是适宜的事务交由其他供给主体独自承担。

1. 政府由"全能政府"向"有限政府"转变

公共服务的组织间合作网络供给不是私有化的一个借口,也不像私有化那么简单。因为它必须认识到,在一个高度复杂的社会中,需要有不同的人和组织来提供高质量的公共服务。因此,政府部门所面临的第一个问题不应该是我如何向私人部门或社会组织发布标书,或者我应该如何指挥手下做得更多。而应该是我如何能够把尽可能充分完成任务所需要的各种资源

---

① 敬乂嘉:《合作治理——再造公共服务的逻辑》,天津人民出版社,2009年,第69页。

集结在一起。这需要政府转变传统的"全能政府"的观念。政府不再是公共服务的唯一主体，而是通过一定的制度激励或物质激励让市场或社会组织在公共服务的供给中发挥作用。

一方面，政府需要调动市场和社会组织参与公共服务供给的积极性。政府应减少对经济的微观的直接干预，而是通过规则制定维护稳定的市场秩序，解决"市场失灵"，维护公众的利益。政府还应给社会松绑，激发社会组织参与公共服务供给的积极性和能动性。改变过去的政府权力一元化及国家与社会一体化的局面，实现多元化的利益群体和社会组织与国家共存。①

另一方面，虽然政府不再是公共服务的唯一供给主体，在与其他主体合作的过程中政府也不再扮演着高高在上的领导者的角色，但因为政府是公共利益的代表，它仍需要协调不同供给主体间的关系，扮演一个网络中介者的角色。"就像生产一辆汽车需要集成复杂的组织网络一样，在当今复杂的世界中，特别是在应对恐怖分子威胁或协调就业服务与福利项目中向某人提供的各项服务时，政府也应采取这样的方式来完成它的许多职责。……一个能力很强的集成商能够协调各种活动，处理各种问题，并保证高质量的服务供应，他是一个设计完美的网络中关键的组成部分。"②总之，公共服务组织间合作网络供给中的政府不再是"全能政府"而是"有限政府"，政府主要扮演合作网络的元治理者的角色。

①为人民谋福利的政府。

不同时代的国家其政府产生的方式和来源不同。在当代中国，宪法确认主权在民的原则，政府产生于人民行使国家权力的机关，对其负责并受其监督。鉴于政府产生于人民行使国家权力的机关，因此政府权力最终源于人民，源于人民的赋予，其存在是为了人民的需要。政府除了谋取公共利益之外不应有任何自己的特殊利益，其权力行使的目的是为了保障社会全体成员的共同利益，为人民谋福利。

"全心全意为人民服务"是党和政府工作的指南。新中国成立以来，历代领导人都对"全心全意为人民服务"作出过阐释。毛泽东指出："我们共产党

---

① 齐卫平、王可园、唐兴军：《转变政府职能的三个认识维度》，《江汉论坛》，2013年第9期。

② ［美］斯蒂芬·戈德史密斯、威廉·D.埃格斯：《网络化治理：公共部门的新形态》，孙迎春译，北京大学出版社，2008年，第68页。

人区别于其他任何政党的又一个显著标志，就是和最广大的人民群众取得最密切的联系。全心全意为人民服务，一刻也不脱离群众；一切从人民的利益出发，而不是从个人或小集团的利益出发；向人民负责和向党的领导机关负责的一致性；这些就是我们的出发点。"①邓小平认为："全心全意为人民服务，一切以人民利益作为每一个党员的最高准绳。"②江泽民所提出的"三个代表"的重要思想，其中之一就是要代表最广大人民群众的根本利益。胡锦涛的科学发展观把"以人为本"作为其核心，要求政府必须坚持权为民所用，情为民所系，利为民所谋，把最广大人民的根本利益作为一切工作的出发点和落脚点。可见，我国的几代领导人都把全心全意为人民服务作为政府工作的最高宗旨，都把为人民谋福利作为一切工作的出发点和归宿。

为人民谋福利的关键是正确运用政府的公共权力。首先，政府官员不能变换公共权力的用途，使其成为谋取个人和小团体利益的工具，这是正确行使公共权力，坚持为人民谋福利的行为底线。其次，在行政工作中自觉依法行政，不得因各种违法行为而侵犯人民的正当权益。最后，在坚持行政廉洁和行政法治的前提下，运用公共权力和可资利用的公共资源，创造性地实施公共服务，以为实现社会成员公共利益的最大化为己任。总之，从党的十七提出"服务型政府"到党的十八大提出"人民满意的服务型政府"，都体现着从执政党和政府自身定位的需要转变为落脚人民的需要，反映着党和政府在"全心全意为人民服务"执政理念方面的深化和发展，具有鲜明的时代特征。

②提供公平服务的政府。

公平正义的概念由来已久。在古希腊时期，亚里士多德就把正义分为个人正义和城邦正义，认为城邦正义是一种社会原则，它关系到财产分配和人际关系交往，以公共利益为依归。随着资本主义商品经济的发展，近代西方哲学史上逐渐形成了两种主流公平观，一是认为自由即公正的正义观，二是认为公平就是条件平等的平等主义正义观。社会主义的正义观是建立在马克思主义的正义观基础之上的，认为公平只有在生产力得到充分发展的情况下才能实现。

---

① 《毛泽东选集》(第4卷)，人民出版社，1991年，第1094页。
② 《邓小平文选》，人民出版社，1989年，第257页。

我国目前正处于社会主义初期阶段,生产力还不是很发达,所以在政府的公共服务方面不能企求超越社会发展阶段的绝对公平。但是经过改革开放四十多年的发展,我国的生产力水平毕竟得到了较大的发展,具备了实现更高层次社会公平的条件。因此,作为执政党和政府,就应当密切关注和设法解决业已存在的较为严重的贫富差距和社会不公问题。当前,我国正处于市场经济发展和社会转型时期,伴随着社会利益结构的分化,社会发展出现了很多不和谐现象,比如城乡发展、区域发展不平衡,收入差距和分配不公等。近几年来,由于这些问题没有得到很好的解决,引发了社会上的不满情绪,降低了公众对政府的满意度。因此,建设人民满意的服务型政府,就要着眼于"以人为本"的服务取向,在统筹城乡发展、区域发展和收入分配改革的基础上,将我国社会发展和改革开放的成果惠及所有的公众,加强公共服务供给的公平性,保证对所有社会成员实现基本公共服务的均等化。

③提供多样化公共服务的政府。

随着社会经济的发展和人民生活水平的不断提高,人们的需求逐渐呈现出多样化的特征。在公民的个性化意识和差异化需求不断增强的条件下,人们已不再满足于单一化的公共服务的供给。这样,作为人民满意的服务型政府应能及时回应民众的这种多样化需要,针对不同的群体、不同的个人、同一个体的不同发展阶段提供个性化、差异化的公共服务。具体来说,提供多样化服务即要在服务内容、服务主体和服务方式方面做到多样化。

首先,服务内容的多样化。按照马斯洛的需求层次理论,当人们的低层次需求基本满足后,就会寻求更高层次的需求。目前,公共服务需求总体上呈现出持续增加的趋势,公共服务需求的内容也会随着经济社会的发展而发生变化。随着基本公共服务的逐渐享有,人们开始追求满足其多样化需要的公共服务。比如在经济发展初期,人们可能更多地要求政府提供基础设施服务,当经济社会进一步发展时,人们可能会要求政府更多地提供诸如公共教育、公共文化、公共卫生和社会福利等方面的服务;再如随着九年义务教育的普及,人们可能会更多要求职业教育、技能培训和专业辅导等有针对性的公共服务。由于人们的身份差异、工作差异、收入差异等,以一种标准化的服务来满足所有人需要的做法已经过时。"随着科学技术的快速发展,买方市场的形成和公众需求偏好的改变,传统上以精细分工为手段并生产和提供大批量、规模化的公共产品和服务的工业型社会,正转向以无缝隙服务的方式生产和提供多品种、小批量的柔性化的公共产品和服务的现代社会。"①

其次,服务供给主体的多样化。提供公共服务是政府的主要职能,所以政府在提供公共服务的过程中应起到主导作用。但是在现代社会,政府不是提供公共服务的唯一主体。面对着复杂化的社会环境和多元化的社会需求,单凭政府自身已经难以应对和解决目前所有的公共服务的供给问题。政府应当与市场、社会共同合作,形成一套相互配合的服务供给机制。这不仅可以解决或者缓解政府公共服务能力不足与不断增长的公共服务需求之间的矛盾,而且可以在政府和其他供给主体之间形成良性竞争。这样,一来可以降低公共服务供给的成本,二来可以形成对顾客需求的快速回应机制,解决政府公共服务和公众需求之间的缺位、错位等问题。公共服务体系所提供的服务是否获得人民的满意,不仅在于服务供给的数量、质量和种类,而且也在于是否允许或者在多大程度上允许人民对于公共服务进行选择,公民应当有权从不同的服务供给主体那里获得自己所需要的服务。

最后,服务方式的多样化。如前文所述,公共服务存在着多元服务供给主体,不同供给主体由于其性质不同,从而决定着不同的供给主体在供给方式方面也存在着差异。政府以强制手段提供公共物品,企业自愿提供私人物品,民间组织则自愿提供公共物品。在当前公共需求趋于多样化的形势下,除了政府通过征收手段获取财源并加大公共服务供给,提高公共服务的数量和质量之外,还应引进竞争机制,通过合约的方式,将部分公共服务外包给企业组织,以此降低服务成本,提高服务效率。此外,民间组织在改革开放后也得到了较大的发展,政府应当进一步鼓励和培育民间组织,提供有利于民间组织健康发展的制度安排,使之更好更多地承载公共服务的功能。

以上三种多样化中,内容多样化是目的,主体和方式多样化是实现内容多样化的保证和途径。

④提供持续化公共服务的政府。

社会成员的公共需求具有连贯性,因此政府的公共服务供给也应具有持续性。对于一个追求人民满意的服务型政府来说,服务的规划设计是必不

---

① [美]托马斯·戴伊:《谁掌管美国——里根时代》,张维、吴继淦、刘党倩译,世界知识出版社,1985年,第358页。

可少的。也就是说,根据一定时期经济社会发展状况和公众公共需求状况,积极并审慎地筹划公共服务的发展规划,既要考虑国家现有财政状况对于公共服务供给的支撑程度来适当安排公共服务,又要根据未来经济增长形势,推进公共服务供给的发展进程,从而使公共服务的供给既体现有所限度的阶段性,又体现有所发展的连续性。在此,经济发展和科技进步对政府所提供的财政支撑起着重要的作用。"政府所做的许多事情是不能用金钱来衡量的。尽管如此,政府的开支仍是衡量政府活动范围最好的尺子。"[1]以此类推,政府公共服务的开支也是衡量政府提供公共服务供给范围最好的尺子。在经济社会发展的特定时期,政府的公共服务应当有所限制,超出支出能力范围发展公共服务,无论对政府和对社会来说,都会造成沉重的负担,而且公共服务范围的扩大和种类的增多,往往是一个难以逆转的过程。后期的服务供给如果与前期变化过大,会影响到社会的和谐与秩序的稳定。这样就决定了公共服务供给只能是一个渐进的发展过程,这其中取决于政府的积极推动和促进作用。

⑤提供优质高效服务的政府。

服务型政府是把服务作为政府的核心价值理念和政府职能重心的政府形式。传统的管制型政府轻服务而重管理,服务抽象化、口号化和形式化。在提供服务的过程中存在服务内容的逐利化,对于能带来部门利益的服务,相关部门争先恐后,而对于无利可图的服务则避而远之。甚至在提供服务的过程中出现权钱交易,有钱多服务,没钱少服务甚至是无服务,服务行为也处于一种低效化的状态。传统的管制型政府是以政府为本位的,存在着严重的官僚作风,办事推诿拖拉、敷衍塞责,以一种居高临下的姿态出现,给人的总体印象就是"门难进、脸难看、事难办"。人民满意的服务型政府要求政府改进工作作风、优化政务环境,提高政府人员的办事效率,真正从公众的利益出发,在行政活动中为社会和公众提供优质高效的公共服务。

以宁波市海曙区政府为例。为了解决日益突出的公共服务供需之间的矛盾,海曙区政府于2001年建立了"81890"(来自于宁波话"拨一拨就灵"的谐音)公共服务平台。政府通过公共服务平台进行了多种服务资源的整合。

---

① 麻宝斌、季英伟:《政府流程再造的基本策略》,《经济纵横》,2009年第12期。

政府不再限于直接生产公共服务,而是通过搭建平台,将企业和社会组织也纳入到公共服务的供给中。"81890"公共服务平台的运行情况见图7.1。

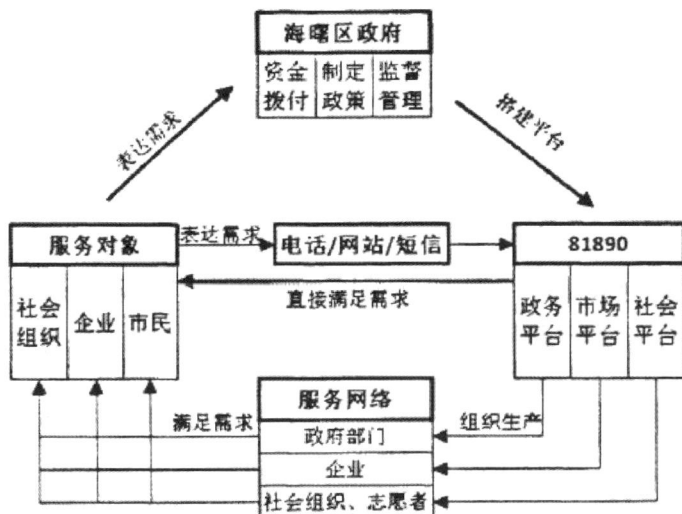

图 7.1　"81890"公共服务平台运行图

来源:吴玉霞:《公共服务分工与合作网络的理论与实证研究》,浙江大学博士论文,2011年。

在这一过程中,政府的职能定位主要表现在以下三个方面:

(1)公共服务合作供给的激活者。在"81890"公共服务平台中,政府通过短信、网站和电话等为政府、企业、公民搭建了沟通的桥梁,使得公民的公共服务需求与政府的公共服务资源、市场的家庭性服务资源及社会的志愿性服务资源实现了无缝对接。政府还通过建立和拓展志愿者协会,主动培育社会组织,整合社会资源,有效引导社会组织参与到公共服务的供给中,从而打破政府供给公共服务的垄断局面,主张将其他的社会主体引入到公共服务的供给中,形成不同主体间相互合作提供公共服务的局面。

(2)公共服务合作供给的协调者。公共服务的合作供给过程其实是不同供给主体间博弈的过程。不同的供给主体有着不同的目标和利益诉求。因此,为了使不同的主体间开展有效的合作,海曙区政府应为不同的供给主体提供一个相互协调的平台。一方面,整合了市、区两级政府及其职能部门,市民只要联系"81890"就可以将自己的需求传递给相关的职能部门,防止不同的部门间相互推诿;另一方面,通过整合辖区内56个党政部门,提高为企业服务的水平。辖区内的企业只需拨打"81890",就会将发展过程中遇到的问题传递给相关的部门,相关的部门会主动与企业联系并帮助其解决问题。

(3)公共服务合作供给的责任者。无论是从法律和实际需要来看,政府都不能推脱其作为责任的最终承担者的角色。海曙区政府为了防止家政企业追求部门利益而牺牲公共利益,对家政企业进行了规范化管理。海曙区政府一方面建立了家政协会的自治制度,通过协会管理的形式实行家政企业的自我约束、自我监督和自我管理;另一方面还建立了质量监控制度,对家政企业的服务质量、收费情况和服务态度等进行监控,对服务质量好的企业向社会推荐,对于服务质量差的企业则实施处罚。通过对企业的规范化管理,政府扮演了公共服务合作供给的责任者。

2. 政府由"权力政府"向"责任政府"转变

有人也许会问,如果一个政府实际操作干得少一些,难道那不是一个软弱的政府吗? 我们这样不是在削弱政府的力量吗? 公共服务的组织间网络供给并不是政府摆脱责任的借口。政府合法性要求政府必须代表公共利益并维护公共利益,同时它的运行不能摆脱法律的约束。政府在组织间合作网络供给中不能将其责任也在一定程度上顺带"输出"了。政府应明确合作不能损害公共利益,以创造公共价值为目标,清楚地界定合作的范围和内容,并建立必要的监督和控制机制。有效的控制对于确保实现预期结果具有重要的作用。无论是从法律和实际需要来看,政府都不能推脱其作为责任的最终承担者的角色。在合作的过程中,政府可以以合同的形式明确规定合作者在未完成合同的情况下应承担的经济责任,并对合作者因未履行合同而给公众造成的损害承担附带的民事赔偿责任。但当这种赔偿不能兑现或者受害人追诉行政责任时,政府仍将负责。公众对于救济方式的选择以及合同承包人和政府对于责任的态度,与合作秩序的发育状况有直接关系,需要考虑到责任归属的制度设计中。

政府还应确保服务提供与服务需求的内在一致性。需求是相对于供给而言的。公共服务供给与需求的匹配性是衡量公共服务供给有效性的标准。尽管需求决定供给,但有需求并不一定会有供给。只有有效的需求即被供给者所重视并纳入供给安排的需求才会有相应的供给。①长期以来,我国由于受计划经济时期"权力政府"的影响,公众的公共服务需求表达受到抑制,公众的公共服务需求通常是由政府单方面决定的, 导致公共服务的供给存在着"供给不足"和"供给错位"的问题。政府是否具有合法性,关键在于其是否能满足公众的需求。政府的核心职能之一就是通过民主的程序来确认公众的需求。因此,政府在合作供给的过程中需要加强参与式政府的建设,将公民的价值、偏好和意愿吸纳到合作供给决策的过程中来,减少决策的外生特征。

首先,政府需要完善现有的制度化的公共服务需求表达渠道。具体措施有:

(1)完善基层民主制度。公共服务的直接使用者是公众。公共服务的内容、提供方式等应由公众决定。因此,公共服务的有效供给必须完善基层民主制度,让公众的需求能够体现在公共服务中,使公共服务的决策从政府本位向民本位转变。

(2) 完善人民代表大会制度。人民代表大会制度是我国的根本政治制度,在公众的公共服务需求表达方面发挥着重要的作用。公共服务的有效供给应进一步完善人民代表大会制度,推进人大代表选举制度改革,合理划分人大代表的结构,提高人大代表的质量并强化人大代表与公众的联系。

(3)完善信访制度。信访制度是我国除人民代表大会制度之外的人民群众表达利益最直接的途径。畅通信访制度这一需求表达渠道首先应健全基层的信访组织,毕竟基层是信访的源头也是信访的最终落实点;其次,应改变官员的绩效标准,由 "上访率" 改为"解决率",防止官员为了追求低的上访率对上访群众进行打压;最后,还应合理划分信访机构的职能,完善信访体制的整体系统性。

(4)完善听证制度。听证制度是公众表达利益需求的一种有效途径。完善听证制度应首先扩大听证制度的适用范围, 将与公众生活密切相关的公共服务的决策都纳入到听证的范围内;其次,健全听证代表的选择机制,确保那些可能受到决策影响的人能够当选为听证代表, 从而保证他们的利益

---

① 王蔚、彭庆军:《论农村公共服务需求表达机制的构建》,湖南社会科学,2011 年第 5 期。

在作决策的时候不被忽视;最后,提高听证会的透明度。在听证会举行之前,应向社会公开举行听证会的时间、地点、听证的内容及听证代表的选举方式;在听证会举行期间,允许相关的新闻媒体对听证会进行现场直播;在听证会结束后,公开听证会的结论。为了防止听证会"听而不证",在公开听证会最终结论的同时还应向社会公布那些未被采纳的意见并加以说明。

其次,政府要积极拓展新的公共服务表达渠道。公共服务的供给侧改革除了疏通现有的公共服务需求表达的渠道外,还应建立新的需求表达渠道。借此可以将分散的公共服务需求整合到国家整体中来,从而使政府能够提供与公众需求相匹配的、实现公共价值的公共服务。具体包括:①发挥工会和行业协会等社会组织的桥梁作用,将公众的需求通过这些社会组织传递给政府;②完善巡视制度在公众公共服务需求表达中的作用。巡视制度的强势监督、系统整合等优势能够有效地保障其成为社会公众进行公共服务需求表达的畅通渠道。① ③健全大众媒体在传达公众需求方面的作用。

同时,由于公众是公共服务的直接接受者,他们对于所供给的服务的质量最有发言权,政府通过开辟各种消费者监督、反馈和投诉的渠道,有助于形成立体监督和制约服务生产商的局面。

3. 政府由"管制型政府"向"服务型政府"转变

在传统社会的管制型政府中,政府的社会管理职能还没有从政治统治职能中分离出来。在目的上,国家实施社会管理,不过是为了维持政治统治、维护统治秩序。正如恩格斯所指出的那样:"政治统治到处都是以执行某种社会职能为基础,而且政治统治只有在它执行了它的这种职能时才能持续下去。"② 在方式上,采用强制手段来迫使民众服从,没有任何民主参与的余地。中国管制型政府可以追溯到新中国成立初期。为了维护和巩固新生的社会主义国家政权,在经济相对落后的条件下实现国家的工业化和社会主义现代化,在新中国成立初期实行高度集权的计划经济体制。经济基础决定上层建设。高度集权的计划经济体制决定了中国的政治体制也是中央政府高度集权的。政府的权力触及社会生活的方方面面。在实行管制型政府时期,

---

① 马静、岳军:《巡视制度在我国公共服务需求表达中的应用研究》,《社会科学研究》,2014 年第 6 期。

② 《马克思恩格斯选集》(第三卷),人民出版社,1995 年,第 523 页。

政府是社会管理唯一的主体,不允许其他社会组织分享社会管理的权力,管理主要采用指令、指示、命令等强制性方式,管理方式单一,管理主体与管理对象之间呈现单一的管理与被管理关系, 政府社会管理的价值目标是保障政府的权威与实施社会控制。

公共服务组织间合作网络供给要求政府把服务而不是管制放在首位,一方面政府需要吸纳其他的主体参与到公共服务的供给中, 另一方面政府应改变传统的命令式的管理方式,形成与其他主体间的互动。这必然会要求政府由传统的管制型政府向服务型政府转变。服务型政府的概念与中国行政改革演进相伴生。2002 年,党的十六大提出"经济调节、市场监管、社会管理和公共服务"十六字政府职能, 公共服务开始进入政治与行政改革的视野。2004 年,温家宝总理在中央党校省部级领导干部"树立和落实科学发展观"专题研究班结业式上正式提出要"建设服务型政府",这是中央第一次正式提出"服务型政府"的概念。2006 年 10 月,党的十六届六中全会第一次把建设服务型政府写入执政党的文件中,在《关于构建社会主义和谐社会若干重大问题的决定》中明确要求"建设服务型政府,强化社会管理和公共服务职能"。2007 年 10 月,胡锦涛在党的十七大报告中再次提出"加快行政管理体制改革、建设服务型政府"。党的十八大报告中也强调要按照建立中国特色社会主义行政体制目标,深入推进政企分开、政资分开、政事分开、政社分开,建设职能科学、结构优化、廉洁高效、人民满意的服务型政府。习近平在党的十九大报告中继续强调建设服务型政府,提出"转变政府职能,深化简政放权,创新监管方式,增强政府公信力和执行力,建设人民满意的服务型政府"。

①理念创新是服务型政府的前提。

理念属于社会意识范畴。根据哲学理论,社会存在决定社会意识,有什么样的社会存在便有什么样的社会意识。但是社会意识绝非仅仅决定于社会存在,它可以对社会存在发生积极的反作用。把这一原理引入到行政管理研究领域,则可以说明既有的经济社会状况派生出哪些行政管理理念,行政管理理念的更新发展会如何引导政府的管理实践来稳定并促进社会发展。

在我国改革经济体制和重新选择经济发展模式, 发挥市场对社会资源配置的基础性作用的情况下,随着我国多年来政府职能的转变,原有的职能体系和职能重点发生了重大变化。反映到行政理念上就是服务型政府理念的提出,强调现阶段加强政府的公共服务职能。服务型政府建设以为公众提供满意的公共服务作为其核心目标,所以作为服务型政府,需要改变传统的统治理念和管制理念,实现向服务理念的转变。

第一,树立以人为本的理念。服务型政府的核心价值取向是以人为本,这与执政党的全心全意为人民服务的根本宗旨是相一致的。因此,作为服务型政府,在其履行职能时也必须体现以人为本的理念。以人为本理念的提出,引导着政府自身定位及其价值导向的变迁。在我国实行社会主义市场经济之前,政府集中并通过经济计划配置整个社会资源,监督企业对计划的执行情况,以保证政府意志的实现。政府对经济领域的集中统一管理是整个社会管理的缩影,经济计划化、社会行政化下的政府必然是以自身为本并使社会服从自身意志为价值取向的。随着市场经济的建立和政府职能的转变,在对经济社会事务进行管理方面,开始限制政府之手发挥作用的频率、程度和空间。更为根本的是,随着市场作用的增强和契约机制的广泛运用,以及社会成员自由自主意识的萌发和民主制度建设的发展,牵引着我国政府向服务的价值导向的真正回归。因此,在这种情况下,政府与社会之间的关系发生了根本性的调整,即从以政府为本转变为以人为本和以社会为本。政府职能主要在于弥补市场失灵和社会缺漏,也就是主要发挥对于社会的公共服务作用。以人为本理念的提出,要求政府在社会管理中应以人民的利益为出发点,将人民群众作为“服务”的对象而不单纯是“管理”的对象,改变过去的“只唯上不唯下”的制度设计,力求培养“向人民学习,为人民服务,请人民评判,让人民满意”的工作态度。通过提供公共服务的方式来最大限度地满足人民群众日益增长的物质文化需要,而不是用“管”“罚”等方式来维护政府官员的利益。总之,服务是一种基本理念和价值追求。政府工作人员应强化服务意识,使行政权力的行使从属于服务的目的,实现从管理者到服务者的转变,利用其掌握的社会资源来为社会服务。

第二,树立公平正义的理念。任何社会都要建立起有利于发展的动力机制和有利于秩序的稳定机制。例如,构建社会分层体系和差异化分配制度,可以调动社会成员的积极行为并促进社会的发展。但是社会结构的分层和分配制度的差异要有一定的限度,超出合理的限度就会引发大量的社会问题。公平正义作为化解社会矛盾的价值准则,在维护社会稳定方面发挥着重要作用。罗尔斯指出:"社会和经济的不平等,例如财富和权力的不平等,只有使他们每个人、特别是使最少得益的社会成员的利益得到补偿时,才是正义的。"①也就是说,由于人们的天性、性格和才能等方面的不同,由于一些社会生活的偶然性所给人们带来的机遇不同,财富和权力的差别是不可避免的,而且如前所述也是必要的。但是任由这些差别无限制地扩大并且不能使最少得益的社会成员的利益得到补偿,则是不正义的,而且对于一个社会来说也是非常危险的。

随着我国经济转轨、社会转型以及社会利益结构分化,出现了许多社会问题,例如党的十九大所指出的:"城乡区域发展和收入分配差距依然较大,群众在就业、教育、医疗、居住、养老等方面面临不少难题。"因此,在我国现时期的社会管理中,应当在以人为本的基础上强化公平正义理念,无论是社会管理规则的制定,还是社会管理规则的执行,都要渗透和体现公平正义的原则,并努力构建以权利公平、机会公平、规则公平等为主要内容的社会公平保障体系,保证让所有的社会成员都能共享改革发展的成果,保证让所有的社会成员都能享受均等的基本公共服务。

第三,树立法治行政的理念。社会管理的目的在于解决社会冲突和社会矛盾,而不能激化并引发新的社会冲突和社会矛盾。从历史上社会管理实际来看,人治状况下由于缺乏限权思想和治官之法,官员主观任意的执法行为易于诱发社会冲突和社会矛盾。因此,在以人为本的价值取向和建设服务型政府的大背景下,一方面,要依据权利本位的原则打造约束公权的法律体系,确保政府及其公务人员在法律面前的地位平等,从而将政府社会管理的权力置于法律的约束之下,保证行政权力的行使以实现公共利益。另一方面,在社会管理中严格依法办事,特别是涉及社会成员权利义务的事项,必须有法律依据并在权限范围内按照法定程序进行管理。在一个缺乏法治传统和法治思维的国度,从人治到法治的过渡注定十分艰难。在这种情况下,首要的是健全行政法制,用外在的约束树立起法治行政理念,并对政府和公务人员逐步实现从外在约束向内在约束的转变。

---

① ［美］罗尔斯:《正义论》,何怀宏、何包钢、廖申白译,中国社会科学出版社,1988年,第14页。

②体制创新是服务型政府的保障。

在管制型政府的社会管理中,政府是社会管理的唯一主体,政府体系之外的社会组织和公民个人均为被管理的对象。进入 21 世纪以后,社会现象和社会事务越来越复杂,政府所处的各种环境变化也越来越迅速,公众对公共服务的需求也越来越具有多样化。为了及时回应公民的个性化需求并满足公民的需要,服务型政府要求超越以往的公共问题的解决只限于政府的独白式话语的状况,而将范围广泛、有丰富经验的社会主体加入进来进行协商、对话。①在现实生活中,任何一个组织在其正式边界之内都无法拥有全部关键资源,因此需要跨越边界,与其他组织合作,以从外部获得有用的知识和资源。所以服务型政府在现在和未来的社会管理实践中,要改变过去的政府作为唯一主体的情况,实现管理主体从一元主体向多元主体的转变,加快形成党委领导、政府负责、社会协同、公众参与、法治保障的社会管理体制。

党委是社会管理体制中执政党的代表,在该体制中处于领导地位。这就意味着党委不负责具体的社会管理事务,要发挥党委在社会管理中总揽全局、协调各方的领导核心作用,保证社会管理的正确方向。在社会管理系统中,党委的主要职能是政治职能。这种职能的实质是要求党委为社会管理提出具有创新性的指导思想,同时组织、动员和鼓励社会各种力量参与到社会管理中,并注重对各种治理力量的整合,利用其"横向到边,纵向到底"的组织体制充分发挥基层党组织和党员在社会管理中的作用,起到党员的模范带头作用。

无论是管制型政府还是服务型政府,政府在社会管理中都扮演着重要的角色。这是由政府的职能决定的。任何国家的政府从其产生开始,就具有政治职能、管理职能和服务职能,只不过在不同的社会形态和同一社会形态的不同发展阶段,上述各项职能在政府职能体系中的地位和衍生速度不相一致。在当代中国,以追求公共服务为己任的政府同时肩负着社会管理职能,特别是在社会利益关系复杂、社会矛盾日益突出的情况下,这种职能显得尤为重要。在社会管理体系中,政府发挥着主导作用,因为毕竟党组织在社会管理中主要发挥总揽全局、协调各方的宏观作用,大量的社会管理工作

---

① 郑巧、肖文涛:《协同治理:服务型政府的治道逻辑》,中国行政管理,2008 年第 7 期。

要经由政府来完成。政府的社会管理要实现"职能取向的社会化"。

首先,依据社会管理的需要,将政府的核心职责从管理人员和管理项目确定为整合、协调各种资源以创造新的社会管理能力,以为解决社会冲突和社会矛盾奠定坚实的能力基础。其次,针对不同的社会管理事项寻找最好的"潜在伙伴",政府要对这些"潜在伙伴"进行开发和培养,为它们的发展提供空间和平台,并在各种资源之间建立可信赖的沟通渠道,协调各种资源之间的活动并建立可信赖的关系。再次,配置社会管理的职能体系,凡是应当由政府管理的社会事务,都要设置相关的机构,配置相关的权力和编制,防止社会管理的缺位、错位现象,从而使政府成为具有综合管理能力的社会管理主体。最后,在社会管理中,凡属政府"不该管、管不好、管不了"的事务,政府就应该从中退离出来,将其转交给相关的组织来管理,从而防止政府社会管理的越位现象。

在现代社会治理体系中,社会组织不仅是被管理的对象,也应是社会管理的主体。在此,社会组织是一个外延宽泛的称谓,既包括人民团体、企事业单位,也包括民间组织。服务型政府是"有限政府",有限政府倾向于还权于社会、强调管理职责的社会回归。在社会管理中,社会组织可以弥补"政府失灵"。因此,服务型政府要使社会组织在社会管理中发挥更多的作用。

③方式创新是服务型政府的途径。

近些年,随着经济的发展,社会出现了很多新的问题,政府面临的社会环境发生了很大的变化,而且随着服务型政府理念的提出,政府的职能也发生了相应的转变,原来行之有效的社会管理方式已不适应于现有情况的需求。服务型政府建设要求改革社会管理方式,从而更好地推动社会发展和维护社会稳定。总的来说,在建设服务型政府加强社会管理过程中,政府应当运用民主、法治、协调公开和整合的管理方式,以取得社会管理的实际成效。

第一,服务型政府是以民主作为核心价值之一的政府。政府管理的民主化要求政府改变过去单向度的权威命令式的管理向双向互动的治理转变。在传统的管制型政府的社会管理中,政府往往根据自己的意志事先设计出一定的政策规则,然后通过规则的强制性执行来实现对社会的管理。在这种管理体系中,政府和社会组织之间的关系是一种严格的权威管理关系,后者只能被动地接受政府的规制。而服务型政府则要求政府作出的决策必须符合公众的利益,政府履行职责的过程应受到公众的监督,政府所提供的服务应得到公众的认可,政府行为的失职应接受公众的质询,并接受相关机关的问责。就社会成员与政府的关系来说,其不仅是政府社会管理和公共服务的对象,更应该是实际的参与者、合作者和监督者。以民主为价值取向的政府要在社会管理和公共服务过程中与社会全方位互动,改变以往政府的单边行动,"即服务型政府建设或社会管理创新似乎只是政府一方的事。这主要表现为三种情况:政府对社会的单边行动;政府内部上级对下级的单边行动;民间组织、居民、企业等方面的依赖心理"①,达成政府与社会双向互动的治理。这种双向协调的治理方式有利于政府与社会之间的信息交流和沟通,通过相互之间的联动来进行社会管理。在这种方式的社会管理中不存在某种绝对性的支配力量,政府和社会处于同一水平线上。这样,社会管理过程不是为了政府先前确定目标的执行,而是政府和社会在社会问题和偏好上交换信息,通过经常的互动、共享的价值和信任,形成一种解决问题的合力。

第二,服务型政府是以法治作为治国方略的政府。法治政府要求政府由过去的"运动式"的管理方式向"规范式"的管理方式转变。传统的政府社会管理往往依靠运动式、短期式的方式,解决突出问题,而忽视管理的规范性和连贯性。运动式的社会管理弊病明显:其一,违背社会管理的客观规律,造成与常规化的社会管理相冲突;其二,妨碍社会管理的连贯性,致使管理宽严尺度的不一;其三,破坏了社会管理的规范性,有可能导致不规范的短期行为。运动式的社会管理是依据政策实施的管理在当代的表现。政策具有变异性和不稳定性,单纯地依据政策实施管理难以保证社会的稳定性。相对于政策而言,法具有稳定性,若要对社会实施规范化、连续性的管理,必须要使这种管理依法进行。因此,在对社会实施管理时,要特别重视社会管理方面的立法工作,把社会管理纳入法治化、规范化的轨道,自觉运用法律手段调节、管理经济社会事务,采取规范式的社会管理方式,使社会管理有章可循。

第三,服务型政府是疏导协调社会矛盾的政府。人是社会性的存在,人的存在的社会性说明人处于与他人相互联系相互作用之中。在人们的相互交往中,难免会发生冲突和矛盾。政府社会管理的目的是及时化解矛盾,或

---

① 朱光磊、薛立强:《建设服务型政府的几个问题》,《人民日报》,2007 年。

者将矛盾控制在秩序的范围之内。政府在履行社会管理职能的过程中,既要解决表层的显性矛盾,又要解决深层的隐性冲突,促进冲突双方或者多方合作达成真正的稳定。这就要求政府转变传统的打防管控的社会管理方式,向疏导协调的管理方式转变。传统的管制型政府在解决社会冲突时习惯于采取强制干预的方式对社会冲突进行控制,利用其掌握的权力资源来制止和平息冲突。强制干预的社会管理方式可以防止冲突的扩大化,降低社会冲突对社会的影响,但只能使社会保持表面的稳定,并不能真正解决社会冲突。服务型政府要实现社会的稳定和谐必须改变这种管理方式,通过为冲突双方或者多方提供更多的表达渠道和交流的平台,采取疏导协调式的管理方式,来协调不同利益主体之间的关系,使社会矛盾得以化解,从而维护社会的和谐稳定。

第四,服务型政府是开放透明的政府。政府和公民之间信息对称需要政府的公开透明,需要双方之间进行有效沟通。在现代社会,大众传媒是公众获取信息的主要渠道,是连接公众和政府的桥梁和纽带。所以服务型政府在社会管理中应充分发挥大众媒体的作用,把大众传媒作为其社会管理的一种方式,通过媒体来传递信息,满足公民对信息的需求。同时,媒体还是公共交流的平台,通过这个平台可以促使人们对某一事物产生兴趣和形成共识,从而起到动员社会的作用。

第五,服务型政府是追求管理效率的政府。传统的政府在进行社会管理时,往往强调的是分领域、分部门、分地域式的碎片化的社会管理方式。社会管理形成了二维金字塔结构。其基本特征是:纵向上,在层次模块和权力等级构成的科层制结构中,社会管理的信息垂直流动,缺乏足够的水平沟通;横向上,部门设置按业务划分,各部门围绕单一职能形成独立的社会管理系统。①这种碎片化的社会管理方式导致了我国社会管理的高成本、低效率。服务型政府的社会管理要打破这种碎片化的社会管理方式,采取整合式的社会管理方式。利用现代信息技术,整合政府不同领域、部门、地域的社会管理,形成资源聚集的规模效应,从而提高政府社会管理的效率。

---

① 唐任伍、赵国钦:《公共服务跨界合作:碎片化服务的整合》,《中国行政管理》,2012年第8期。

(二)提升政府能力

政府一定的公共服务取决于其一定的公共服务能力。政府能力是其在社会管理和公共服务过程中所实际拥有的能量和力量的总和，它是政府施政的凭借，也是政府职能实现的手段。国外有的学者提出政府能力赤字的概念。"赤字"本是经济学的范畴，转换到行政学语境，可以将政府能力赤字理解为社会对政府能力需求与政府自身能力存量的失衡，即能力需求大于能力存量，或者反过来说，政府能力小于社会对政府能力的需求。公共服务组织间合作网络供给要以一定的政府服务能力作为支撑，它必须克服自身能力赤字，提高能力总量。政府能力总量的多少体现着政府能力的强弱，它应当与社会需求总量基本相适应。随着改革开放，社会和经济转型，社会发展出现了很多新的问题。这些问题的出现在一定程度上反映出政府能力的发展落后于社会发展的速度。因此，现阶段政府能力发展的一个首要任务就是提高政府能力的总量，有效解决社会发展出现的新问题，形成与社会需求基本相适应的政府能力。

组织间合作网络供给还要求政府必须在克服自身能力赤字的基础上优化能力结构。政府能力结构是指不同能力要素之间的比例。政府能力是一个大的系统，它是由不同的子系统构成的，包括政府内部能力子系统和政府外显能力子系统。[①]政府内部能力子系统主要有人力、权力、财力、信息力、公信力、文化力和协同力等。政府外显能力子系统包括政治统治能力、社会管理能力、公共服务能力。政府应改变传统的在履行职能的过程中过分依赖权力的状况，不断发掘和培育自身的公信力，同时优化外显能力结构，改变传统的管制型政府的能力结构中政治统治能力占有较大比重的局面，不断提升政府公共服务能力所占的比重。

为使政府更好地履行公共服务职能，首先，提升政府公共服务的回应能力。通过重建政府与公民之间的关系，扩大公民参与，从而使政府能及时了解公民需求，并根据公民需求优质高效地提供公共服务。其次，提升政府公共服务的公信力。一个透明、公开的政府对提升政府公共服务的公信力具有

---

① 汪永成:《政府能力的结构分析》,《政治学研究》,2004 年第 2 期。

重要的作用。提升政府的公共服务的公信力应通过政务公开,将政府的所作所为为人民所知晓,这样,既沟通了双方之间的关系,又提供了双方之间信任的基础。再次,提升政府公共产品的供给能力。鉴于公共产品具有消费的非排他性以及生产投入多、周期长和收益低的特点,政府因而成为公共产品的当然提供者。在目前许多领域公共产品短缺的情况下,应当重点保证公共资源向这些领域的倾斜,切实向公众提供满意的公共产品。最后,提升政府公共服务的协同能力。如前所述,政府可以通过合约等方式动用各种资源来为社会提供公共服务,那么就应当构建起政府、市场和社会组织之间联动的网络结构,整合优化不同主体的资源,实现公共服务的跨界合作,从而提升政府的公共服务的供给能力。

提升政府能力除了改革公共财政体系,加强公共服务资源保障之外,还可以从三个方面入手:①开发人力资源。提升政府能力可以通过各种激励机制、培训和组织文化建设来提高公务员的科学行政能力,从而不断提高政府能力。②推进组织发展。公务员是在一定的组织中开展其工作的。政府能力不仅与公务员的能力有关,还与组织机构的设置有关。提升政府能力要求对政府组织部门进行裁撤并重组,使组织结构扁平化,并授予基层组织一定的自主权,使其能及时回应公众的需求。③加强制度建设。个人和组织采取行动都要遵循一定的规则,即组织的制度。好的制度对提升政府能力有着举足轻重的作用。邓小平曾说:"制度好可以使坏人没法干坏事,制度不好可以使好人也没法干好事。"提升政府能力可以通过制度变革来实现。制度变革能影响到公共部门绩效的性质和政府实施与发展相关的活动的能力。

二、鼓励非政府供给主体的发展和参与

公共服务的组织间合作网络供给不仅需要强有力的政府,还需要健全的市场供给机制及完善的社会组织。但就目前我国公共服务的供给主体的情况来看,政府在供给公共服务的过程中力量过于强大,而市场的运行机制不健全、社会组织发展不成熟。公共服务组织间合作网络供给的潜能取决于市场和社会的发育程度,这决定了后者所能提供的各种政府能够利用的资源和能力。除了一般性的市场和社会政策,国家在公共服务合作供给过程中

采取的有目的的政策可以促进对于市场和社会中的潜在合作者的培育,增强而非消耗已有的外部资源。从这个角度看,公共服务组织间合作网络供给的市场和社会效果不是一个静态的事实,政府需要通过运用适当的政策和激励机制,促进市场和社会组织的发展,从而分享其能力增长带来的红利。

(一)完善私人部门参与公共服务供给的激励机制

随着公众对公共服务的要求越来越高,政府作为单一供给主体已经难以满足公众的需求。现实的压力迫使政府吸引其他的主体参与到公共服务的供给中。理论界对传统的公私二元分离的思维以及纯粹营利的私人部门角色的认知也发生了变化。比如,查尔斯·汉迪认为企业虽然会追逐利润,但"利润只是企业存在的必要而非充分条件","营利只是某种目标的手段而不是根本目的",企业应该"具有自己的使命";[①]申霞认为:"私人部门在参与公共服务市场化的过程中,虽然其营利本性并没有改变,但是其客观的行为后果却具有公益性。企业对公共物品和服务的参与,能够激活民间资本、减轻政府财政压力、促进财政资源合理配置。此外,公共服务市场化堵塞了公共企业通过财政拨款的途径获得运作资金,迫使其强化竞争、成本与创新意识,从而提高服务效率。"[②]因此,在一定的制度设计和机制保障下,私人部门也可以参与公共服务的供给。

1. 有条件地放开公共服务领域中的私人部门市场准入

私人部门在很多方面都优于政府组织,因此我们不能再对私人部门抱有错误的偏见,将它视为一种必须要克服的罪恶。公共服务的组织间合作网络供给需要正视私人部门在公共服务供给中的积极作用,并引入竞争机制,放开公共服务领域中的私人部门的市场准入,特别是对于公共服务中的非自然垄断的领域,应逐渐取消私人部门进入公共服务领域的障碍。但是公共服务领域中的私人部门的市场准入就像拆炸弹,必须谨慎对待,因为错误的决定会导致危险的后果。因此,放宽私人部门的市场准入需要把好市场准入关。不是任何的私人部门都可以参与到公共服务供给中。公共服务领域是一个特殊的领域,它直接关系到公众的利益,因此在放开私人部门的市场准入时应进行一定的筛选,防止那些行业技术资质低、素质差的私人部门进入到公共服务领域。私人部门的市场准入还需要完善政府的信息公开制度。腐败容易在公共部门和私营部门的边界发生。在一些国家,民营化甚至被称为"私囊化"。因此,政府需要完善公共服务市场准入的信息公开制度,使得私人部门能够通过公平、公正的竞争招标制度获得公共服务领域的市场准入权,用制度来杜绝腐败的发生。

2. 健全产权制度

清晰的产权是私人部门参与公共服务供给的基础。私人部门能否通过合理的回报实现其投资增值的目的不仅影响到私人部门参与公共服务供给的积极性,也影响到私人部门资产的损益。众所周知,任何一项投资都是以获利为目的的。趋利避害是私人部门作为理性经济人的本性。虽然不能完全否定私人部门提供公共服务有时也存在着一定程度的无偿性,但更多的时候私人部门提供公共服务是为了获利。允许私人部门从公共服务的供给中获得合理的回报不仅有利于调动私人部门参与公共服务供给的积极性,而且能够吸引更多的社会资金来提供公共服务。

私人部门能否依法获得其应有的回报主要取决于产权制度。产权是一个古老的概念, 也是一个发展的概念。从私有财产的出现到市场经济的确立,产权一直被看作是一个法律领域的概念,指的是财产的实物所有权和债权。随着市场经济的高度发达,这一概念不断深化,更侧重于从经济学的角度来理解。所谓的产权制度是市场经济高度发达的产物,是指制度化的产权关系,是划分、界定、保护和行使产权的一系列规则。通过这些规则可以使产权关系明晰化并使人们承认、尊重及合理行使产权。只是放开公共服务领域的市场准入, 而没有健全的产权制度会打压私人部门提供公共服务的积极性。私人部门是否进入公共服务领域有一个观望和等待的过程。只有在具有经济可获得性的前提下,他们才会参与公共服务的供给。因此,鼓励私人部门参与公共服务的供给需要有一个健全的产权制度。只要产权明晰化,无论初始产权如何界定,只要交易成本为零,并任由有关各方在市场上自由地交易或协商,那么市场机制便能导出最有效率的结果,使资源达到合理配置。

因此,只有将产权清晰化、谁有所有权、谁有支配权、谁有经营权……这些都界定清楚,才能够吸引私人部门参与到公共服务的供给中。

3. 制定税收优惠或财政补贴制度

政府应该在保护私人部门提供公共服务的产权基础上,通过税收优惠或者财政补贴等方式保证他们的利益得以实现。很多的国家在税收优惠或财政补贴方面对国有企业和私人部门不能一视同仁。以美国为例。美国的联邦法律规定,市政公债可以免税,而私营债券即使用于同样的公共目的(如供水、废水处理和诸如道路、管道、桥梁等交通工程等)也不能够免税。其他的联邦管制也抑制了私人投资。从事相同业务时给国有企业补贴而不补贴私营公司的税收政策,不仅有碍公平竞争,而且使国有企业看起来显得比实际情况效率要高。城市固体垃圾管理费如果以财产税的名义支付,这笔支出可以从应缴税总额中扣除;如果由房主直接交付给私营公司,这笔支出就不能享受减税优惠。[①]这种税收政策和财政补贴制度阻碍了私人部门参与公共服务的供给。私人部门是理性的经济人,以盈利为目的。因此,鼓励私人部门参与到公共服务的供给需要通过税收优惠或者财政补贴对其进行经济上的支持。财政补贴是政府鼓励私人部门投资公共服务的重要举措。许多的公共服务项目如果没有政府与私人部门的合作难以实现。

政府可以通过财政补贴制度,一方面积极鼓励私人部门投资,另一方面实施有效的财政补贴政策,通过采用直接补贴、亏损补贴或者配套补贴等方式吸引社会资金的投入。政府经常采用的补贴方式主要是消费补贴。许多的公共服务项目由于成本较高,而公众的承受能力有效,导致人们的消费需求不强烈。消费补贴是指政府花钱来鼓励公众消费某项公共服务。以广东省佛山市南海区为例。南海区在2012年出台了《南海区文化消费补贴实施意见》。在意见中明确提出以专项补贴的形式鼓励文化服务机构提供公共文化服务。对文化机构开展的各项活动给予适当的补贴不仅提高了他们开展活动的积极性,而且还能让公众得到实惠。政府还可以通过税收优惠政策来鼓励私人部门投资公共服务。

---

① [美]萨瓦斯:《民营化与公私部门的伙伴关系》,周志忍等译,中国人民大学出版社,2002年,第325页。

（二）积极发展社会组织

我国社会组织的发展历程比较曲折。在计划经济时期，由于政府包揽了全部的社会事务，政府几乎成为了公共服务的唯一供给主体。这种模式限制了社会组织的生存空间。社会组织的活动领域主要集中在文化、学术和政治运动等方面，利益维护和利益聚合的功能缺失。他们被置于政府直接或间接控制之下，在社会事务的处理中更多地充当政府意志的执行者，缺乏自由活动的空间和自主选择的权力。改革开放以来，随着我国社会主义市场经济体制的建立和完善，社会组织日益发展壮大，并逐渐成为参与社会管理的重要力量。最早的社会组织参与公共服务供给是 1995 年的上海基督教青年会参与上海浦东新区社会活动中心的运行。随后，北京、南京和深圳等地都开始试行将部分公共服务的生产者角色以各种各样的方式转移给社会组织。此后，社会组织参与到公共服务的供给中开始出现在各种党和政府的相关文件中。

2004 年，党的十六届四中全会提出"发挥社团、行业组织和社会中介组织提供服务、反映诉求、规范行为的作用，形成社会管理和社会服务的合力"，同年，国务院在其《关于投资体制改革的决定》中明确指出，要"鼓励社会投资。放宽社会投资的领域，允许社会资本进入法律法规未禁止的基础设施、公用事业及其他行业和领域"。2007 年，党的十七大提出要"发挥社会组织在扩大群众参与、反映群众诉求方面的积极作用，增强社会自治功能"。同年，国务院办公室发布了《关于加快推进行业协会商会改革和发展的若干意见》，明确提出要建立政府购买行业协会和商会服务的机制。2008 年初，胡锦涛在中共中央政治局第四次集体学习会议上强调，要支持社会组织参与公共服务和社会管理，形成公共服务供给的社会和市场参与机制。随后，党的十七届二中全会明确提出，要更好地完善制度，以发挥社会组织在公共事务管理中的作用。

以习近平同志为核心的新一届政府更加强调社会组织的积极作用。党的十八大报告提出"改进政府提供公共服务方式，加强基层社会管理和服务体系建设，增强城乡社区服务功能，强化企事业单位、人民团体在社会管理和服务中的职责，引导社会组织健康有序发展，充分发挥群众参与社会管理的基础作用"。党的十九大报告中明确要求"创新社会治理思路,通过政府购买服务、开放公共服务市场,鼓励和引导企事业单位、社会组织、人民群众积极参与社会管理。尤其要注重对社会组织的培育和引导,推动社会组织明确权责、规范自律、依法自治、发挥作用"。虽然现阶段我国社会组织的发展相比计划经济时期数量有所增加,活动的领域有所扩大,但总体而言,中国的社会组织发展起步较晚,政府可以选择合作的社会组织数量非常有限。据统计,中国每万人拥有的社会组织数仅为 2.4 个,而西方发达国家一般都超过10 个。①而且大部分的社会组织还面临着人力资源匮乏、经费短缺、专业性不强、能力不足、缺少公益精神进而导致社会公信力低等问题。此外,中国的社会组织活动空间有限,常常受到政府的挤压,政府常常以行政命令的方式干预社会组织的运行。因此,我国的社会组织不论是在规模、能力还是作用发挥的领域方面都有待进一步的发展。

1. 改革社会组织的管理体制

目前,我国对社会组织的管理实行双重管理体制。双重管理体制是指社会组织的成立和运行由登记管理机关和业务主管单位分别行使对其的监督管理职能。该管理体制确立于 1998 年国务院颁发的《社会团体登记管理条例》。该条例规定国务院民政部门和县级以上地方各级人民政府民政部门是本级人民政府范围的社会团体登记管理机关;国务院有关部门和县级以上地方各级人民政府有关部门、国务院或者县级以上地方各级人民政府授权的机构,是有关行业、学科或者业务范围内社会团体的业务主管单位。业务主管单位有着广泛的管理权限,包括社会团体的申请、成立和变更,对社会团体的行为进行监督,负责社会团体的清算等。②除了条例规定的这些管理权限外,业务主管部门还对已经登记的社团的日常事务进行管理,包括对社团工作人员进行思想政治教育,对社团负责人的选举和换届进行考核,对社团工作人员的职称评定、工作调动等进行管理。依据这种双重管理体制,社会组织设立的程序首先是要经过业务主管单位的审查同意,然后再经过登记管理机关的审核批准。在这种管理模式之下,业务主管单位成为政府和社

---

① 岳金柱:《解决制约培育和发展社会组织"瓶颈"对策的思考》,《社团管理研究》,2009 年第11 期。

② 翟鸿祥:《行业协会发展理论与实践》,经济科学出版社,2003 年,第 343 页。

会组织之间联系的重要枢纽,成为政府监管社会组织的代理机构。这样,在同一行政层级上,就存在两个对社会组织进行监督管理的部门:社会组织的登记管理机关和社会组织的业务主管部门。这种双重的管理体制为政府对社会组织实施监管和社会组织发展所需要的制度环境与信任奠定了一定的基础,但却限制了社会组织的发展和社会组织的自主性。扶持社会组织的发展并激发其参与公共服务供给的活动需要改革目前的双重管理体制。

(1)分步撤销业务主管单位。我国现行的社会组织管理体制在名义上统一归口到民政部门的社会组织登记管理机关,但事实上相当一部分权责分散到各级业务主管单位手中。一方面,业务主管单位的审查同意成为社会组织得以登记成立的先决条件;另一方面,业务主管单位在决定是否同意社会组织登记时,不只是看社会组织的业务范围,更重要的是看社会组织的发展是否会带来政治风险及能否带来部门利益。这不可避免地会带来业务主管单位对社会组织的行政干预。因此,激发社会组织的活力应撤销业务主管单位。《国民经济和社会发展第十二个五年规划纲要》已经明确提出了社会组织管理制度的改革重点:"建立健全统一登记、各司其职、协调配合、分级负责、依法监管的社会组织管理体制。"所谓的"统一登记"就是取消业务主管单位,实现社会组织统一向民政部门注册登记。[①]国务院于2013年公布的《国务院机构改革和职能转变方案》中也提出今后对行业协会商会类、科技类、公益慈善类、城乡社区服务类组织实行民政部门直接登记,依法加强登记审查和监督管理。深圳市在2008年就开始尝试对工商经济类、公益慈善类、社会福利类的民办非企业单位实行由民政部门直接登记管理体制,探索社会组织由民政部门统一登记的一元登记管理模式。[②]

但业务主管单位的撤销应该分步骤进行,不能一步到位,给社会组织及政府一定的缓冲期,防止因业务主管单位的突然撤销导致监管不力。有一点需要注意的是,业务主管单位的撤销只是强调弱化业务主管单位对社会组织的监督作用,不能因此也否定了业务主管单位对社会组织的培育和扶持

---

① 乜琪:《民间组织"双重管理"体制的运行效用及问题分析》,《北京行政学院学报》,2012年第5期。

② 徐宇珊:《放权与赋权——政府推动下的公民社会成长之路》,《特区实践与理论》,2010年第2期。

的职责。

（2）重新定位登记管理机关。我国社会组织的登记管理机关是各级民政部门中的登记管理机关。登记管理机关的主要职责是对社会组织进行监督和管理。但登记管理机关由于有限的人力、物力和财力,其监管能力相对比较匮乏。因此,社会组织的发展需要重新定位登记管理机关。具体而言,提高登记管理部门的行政级别,建立一个独立于民政部门的,直接隶属于国务院的社会组织监管委员会,并建立全国性的社会组织监管体系。[①]作为社会组织的专门管理机关,监管委员会除了直接负责社会组织的注册登记外,还应承担起对社会组织的专门的综合监管职责,确保社会组织能够遵守相关的法律法规,引导社会组织自律,查处并撤销非法的社会组织。社会组织的活动领域非常广泛,与这些领域相关的政府部门都在一定程度上行使着监管的职能。因此,社会组织监管委员还应会同其他的监督主体建立广泛的社会监督体系,"完善法律监督、政府监督、社会监督、自我监督相结合的监管体系。"所有的监督最终都归口到监管委员会并由监管委员会实行执法要求,从而建立一个统一的、权威的社会组织监管体系,一方面可以协调不同的政府部门对社会组织的监管职能,另一方面可以将所有的对社会组织的监管置于国家统一的监督管理体系框架内。

2. 加大政府对社会组织的扶持

首先,政府应为社会组织的发展提供财政支持。资金约束是社会组织发展的最大"瓶颈"。一方面,政府可以给予社会组织一定的税收优惠政策。但毕竟政府的力量是有限的。社会组织的发展需要全社会的支持。因此,另一方面,政府也可以出台相关的举措来激励社会力量对社会组织的捐助,从而促进社会组织的发展和壮大。其次,政府还应注重发展社会组织的公共服务能力。政府可以牵头成立一些社会组织的咨询机构或者培训机构来促进社会组织的发展,提高社会组织公共服务的能力。以上海市为例,上海映绿公益事业发展中心就是一家支持性公益组织,主要致力于社会组织的能力建设。经过多年的发展,它已经为上千家的社会组织进行了培训,极大地促进

---

① 王名:《改革民间组织双重管理体制的分析和建议》,《中国行政管理》,2007年第4期。

了上海市乃至全国的社会组织的发展。再次,政府还应转变观念,以宽容的心态来对待社会组织。观念是行为的先导,没有科学合理的观念就不会实现有效的治理。在新形势下,政府对社会组织的态度应该进一步转变,从控制型监管到真正的培育、支持与规制并重。政府需要重新认识社会组织的价值,给予社会组织应该有的认同和足够的信任,以更开放、更宽容的态度来看待社会组织,使其获得更为宽松的发展环境。

3. 提升社会组织自身的能力

我国的社会组织经过多年的发展,无论在数量上、规模上还是在活动领域上都取得了一定的进步,但我国社会组织的发展整体上还处于初级阶段。要进一步推动社会组织的发展并确立其在社会治理中的主体地位,不仅需要政府层面的改革,还需要社会组织加强自身能力建设。

①完善社会组织的内部治理结构。在政府注重加大对社会组织的扶持及改善其发展的外部环境的情况下,社会组织还应主动完善自身的内部治理结构,健全组织内部的管理体制和管理制度。社会组织能力的提升不仅取决于良好的外部环境,更为重要的是自身内部治理结构的完善。我国社会组织的内部治理存在着组织结构和管理等方面的问题。主要表现为作为社会组织的最高决策机构的理事会的职能未得到充分发挥。有相当一部分社会组织没有设立理事会,还有些社会组织虽然设立了理事会,但由于理事长是由行政机关任命,理事会不能对其进行有效的制衡,形同虚设。

社会组织内部治理结构还存在一个显著的问题就是没有设置监事会。根据清华大学非政府组织(NGO)研究中心对 23 个非营利组织相关情况的个案统计发现,其中没有一个组织内部设置了监事会或相关的监督机构。因此,完善社会组织的内部治理结构应健全理事会的决策作用并强化监事会的监督作用。国外的社会组织内部治理结构对我国的社会组织治理结构的完善具有一定的借鉴作用。国外的社会组织结构基本上都借鉴了公司的治理结构模式。以美国为例。美国是世界上社会组织发展最为发达的国家。在设计社会组织的治理结构上,它借鉴了公司的治理结构模式,设有成员大会、理事会和独立的会计师。成员大会类似于公司中的股东大会是最高权力机关;理事会是社会组织的最高决策机关;由会计师组成的审计事务所主要承担监督的职能。

所以提升我国社会组织自身的能力应首先健全以理事会为核心的内部责、权、利的平衡机制,充分发挥理事会的决策作用。为了确保理事参与决策的独立性,社会组织可以借鉴公司治理中的独立董事制度,规定各行各业的代表比如专家、学者等参与董事会的比例,防止社会组织被内部人所控制。其次,应明确监事会运行的程序和规则。可以借鉴《中华人民共和国公司法》的规定赋予社会组织的监事会就理事、社会组织的管理人员违反法律、法规或者组织章程的行为提起诉讼的权力,从而确保监事会的监督职能得到充分发挥。

②减少对政府的资金依赖。资金是社会组织发展的生命线。社会组织发展的实践经验表明,只有拥有独立发展所需的物质基础和多元化的资金来源渠道,社会组织才能真正改变过于依赖政府和自身的弱自主性。因此,社会组织自身能力的建设应立足于经费自筹,走多元化的筹资渠道,依托自身的社会影响力和公信力拓宽筹资渠道,一改以往主要从政府获取资金支持的单一渠道,依托自身的社会公信力,致力于公益的性质,争取社会力量的支持,向企业、个人等筹措发展资金,努力实现在政府资源支持和其他渠道资源支持中的相对平衡。当然,资金渠道的多元化和分散化并不意味着社会组织与政府关系的疏离。相反,由于政府掌握着社会组织发展所必需的资源,社会组织更应该学会如何与政府相处,开发和改善与政府的关系,积极主动争取政府的财政支持和与政府更多地进行合作。但是在争取政府财政支持和合作的过程中要保持自己的独立性,绝不能仅仅为了生存便过度妥协而失去自主性。

③健全社会组织的自律机制。自律是社会组织健康发展的重要保证,从全球社会组织发展的历史,特别是发达国家社会组织发展的历程中,可以发现自律是社会组织发展中必须面对的问题。对于没有政府权力,也不会自己生财的社会组织来说,通过自律提高机构的效率和社会公信力,是自我管理能力提高的体现,是未来发展的需要。社会组织自律是指通过内部自身的力量来实现对行为主体的监督和约束。对于社会组织来说,尽管存在着政府监管、社会监督等外部监督,但是由于信息不对称所导致的外部监督成本过高、监督成效不高的情况屡见不鲜。与政府的监督管理相比,社会组织的自律有着更高效率、管理境界也更理想;与社会监督相比,社会组织自律组织

化、制度化程度较高。因此，强化自我约束作用，是促进社会组织发展的基本机制之一。社会组织自律建设不仅是来自道德层面的要求，也是增强竞争力的有效选择，因为通过自律可以提高社会组织的效率和社会公信力。因此，社会组织的发展不能只强调外部监督而忽视了内部自律，如果外部监督没有社会组织的自律作为保障，那社会组织的"志愿失灵"的现象就会难以遏制。社会组织的自律不仅需要注重伦理道德方面的建设，还需要组织内部不同构成部分的相互监督。此外，社会组织的自律还应注重培育发展行业自律。相对于政府监管而言，行业自律组织监管的优势在于监管更有针对性、灵活性和预防性，从而使监管更有效率。行业自律组织之所以具备如此的价值优势源于汇聚了一批专业人士，他们更熟悉社会组织的情况，更清楚应当运用什么样的规则去监管社会组织。

第三节　完善组织间合作网络供给的技术支持和机制保障

公共服务的组织间合作网络供给只有按照合理的内在机制进行服务供给的设计和运行，才能实现不同供给主体在供给公共服务中的协同优势。因此，完善公共服务组织间合作网络供给的保障机制具有重要的理论意义和实践意义。

一、发展信息技术

组织间合作网络供给能否取得成功，关键在于不同的网络主体之间能否实现信息共享。[①]早在 20 世纪 30 年代，科斯就提出了一个独特的见地，他认为组织的规模是由其收集信息的成本决定的。他说，大型商业组织之所以能够发展，是因为他们的交易成本被融进了物品和服务的生产、销售与分配过程。而且公司都会尽量将这些交易成本最小化。其实，运行某项既定功能

---

① 唐任伍、赵国钦：《公共服务跨界合作：碎片化服务的整合》，《中国行政管理》，2012 年第 8 期。

的交易成本越高,组织越倾向于将其纳入自己的领域,而不会外包给另一家公司去做。在科斯所观察的那个年代,组织之间做生意所形成的交易成本普遍都非常高,无论信息还是供应品都流动得非常缓慢。结果导致各家公司都纷纷选择自己来生产产品,而不是承包给外面的公司去做。因此,组织间的交易需要打破不同主体间的信息孤岛现象,建立信息流动和整合机制。

互联网可以为解决这些问题提供最佳的工具。互联网为跨越组织界限之间的伙伴沟通和合作提供了更好、更快捷的途径。现代技术能够允许组织与组织周围的伙伴共享数据,整合商业过程,并令他们实时分享产品供求和顾客喜好的信息。信息技术为组织间网络增添了新的活力。事实上,组织间网络切实可行的首要原因就在于它的远距离通信能力——不用耗费大量的时间、不用频繁地乘坐飞机或火车就可以进行交流。信息技术的发展已经能以一种崭新而不同的方式将复杂的系统组织起来。这些技术上的进步有力地促进了组织间网络的发展。比方说,五角大楼的联合纵队司令将尝试着结束以往设置大型战地总部的做法,取而代之的是仅派一小部分人进入作战区域。这一小组将依靠后方阵地,利用信息技术与专业化贫民、军方和承包商专家共同组成的网络接轨。这种方法在 20 年前根本就不可能实现。[①]

信息技术的发展还能够整合不同的信息系统,在有效整合现有的网络平台资源的基础上建立一个统一的政府数据开放平台。该数据平台能够确保不同的政府部门、社会组织或私人部门所收集的信息的标准统一,从而能够使不同的部门数据库之间相互对接与互通。统一的数据开放平台还能够保证公众的申请、要求或询问通过网络后台递送给相应的部门来处理,从而保证对公众需求的回应性。此外,统一的数据平台还能促进不同部门、不同地区之间的信息共享,从而突破时间和空间的限制,形成政府主导、公众参与、多元协调的治理格局。

二、完善问责机制

贝恩认为:"在很多的时候绩效的不理想是由合作的失败导致的。在美

---

① [美]斯蒂芬·戈德史密斯、威廉·D.埃格斯:《网络化治理:公共部门的新形态》,孙迎春译,北京大学出版社,2008 年,第 16 页。

国，大部分的公共政策不再是由单一的政府部门来实施，而是通过公共部门、非营利部门和私人部门的相互合作来得以实施的。"[1]这种合作虽然为其他的行为主体参与公共服务的供给和管理打开了大门，但却模糊了公共政策制定和执行的过程及责任，导致国家的空心化。空心化的提法最早是指发达国家在产业升级换代过程中，其制造业向发展中国家转移，国内物质生产部门萎缩的现象。服务合作提供具有类似的特征，即政府直接的服务能力，包括人才、设施、知识、技能和管理体系，部分地转移至政府直接控制的组织之外，相应形成政府对于外部服务者的依赖。当这种依赖发展到高水平时，被称为国家空心化。[2]国家空心化使得原来很多由国家承担的责任转移给了私人部门或者社会组织，后者现在承担了很多原先由国家承担的责任。这带来了公私边界模糊，责任认定困难，使得不同的供给主体可能会相互推诿责任、导致"人人有责，但却无人负责"的问题。因此，公共服务的组织间合作网络供给需要有一个健全的责任机制来厘清不同责任的归属和分担，从而保证并实现公共利益。

（一）完善责任分担机制

　　责任问题是组织间合作网络供给面临的最艰巨的挑战。组织间合作网络主张不同供给主体间的相互作用，在合作的过程中所有的供给主体处于平等的地位，每一个供给主体都或多或少地承担部分的责任，因此不能够轻易地决定谁是合作结果的最后负责者。谁应对网络运行的结果负责？当所有的网络成员处于同等的地位时，政府如何维护公共利益？网络管理者如何既能确保网络的责任性又能维持网络的灵活性？揭开这些责任性谜团的关键是明确责任的分担主体。

　　影响公共服务组织间合作网络供给构建并有效运行的一个重要因素就是权责分明并相适应。组织间合作网络供给是一种功能整合的组织结构，是建立在政府、市场和社会组织共享权力、共同运作的基础之上的。权力和责任应该是对等的。既然不同的供给主体权力共享，那么也应该实行责任的共

①　Behn,R.D,*Rethinking Democratic Accountability*,Brookings Institution Press,2001.
②　敬乂嘉：《合作治理——再造公共服务的逻辑》，天津人民出版社，2009 年，第 162 页。

担。有些人认为过分地强调责任会导致不同的供给主体间相互对抗。这是一种错误的观点,因为它是建立在错误的假设之上的,即基于传统的等级制模式来理解责任。"依靠过程标准化的传统责任机制与网络的真正目的不相匹配。因为网络的目标是针对一个特定的公共问题提供分权化、灵活的、个性化的和富有创意的回应。"①

组织间合作网络供给要想获得长远的发展应明确责任的承担主体。政府应明确合作不能损害基本的公共价值,以共同创造价值为目标,尽量清楚地界定授权的范围和内容,在确定服务生产者平等地位的同时,建立必要的监督和控制机制。非政府部门的公共服务供给者需要树立社会责任的意识,自觉认同公共服务的目标并将其内化于相关业务的使命和运营中。通过明确不同供给主体的责任可以避免相互推诿的现象并使他们之间优势互补,从而能够保护公共利益。公共服务的组织间合作网络供给强调不同的供给主体的功能整合,在合作的过程中没有明显的委托人与代理人,也没有主导一切的权力机关,因此容易造成没有人负责的局面。明确不同供给主体的责任能够防止他们之间相互推卸责任,增强了供给网络的回应性和责任性。政府的优势主要在于能够控制政局、维持政治稳定和经济环境的稳定,而非政府供给主体的优势在于能够降低公共服务供给的成本,运用先进的管理理念和技术来管理合作项目。如果责任分担不合理,让非政府供给主体承担了他们无法承担的责任,由于他们缺乏承担该种责任的能力,必然会降低公共服务供给的效率。完善责任分担机制的最佳思路是扬长避短、优势互补,使得不同的供给主体有能力来承担其应承担的责任,这样才能达到构建公共服务组织间合作网络供给的目的。此外,责任的明确划分可以防止政府对其他供给主体的随意干预,保证了非政府供给主体的自主性。

(二)完善责任追究机制

公共服务的组织间合作网络供给还应完善公共服务合作供给的责任追究和权利救济的机制。虽然政府作为公共利益的代表扮演着公共服务供给

---

① [美]斯蒂芬·戈德史密斯、威廉·D.埃格斯:《网络化治理:公共部门的新形态》,孙迎春译,北京大学出版社,2008年,第106页。

的最终责任承担者的角色，但这并不排除其他合作者在提供公共服务的过程中也承担一定的责任。世界银行在其 2004 年发布的《让服务惠及穷人》的发展报告中将公共服务供给的责任分为长线责任和短线责任。所谓的长线责任是指作为公共服务消费者的公众通过向国家表达自己的需求和国家对公共服务提供者的契约控制来保证公共服务的供给符合公众的要求。短线责任主要发生在公共服务的提供者与公众之间，让公众直接监督服务提供的情况及服务供给者的表现。

　　简单地概括就是长线责任是公众向政府追究责任，政府通过合同关系再向服务的提供者追究责任的机制；短线责任是公众直接向服务的提供者追求责任的机制。因此，当公众所获得的公共服务的质量低下或者不能很好地满足公众的需求时，公众可以直接向服务的提供者追究责任，也可以选择追求政府的责任，但无论采取哪种方法，政府都应该是最终责任的承担者。但如果服务的提供者不能兑现或者公众追诉行政责任时，政府仍将负责。这样以风险分担形式，确保了问责性的总体平衡和支持度。如果公众选择直接向政府寻求救济，那么政府应该先承担所有的责任，然后再向服务的提供者行使追偿权。总之，公众对于救济方式的选择以及非政府供给主体和政府对于责任的态度，与合作秩序的发育状况有直接关系，需要考虑到责任归属的制度设计中。当然，还需完善不同的供给主体的相关权利救济制度。公共服务的供给主体可以通过依法询问、投诉、质疑、行政复议或行政诉讼等方式来保护自己的权利。

三、健全激励机制

　　激励能够产生成功网络和失败网络之间的区别。激励是指在系统内通过对行为方式、奖罚方式、工作环境进行规范化的界定来激发引导系统内成员有效地实现系统目标的一系列活动。激励机制则是在系统中采用多种激励方式来促使激励主体与激励客体之间实现相互影响、相互约束的关系、结构、方式及演进规律的总和。[①]激励机制产生的根源在于不同供给主体的投

---

① 王佳欣：《基于多中心视角的旅游公共服务供给机制研究》，天津大学博士论文，2012 年。

机的倾向。由于合作网络供给中的不同供给主体存在着资源的相互依赖关系及利益共享关系，他们往往会更多地依赖其他成员贡献资源而不愿自己作出相应的互惠性投资。这种依赖关系还使得他们可以以较少的投资而获得与其他供给主体同等的利益共享的权利。因此，公共服务的组织间合作网络供给如果缺乏必要的激励机制，那么来自不同领域的供给主体会选择追求自己的价值目标和利益诉求，难以整合他们的力量来形成协同优势。激励机制能够激励公共服务的供给者调整产品和服务的结构来满足不确定的需求，能鼓励供给主体选择最好的路径和解决冲突的方法来完成复杂的任务，并能整和充分发挥人力资本的效能来实现公共利益。此外，激励机制还能够防止供给主体在合作供给公共服务过程中的投机行为。

结构不完善的激励机制可能会无意间影响到整个网络的绩效。建立激励机制应遵循一定的原则。首先，为了防止"搭便车"行为的存在，激励机制应该与结果而不是与供给主体的活动挂钩。"公共部门和私人部门之间存在一种新的合作方式。它需要网络各方进行思维转换，以一种完全不同的方式分享责任和风险，由此也要求一种不同的合作方式。"①激励机制还应使不同的供给主体在合作的过程中能够获得绩效担保。公共服务与其他的服务不同，它不是以营利为目的的，因此它的供需关系不能通过价格来决定。为了维护公众的利益，合作者的利润水平会被控制在实际成本的某个区间范围内，以创新实现的超额利润在合同更新的时候应该被适当转化为政府的成本节约。与政府对于其他供给主体利润的限制相对应，政府应通过承诺足够的需求稳定性来减少合作者的风险。有效的激励机制还能避免供给主体的"扒皮"行为。"扒皮"行为是指供给主体快速抽取最容易办理的案件，而将难度大的案件留给其他伙伴去处理。"如果所有的供给主体产出相同，那么他们就会得到的回报就相同，而不管他们的投入。这种激励机制使得供给主体选择那些容易办理的案件，而避免那些难度大的案件。"②总之，完善的激励机制能够带来较高的合作供给的绩效。具体来说，公共服务组织间合作网络

---

① ［美］斯蒂芬·戈德史密斯、威廉·D.埃格斯：《网络化治理：公共部门的新形态》，北京大学出版社，2008年，第114页。

② Robert D.Behn, Peter A.Kant, Strategies for Avoiding the Pitfalls of Performance Contracting, *Public Productivity & Management Review*, 1999, 22(4):470—489.

供给的激励机制的建立应借鉴格洛夫斯–克拉克机制来确定不同的供给主体对于相互创造价值的共享比例,并根据他们的贡献比例对其进行补偿。如此,激励机制通过合理地分配利益、共享知识给予合作伙伴强大的动力,使他们努力在项目的运行中减少成本。

1. 控制机制

政府与其他供给主体并不是上下级的关系,平等主体之间约束行为的最好方式是合作协商。政府应转变以往的控制和命令的角色,采取沟通和协商的方式。合作协商是解决社会问题最有效的方法。通过协商的方式给予双方一定的自主权和责任,使双方能够自主地为了共同目标而行事,从而有利于政府和其他供给主体之间的共生关系。"政府与其他供给主体的关系经常是一种相互依赖的关系"①,政府虽然掌握着大量的资金,但由于缺少竞争以及能力的限制,政府不能在合同中明确地规定其希望获得的绩效,但它又希望不断地提高绩效,而其他供给主体掌握着如何提高绩效的专业技能,并且与政府相比,具有创新性和灵活性。通过政府与其他供给主体间的合作,政府可以解决其他主体的资金之忧,鼓励其他供给主体进行创新,从而有效地提供公共服务。另外,这种让其他供给主体参与到政府决策中并与政府合作的控制方式,会使其他供给主体产生一种责任感,把有效地生产公共服务当成是一种目的,而不是作为获得合同所规定的报酬的一种手段。

2. 回报机制

政府的回报机制设计应当通过满足其他供给主体的内在需求激励其他供给主体更好地生产公共服务。信任和声誉是回报其他供给主体最好的方式。信任会使其他供给主体受到较少的监督和控制,并发挥其他供给主体在政策信息收集阶段、执行阶段和评估阶段的作用,满足其他供给主体自我实现、自我指挥和尊重的需要,从而更好地发挥激励作用。声誉和信任相联系,声誉是信任的结果。声誉不仅可以满足其他供给主体的内在需要,而且声誉可以为其他供给主体带来合作机会。政府为了减少采购的风险,在选择合作伙伴时往往把声誉作为一个重要标准。

---

① Kettl,Donald F.,*Sharing Power:Public Governance and Private Markets*,Brookings Institution Press,1993:120.

3. 认知机制

每个人的情感和行为在很大程度上是由自身认识世界、处世的方式和方法决定的,也就是说一个人的思想决定了他内心的体验和反应。公共服务合作供给的一个常见问题就是在服务合作提供过程中,服务供给出现向高支付能力人群倾斜,而对低收入人群的供给不足、质量下降。这与政府所要求的服务的非营利性、平等性、充足性和连续性相悖。对此,其他供给主体只有认识到公共利益高于个人利益以及长期利益高于短期利益,才能维持与政府之间的良性合作关系。其他供给主体应从"长期合作关系"来看待与政府的关系,他们之间的合作并不是"一次性买卖",应通过与政府之间的第一次合作为以后参与到政府的项目中打好基础,成为政府在选择合作者时的"偏好对象"。

4. 情感机制

这里的情感机制主要指双方的组织承诺。组织承诺一般是指个体认同并参与一个组织的程度。在组织承诺里,个体确定了与组织连接的角度和程度,特别是规定了那些正式合同无法规定的职业角色外的行为。高组织承诺会产生大量的营利组织的行为,比如不计报酬、奉献和牺牲。政府应通过培养这种组织承诺让其他供给主体长期地、全面地、自觉地履行责任。但组织承诺的产生不是无缘由的。一方面,需要政府对其他供给主体的需求给予满足和保护,尊重其他供给主体的需求并支持它的发展;另一方面,需要其他供给主体对组织目标与价值观的尊崇与接受,其他供给主体应认同政府的目标,并认为这个目标是值得奉献的,且将它内化为自己的价值观。

四、规范参与机制

政府职能调整和政府机构改革有效回应了构建服务型政府逻辑链条中的制度环境建设的需求,与之相配套的信念、精神层面的价值体系作为构建服务型政府的软环境也逐渐被重视。党的十七大报告提出"扩大公民有序政治参与","必须在经济发展的基础上,更加注重社会建设,着力保障和改善民生,推进社会体制改革,扩大公共服务,完善社会管理,促进社会公平正义"。党的十七大报告还首次提出了"公民意识",要求"加强公民意识教育,树立社会主义民主法治、自由平等、公平正义理念"。为了确保公民的利益和意志在整个公共管理中具有决定性地位，需要做到公共政策反映公民的意志、公民参与公共政策的执行，并且把公民是否满意作为评估政府绩效的最终标准。公民在服务关系中要居于支配性地位，即政府提供什么样的服务、怎样提供服务等应由公民来决定，而不是政府判断的结果。①现代公民意识与臣民意识等相对，具体指一个国家的民众对社会和国家治理的参与意识。公民在构建服务型政府中不仅是服务对象，同时也是政府构建的推动者和监督者。同时，由公民组成的社会中的非政府组织还可以作为承担公共服务供给的多种主体之一。因此，以公民精神为核心价值观的政治参与行动是在政府与社会、政府与公民的利益关系转型中强调公民对社会，对政府两个系统的反向的正反馈机制，也是构建服务型政府的另一个动力机制。

（一）公民参与的意义

1. 公民参与有助于构建有限政府。服务型政府是有限政府。有限政府有两个方面的要求，一是政府应受到法律法规的约束，不存在超脱于法律之上的政府；二是政府应该有所为有所不为，政府应该把自己的职能限定于掌舵而不是划桨。公民参与有助于构建有限政府。通过鼓励公民参与，公民社会组织建立了与政府之间的伙伴关系，并承担了一些原来由政府承担的职能，使有限政府成为可能，并形成以政府为主体的，社会组织、市场参与的多元的社会服务体系。

2. 公民参与有利于构建透明政府。服务型政府是透明政府。透明政府应该让公民知道政府正在做什么，怎么做的以及效果如何。公民的积极参与对政府的透明度具有举足轻重的作用。一方面，公民参与要求政府信息公开。政府要以积极透明的姿态来面对社会，让权力在阳光下运行，从而获得民众的理解和支持并在整个社会形成强大的凝聚力。另一方面，公民参与可以使公众获得更多的与政府有关的信息，从而能够对政府实施有效的监督。

3. 公民参与有利于构建责任政府。服务型政府是能够及时回应公民需

求的责任政府。按照洛克等社会契约论者的观点,社会或者共同体为了保卫自身及其每一成员的自然权利起见,建立了立法权,以之委托给政府,并给政府的立法权施加了限制。一旦人民发现立法行为与社会对它的委托相抵触,人民就仍然享有最高的权力来罢免或更换,从而取消委托。这也就是说政府的权力来自人民的委托,受人民监督,向人民负责。人民不仅有享受政府服务的权利,还有监督政府行为,要求其承担责任的能力。公民的积极参与,对政府行为的关注和监督,对于责任政府的建设具有重要的作用。

4. 公民参与有利于构建高效政府。服务型政府是高效政府,即高效率、高质量地为社会提供公共产品和公共服务。公民参与可以从两个方面提高政府办事的效率和质量。一是公民参与能够畅通信息渠道。一方面,公民参与可以实现公民意愿的充分表达,从而使政府能够及时并准确地了解公民的需求,并积极作出回应,从而提高政府服务的效能;另一方面,公民参与能够及时向政府反馈政策的执行情况,让政府随时了解政策存在的问题并及时作出调整,从而为公民提供更好的公共产品和服务。二是公民参与是调动和整合社会资源的有效手段,形成政府与社会的多元合作模式,从而利用社会充足的资源和专业技能为公众提供更充足、更高效的服务。

(二)公民参与的途径

1. 培养公民的参与意识。从行为主义研究的视角来看,任何行为都是由某种心理动机所驱使的。公民的参与行为也离不开心理因素的影响。驱使公民参与的动机是多种多样的。政治学研究将其简单归纳为如下六个方面:其一是"重视可以得到的报酬";其二是"认为选择是重要的";其三是"相信自己能够帮助改变结局";其四是"相信如果自己不行动,结局将会不满意";其五是"拥有关于当前问题的知识或技能";其六是"只要克服较少的障碍便可行动"。[①]因此,可以通过新闻舆论的引导作用,让公民了解到自己的权利,使公民具有一种认为自己能够影响本地政府活动的自尊、自信和自我实现的政治倾向,并通过教育使公民具有一定的参与技能,从而培养公民的参与意识,让公民更好地参与到服务型政府建设中来。

---

① [美]罗伯特·A.达尔:《现代政治分析》,吴勇译,上海译文出版社,1987年。

2. 完善公民参与的制度建设。服务型政府建设中的公民参与需要在制度上有所突破,构建好的制度作为公民参与的保障。首先,应完善社会主义市场经济制度。政治参与是市场经济规则在社会公共领域的运用。因此,发展和完善社会主义市场经济制度, 是发展和完善公民参与的基础途径。其次,要完善公民参与的政治制度。应设置和改进政治机构和设施,确定政治组织和机构的职能及其相互之间的权力关系, 开拓和完善公民有序参与政治生活的途径和制度。最后,应完善公民参与的法律制度。应根据社会和经济发展状态,不断制定和完善与公民参与有关的各项法律法规,使公民参与规则化和规范化,真正做到公民参与有法可依。

3. 扩展公民参与的形式。美国学者托马斯在其《公共决策中的公民参与:公共管理者的新技能与新策略》一书中提到了五种公民参与的形式:一是公众接触,即公共管理者选择一些关键的接触者进行政策咨询,并与其进行磋商,听取其建议。二是公开听证,即在涉及公共利益和公民利益的政策、规划和决策上,邀请有关方面的专家、民意代表或一般公民,进行公开的探讨和论证,以广泛听取社会公众和利益群体的意见。三是公民调查,即运用访问、问卷调查等形式,以获取和了解民众的意见和建议。公民调查是在新公民参与运动中引入的一项新的参与技术。四是咨询委员会,即各个利益相关群体或组织代表就特定问题向公共管理者提供咨询及建议。五是共同生产,即政府与民间共同合作产出公共服务的模式,是公民参与政策过程的一种具体的途径。①我国现阶段的公民参与形式主要是听证会,参与形式单一。因此,在服务型政府建设过程中,我们应借鉴国外的经验,并结合中国的具体国情,扩展公民参与的形式,使公民参与形式多样化。

4. 改变政府官员的理念。由于长期"官本位"思想的存在,部分官员形成这样的错误理念,即公民参与会减少自己的权力,一部分官员甚至认为公民不具备参与的能力。因此,在执政的过程中拒绝公民参与,并维持执政过程的神秘性。服务型政府是透明政府。只有让公民参与到服务型政府建设的过程中,才能建设好服务型政府。因此,在服务型政府的建设中,应除消官员的封闭行政、全能行政、管制行政的观念,树立主权在民、公民参与的理念。

---

① [美]约翰·克莱顿·托马斯:《公民决策中的公民参与:公共管理者的新技能与新策略》,孙柏英译,中国人民大学出版社,2005 年。

结　语

公共服务供给方式的选择受到经济与政治环境的影响。20世纪初期,世界上大多数国家都把政府垄断看成是提供公共服务的唯一方式。这种供给方式的选择主要受到市场失灵的影响,认为政府垄断供给可以解决市场失灵所带来的公共服务供给不足的问题。但这种供给方式难以满足人们日益增长的需求且导致政府财政赤字不断增加。因此,20世纪70年代,一些学者开始提出改革传统的政府垄断供给公共服务的方式,将私人部门引入到公共服务的供给中,通过竞争来提供公共服务供给的效率。这种供给方式虽然在一定程度上提高了公共服务供给的效率,但却导致了公共利益的流失。随着后工业社会的带来,社会复杂程度的不断增加,各国已经意识到公共服务的有效供给需要跨部门的相互合作,因此公共服务的合作供给成为各国提供给公共服务的第一选择。随着社会组织与市场的快速发展,中国也将公共服务的合作供给模式引入到公共服务的供给中。但是合作只是公共服务供给走向理性的开始,在走向合作的过程中有很多的因素会影响合作关系的发生和维系。我国的公共服务合作供给只是强调公共服务供给中的多方参与,但却无法给出多方参与的具体框架,试图整合政府、市场和社会组织等多种力量,却缺少明确的操作规程。

通过深入地研究中国的公共服务合作供给,笔者在借鉴已有研究的基础上,得出了以下结论:

一是尽管中国实施了公共服务的合作供给,但由于缺少合作的操作条件和环境条件不健全,合作难以真正形成。主要表现为:①不同供给主体间形成的是一种"中心-边缘"式的机械团结关系,以政府为中心接纳其他社会因素的参与。"中心–边缘"结构必然包含着控制与被控制的作用机制。进一步说,只要一个合作关系中存在着控制与被控制的社会机制,那么必然会存在着等级差别和不平等。因此,这种机械团结关系必然会使政府在合作供给中处于较高的地位,甚至剥夺了其他供给主体充分表达自己利益诉求的机会。②合作关系是基于算计的表象的协作,而不是真正的合作。不同主体间的合作关系是以物质的或成文的契约为中介的委托代理关系。在委托代理关系下,政府作为委托人与其他作为代理人的社会组织或企业保持一定的距离,形成了一种既相互合作又相互对抗的关系。③不同供给主体间的合作仅限于运作性资源的交换,而忽视了不同主体所拥有的治理性资源。治理性资源是指组织在与外界环境的互动过程中所获得的一种资源或能力,它不能完全地被交换只能部分地被交换。在合作的过程中,政府忽视了其他供给主体所拥有的治理性资源。政府通常只是把他们看成是自己决策的理性的执行者。

二是组织间网络理论与公共服务的合作供给具有内在的逻辑契合性,因此可以用组织间网络理论来指导公共服务的合作供给。公共服务的合作供给要想取得更大的绩效,就必须重视并着力构建不同供给主体间的良好关系。这与组织间网络所认为的组织间关系是决定组织绩效的关键因素不谋而合。公共服务的合作供给强调不同供给主体间的相互合作、资源互补,摆脱传统的高高在上的全能政府的观点。组织间网络作为组织互动的理论框架,强调多元主体间的平等互动,因此可以用来优化不同的供给主体间的关系。公共服务的合作供给需要不同供给主体间的信息共享和责任共担。组织间网络中的网络治理机制强调在网络成员的互动与相互调适中实现网络目标,因此可以用来指导不同的供给主体间的互动关系。

三是公共服务的组织间合作网络供给的构建和运行不同于传统的政府垄断供给,也不同于市场化的竞争供给。它的构建需要考虑网络成员间的关系,因为组织间合作网络供给的核心是通过嵌入在网络成员社会关系中的社会资本来促进合作,它的运行需要考虑网络成员间的水平互动,因为组织间合作网络供给中网络成员的地位是平等的。

四是公共服务的组织间合作网络供给的建构和运行需要一定政策支持。公共服务的组织间合作网络供给需要健全的法律规范来规定哪些公共服务可以通过组织间合作网络供给。并不是所有的公共服务都适合于合作供给。公共服务的组织间合作网络供给需要创新公共服务供给的主体。一方面,要对政府的职能进行重新地位;另一方面,还需要发展其他的供给主体。政府应该构建有利于私人部门参与公共服务供给的制度,包括市场准入制度、完善产权制度、制定税收优惠或财政补贴制度。政府还应通过改革社会组织的管理体制、加大对社会组织的扶持和提升社会组织的能力来积极发展社会组织。此外,公共服务的组织间合作网络供给还需要发展信息技术。信息作为公共服务提供过程中的基础资源是提高跨界合作成功率的要点。合作虽然能够集中群力,但却带来了公私边界模糊、责任认定困难的难题。因此,公共服务的组织间合作网络供给还应具备完善的责任分担和责任追究机制。

当然,本书在研究的过程中也存在一定的局限性。虽然笔者已尽了最大的努力,但由于受资料方面的限制,本书仍存在一些问题。主要表现为一手资料的缺乏。在研究的过程中,笔者由于收集资料的能力和途径有限,因此使用的大部分都是二手资料。正是由于资料的不足,制约了本书对一些问题的进一步研究,使得本书显得不够成熟。此外,本书更多地侧重于合作过程和合作的技术层面的描述,对于合作的深层价值和制度机制剖析得不够深刻。只是从学理层面的角度对组织间合作网络供给作了一定的分析,所建立的组织间合作网络供给的运作过程模型还不成熟,对于组织间合作网络供给的应然与实然的关系研究不深入,对组织间合作网络供给的内在机制及其保障和支持条件的勾画不完善,对组织间合作网络供给的事实论证不充分。这些研究的不足需要在以后的研究中进一步完善。而且在以后的研究中可以借鉴国外的经验,分析中国推行组织间合作网络供给具有哪些优势和条件,面对什么样的挑战,从而为完善中国的组织间合作网络供给的外部环境提供指导。

参考文献

一、中文著作

1.陈昌盛、蔡跃洲:《中国政府公共服务:体制变迁与地区综合评估》,中国社会科学出版社,2007 年。

2.方福前:《公共选择理论——政治的经济学》,中国人民大学出版社,2000 年。

3.郭毅、罗家德主编:《社会资本与管理学》,华东理工大学出版社,2007 年。

4.黄晓东:《社会资本与政府治理》,社会科学文献出版社,2011 年。

5.敬乂嘉:《合作治理——再造公共服务的逻辑》,天津人民出版社,2009 年。

6.句华:《公共服务中的市场机制:理论、方式与技术》,北京大学出版社,2006 年。

7.康晓光:《权力的转移——转型时期中国权力格局的变迁》,浙江人民出版社,1999 年。

8.李惠斌、杨雪冬:《社会资本与社会发展》,社会科学文献出版社,2000 年。

9.李良贤:《基于共生理论的中小企业竞合成长研究》,经济管理出版社,2011 年。

10.吕振宇:《公共物品供给与竞争嵌入》,经济科学出版社,2010 年。

11.马德普:《西方政治思想史》(第五卷),天津人民出版社,2005 年。

12.彭正银:《网络治理:理论与模式研究》,经济科学出版社,2003 年。

13.沈亚平:《公共行政研究》,天津人民出版社,2013 年。

14.孙晓莉:《中外公共服务体制比较》,国家行政学院出版社,2007年。

15.唐铁汉、袁曙宏主编:《公共服务创新》,国家行政学院出版社,2007年。

16.汪锦军:《走向合作治理:政府与非营利组织合作的条件、模式和路径》,浙江大学出版社,2012年。

17.汪玉凯:《公共管理与非政府公共组织》,中共中央党校出版社,2003年。

18.王浦劬:《政府向社会组织购买公共服务研究》,北京大学出版社,2010年。

19.许彬:《公共经济导论——以公共产品为中心的一种研究》,黑龙江人民出版社,2003年。

20.徐湘林主编:《民主、政治秩序与社会变革》,中信出版社,2003年。

21.俞可平等:《中国公民社会的兴起与治理的变迁》,社会科学文献出版社,2002年。

22.俞可平主编:《治理与善治》,社会科学文献出版社,2000年。

23.张国庆:《公共行政学》(第三版),北京大学出版社,2007年。

24.张康之:《行政伦理的观念与视野,中国人民大学出版社,2008年。

二、外文译著

1.[美]埃里克·弗鲁博顿、鲁道夫·芮切特:《新制度经济学》,姜建强、罗长远译,上海三联书店、上海人民出版社,2006年。

2.[法]埃米尔·涂尔干:《社会分工论》,渠东译,生活·读书·新知三联书店,2000年。

3.[美]安东尼·唐斯:《官僚制内幕》,郭小聪等译,中国人民大学出版社,2006年。

4.[美]奥利弗·E.威廉姆森:《市场与层级制》,蔡晓月、孟俭译,上海财经大学出版社,2011年。

5.[美]奥利弗·E.威廉姆森:《资本主义经济制度》,段毅才、王伟译,商务印书馆,2002年。

6.[美]B.盖伊·彼得斯:《政府未来的治理模式》,吴爱明等译,中国人民大学出版社,2001年。

7.[美]戴维·奥斯本、特德·盖布勒:《改革政府——企业家精神如何改革着公共部门》,周敦仁等译,上海译文出版社,2006年。

8.[美]E.S.萨瓦斯:《民营化与公私部门的伙伴关系》,周志忍译,中国人民大学出版社,2002年。

9.[美]弗朗西斯·福山:《信任:社会道德与繁荣的创造》,李婉容译,远方出版社,1998年。

10.[英]卡尔·波兰尼:《大转型:我们时代的政治与经济起源》,冯钢、刘阳译,浙江人民出版社,2007年。

11.[美]林南:《社会资本:关于社会结构与行动的理论》,张磊译,上海世纪出版集团、上海人民出版社,2005年。

12.[英]罗伯特·D.帕特南:《使民主运转起来》,王列、赖海榕译,江西人民出版社,2001年。

13.[美]罗伯特·阿格拉诺夫、迈克尔·麦奎尔:《协作性公共管理:地方政府新战略》,李玲玲、鄞益奋译,北京大学出版社,2007年。

14.[美]罗伯特·阿克塞尔罗德:《合作的进化》,吴坚忠译,上海世纪出版集团,2005年。

15.[美]罗德里克·M.克雷默、汤姆·R.泰勒:《组织中的信任》,管兵、刘穗琴等译,中国城市出版社,2003年。

16.[美]马克·格兰诺维特:《镶嵌:社会网与经济行动》,罗家德译,社会科学文献出版社,2007年。

17.[美]迈克尔·麦金尼斯:《多中心体制与地方公共经济》,毛寿龙译,上海三联书店,2000年。

18.[美]曼瑟尔·奥尔森:《集体行动的逻辑》,陈郁等译,上海三联书店、上海人民出版社,1995年。

19.[法]皮埃尔·布尔迪厄:《文化资本与社会炼金术——布尔迪尔访谈录》,包亚明译,上海人民出版社,1997年。

20.[法]皮埃尔·卡蓝默:《破碎的民主——试论治理的革命》,高凌瀚译,生活·读书·新知三联书店,2005年。

21.[波]齐格蒙特·鲍曼:《后现代伦理学》,张成岗译,江苏人民出版社,2003年。

22.[美]乔恩·埃尔斯特:《社会粘合剂:社会秩序的研究》,高鹏程译,中国人民大学出版社,2009年。

23.[美]金钟燮:《公共行政的社会建构:解释与批判》,孙柏瑛、张钢、黎洁等译,北京大学出版社,2008年。

24.[美]斯蒂芬·戈德史密斯、威廉·D.埃格斯:《网络化治理:公共部门的新形态》,北京大学出版社,2008年。

25.[法]托克维尔:《论美国的民主》(上卷),董果良译,商务印书馆,1995年。

26.[美]V.奥斯特罗姆、D.菲尼、H.皮希特:《制度分析与发展的反思——问题与抉择》,王诚等译,商务印书馆,1992年。

27.[美]威廉姆·A.尼斯坎南:《官僚制与公共经济学》,王浦劬等译,中国青年出版社,2004年。

28.[美]W.理查德·斯科特、杰拉尔德·F.戴维斯:《组织理论:理性、自然与开放系统的视角》,高俊山译,中国人民大学出版社,2011年。

29.[美]文森特·奥斯特罗姆:《美国公共行政的思想危机》,毛寿龙译,上海三联书店,1999年。

30.[美]亚当·斯密:《国民财富的性质和原因的研究》,郭大力、王亚楠译,商务印书馆,1972年。

31.[美]约翰·罗尔斯:《作为公平的正义——正义新论》,姚大志译,中国社会科学出版社,2011年。

32.[美]詹姆斯·罗西瑙:《没有政府统治的治理:世界政治中的秩序与变革》,张胜军等译,江西人民出版社,2001年。

33.[美]珍妮特·V.登哈特、罗伯特·B.登哈特:《新公共服务——服务,而不是掌舵》,丁煌译,中国人民大学出版社,2010年。

三、中文论文

1.柏良泽:《"公共服务"界说》,《中国行政管理》,2008年第2期。

2.柏良泽:《公共服务研究的逻辑和视角》,《中国人才》,2007年第5期。

3.鲍芳修:《政府应急管理中的跨域合作:基于组织间网络的分析框架》,《甘肃理论学刊》,2013年第4期。

4.曹杰、刘宁:《动态联盟形成的原因及发展趋势问题研究》,《南京财经大学学报》,2006 年第 1 期。

5.曹军辉、刘智勇:《网络治理:新农村建设中公共服务绩效提升的模式创新》,《理论与改革》,2011 年第 3 期。

6.杜万松:《公共产品、公共服务:关系与差异》,《中共中央党校学报》,2011 年第 6 期。

7.郭雪松、朱正威:《跨域危机整体性治理中的组织协调问题研究——基于组织间网络视角》,《公共管理学报》,2011 年第 4 期。

8.韩小威、尹栾玉:《基本公共服务概念辨析》,《江汉论坛》,2010 年第 9 期。

9.何苏华:《企业合作网络的成因及其运行机制》,《佛山科学技术学院学报》,2003 年第 3 期。

10.何艳玲:《"公共价值管理":一个新的公共行政学范式》,《政治学研究》,2009 年第 6 期。

11.黄家明、方卫东:《交易费用理论:从科斯到威廉姆森》,《合肥工业大学学报》(社会科学版),2003 年第 1 期。

12.敬义嘉:《从购买服务到合作治理——政社合作的形态与发展》,《中国行政管理》,2014 年第 7 期。

13.敬义嘉:《社会服务中的公共非营利合作关系研究——一个基于地方改革实践的分析》,《公共行政评论》,2011 年第 5 期。

14.孔娜娜:《社区公共服务碎片化的整体性治理》,《华中师范大学学报》(人文社会科学版),2014 年第 5 期。

15.李学:《不完全契约、交易费用与治理绩效》,《中国行政管理》,2009年第 1 期。

16.林闽钢:《社会学视野中的组织间网络及其治理结构》,《社会学研究》,2002 年第 2 期。

17.刘波、王彬、姚引良:《网络治理与地方政府社会管理创新》,《中国行政管理》,2013 年第 12 期。

18.刘少杰:《以行动与结构互动为基础的社会资本研究——评林南社会资本理论的方法原则和理论视野》,《国外社会科学》,2004 年第 2 期。

19.刘旭涛:《行政改革新理念:公共服务市场化》,《中国改革》,1999 年第 3 期。

20.刘智勇:《柔性组织网络建构:基于政府、企业、NPO、市民之间参与与合作的公共服务供给机制创新研究》,《公共管理研究》,2008 年第 6 期。

21.罗珉、何长见:《组织间关系:界面规则与治理机制》,《中国工业经济》,2006 年第 5 期。

22.马庆钰:《关于"公共服务"的解读》,《中国行政管理》,2005 年第 2 期。

23.沈亚平:《现代政府制度:行政发展研究的新视角》,《中国行政管理》,2008 年第 5 期。

24.沈亚平:《政府政务外包及其实现路径研究》,《中国行政管理》,2012 年第 1 期。

25.沈毅:《从封闭组织到社会网络:组织信任研究的不同视角》,《浙江社会科学》,2008 年第 6 期。

26.石国亮:《公共服务合作供给的生成逻辑与辩证分析》,《江海学刊》,2011 年第 4 期。

27.谭英俊:《区域经济发展中地方政府间关系调整与优化———一种组织间网络的分析框架》,《行政论坛》,2013 年第 1 期。

28.田永贤:《公共服务供给的组织间合作网络》,《东南学术》,2008 年第 1 期。

29.汪锦军:《构建公共服务的协同机制:一个界定性框架》,《中国行政管理》,2012 年第 1 期。

30.吴光芸、李建华:《区域合作的社会资本因素分析》,《贵州社会科学》,2009 年第 1 期。

31.夏志强、付司南:《公共服务多元主体合作供给模式》,《上海行政学院学报》,2013 年第 4 期。

32.闫章荟:《公共服务供给主体间合作机理研究》,《理论月刊》,2014 年第 5 期。

33.姚引良:《地方政府网络治理多主体合作效果影响因素研究》,《中国软科学》,2010 年第 1 期。

34.鄞益奋:《网络治理:公共管理的新框架》,《公共管理学报》,2007 年第 1 期。

35.张宝贵:《企业间网络组织的治理机制》,《经济论坛》,2005年第24期。

36.张紧跟:《组织间网络理论:公共行政学的新视野》,《武汉大学学报》(社会科学版),2003年第4期。

37.张维安:《社会镶嵌与本土化研究——以关系网络与经济活动研究为例》,《教育与社会研究》,2001年第2期。

38.赵曼丽:《从协同到共生:农村公共服务供给的理论构建与超越》,《江海学刊》,2013年第3期。

39.诸大建、李中政:《网络治理视角下的公共服务整合初探》,《中国行政管理》,2007年第8期。

四、外文著作

1.Aldridge,R. Stoker,G., *Advancing a Public Service Ethos*, New Local Government Network, 2002.

2.Harmon, Michael M. and Richard T. Mayer, *Organization Theory for Public Administration*, Scott Foresman, 1986.

3.Knoke, D., *Political Networks: the Dtructural Perspective*, Cambridge University Press. 1990.

4.Moore, M.H., *Creating Public Value: Strategic Management in Government*, Harvard University Press, 1995.

5.North, D.C., *Institutions, Institutional Change and Economic Performance*, Cambridge University Press, 1990.

6.Perri 6, Diana Leat, Kimberly Seltzer, Gerry Stoker, *Towards Holistic Governance: the New Reform Agenda*, Palgrave Press, 2002.

7.Pfeffe, J. and Gerald R. Salancik, *The External Control of Organizations: a Resource Dependence Perspective*, Stanford University Press, 2003.

8.Phillip J. Cooper, *Governing by Contract: Challenges and Opportunities for Public Managers*, CQ Press, 2003.

9.Randall B.Riley, Grace A. Franklin, *Policy Implementation and Bureaucracy*, Dorsey Press, 1986.

10.Ruth H.De Hoog, *Contracting Out for Human Services: Economic, Political, and Organizational*, State University of New York, 1984.

11.Turner Susan, *Public-private Partnership in Social Welfare Policy: A case Analysis of the Delaware Grants-in-Aid Program*, University of Delawar, 1990.

12.Von Hippel, *The Sources ofInnovation*, Oxford University Press, 1988.

13.Wasserman, S., Faust, K., *Social Network Analysis: Methods and Applications*, Cambridge University Press, 1999.

14.Ziarko Janice A., *Mixed Contracting of Service Delivery in Federal Agencies and Bureaus: A study in Inter-organizational Network Structure and Program Effectivess*, The American University, 2006.

五、外文论文

1.Alvin W. Gouldner, The Norm of Reciprocity: a Preliminary Statement, *American Sociological Review*, 1960, 25(2): 161-178.

2.Ann Marie Thomson, James L. Perry, Collaboration Processes: inside the Black Box, *Public Administration Review*, 2006(december), Special issue.

3.Bob Jessop, The Rise of Governance and the Risk of Failure: the Case of Economic Development, *International Social Science Journal*, 1998, 155(50).

4.Brain Uzzi, Social Structure and Competition in Interfirm Networks: the Paradox of Embeddedness, *Administrative Science Quarterly*, 1997, 42(1)

5.Brinkerhoff Derick W., Exploring State-Civil Society Collaboration: Policy Partnership in Developing Countries, *Nonprofit and Voluntary Sector Quarterly*, 1999, 28(4).

6.Brinkerhoff Jennifer M., Government-nonprofit Partnership: A Defining Framework, *Public Administration*, 2002(22).

7.Candace Jones, William S. Hesterly, Stephen P. Borgatti, A General Theory of Network Governance: Exchange Conditions and Social Mechanisms, *The Academy of Management Review*, 1997, 22(4).

8.Christopher J.Koliba,Russell M.Mills,Asim Zia,Accountability in Governance Networks:an Assessment of Public,Private,and Nonprofit Emergency Management Practices Following Hurricane Katrina,*Public Administration Review*,2011,20(4).

9.Coplin,William D.,Astrid E. Merget,Carolyn Bourdeaux,The Professional Researcher as Change Agent in the Government-Performance Movement,*Public Administration Review*,2002,62(6).

10.D.Cristofoli,J.Markovic,M.Meneguzzo,Governance,Management   and Performance in Public Networks:How to be Successful in Shared-governance Networks,*Journal of Management & Governance*,2014,18(1).

11.D'Aunno,T. and H.Zuckerman. A Life-Cycle Model of Organizational Federations:the Case of Hospitals',*Academy of Management Review*,1987,12 (3).

12.Dennis R.Yong,Alternative Models of Government -Nonprofit Sector Relations:Theoretical and International Perspectives,*Nonprofit and Voluntary Sector Quarterly*,2000,29(1).

13.Edelenbos,J.,E.H.Klijn,Managing Stakeholder Involvement in Decision-making:a Comparative Analysis of Six Interactive Processes in the Netherland,*Journal of Public Administration Research and Theory*,2006,16(3).

14.Erik-Hans Klijn,Bram Steijn,Jurian Edelenbos. The Impact of Network Management on Outcomes in Governance Network,*Public Administration*,2010,88 (4).

15.Erik -hans Klijn,Joop F.M.Koppenjan,Public Management and Policy Networks,*Public Management*,2000,2(2):135-158.

16.Eva Sorensen,Jacob Torfing,Making Governance Networks Effective and Democratic through Metagovernance,*Public Administration*,2009,87(2).

17.Flynn,R.,Pickard,S. and Williams,G.,Contracts in the Quasi-Market in Community Health Services,*Journal of Social Policy*,1995,24(4).

18.Garry Robins,Lorraine Bates and Philippa Pattison,Network Governance and Environmental Management:Conflict and Cooperation,*Pubic Administration*,

2011,89(4).

19.Gronroos C,Value Driven Relational Marketing:from Products to Resources and Competences,*Journal of Marketing Management*,1997,13(5).

20.Gulati R.,Does Familiarity Breed Trust? The Implications of Repeated ties for Contractual Choice in Alliances,*The Academy of Management Journal*,1995,38(1).

21.Hasnain-Wynia,R.,Sofaer,S.,Bazoli,G.,Alexandar,J.,et al.,Perceptions of Community Care Network Partnership's Effectiveness,*Medical Care Research and Review*,2003,60(4).

22.Homans George C.,Human Behavior as Exchange,*American Journal of Sociology*,1958,63(6).

23.Janine O'Flynn,From New Public Management to Public Value: Paradigmatic Change and Managerial Implications,*The Australian Journal of Public Administration*,2007,66(3).

24.Jeffrey H.Dyer,Harbir Singh,The Relational View:Cooperative Strategy and Sources of Interorganizational Competitive Advantage,*Academy of Management Review*,1998,23(4).

25.Jennifer M. Coston,A Model and Typology of Government—NGO Relationships,*Nonprofit and Voluntary Sector Quarterly*,1998,27(3).

26.Jennings E.T. and Ewalt J.A.,Interorganizational Coordination,Administrative Consolidation,and Policy Performance,*Public Administration Review*,1998,58(5).

27.Joop Koopenjan,Creating a Playing Field for Assessing the Effectiveness of Network Collaboration by Performance Measures,*Public Management Review*,2008,11(6).

28.Keith G. Provan and H. Briton Milward,A Preliminary Theory of Interorganizational Network Effectiveness:a Comparative Study of Four Community Mental Health Systems,*Administrative Science Quarterly*,1995,40(1).

29.Keith G. Provan and Juliann G. Sebastian,Networks within Networks: Service Link Overlap,Organizational Cliques,and Network Effectiveness,*A-*

cademy of Management Journal,1998,41(4):453–463.

30.Kelly G.,G.Mulgan and S.Muers.Creating Public Value:an Analytical Framework for Public Service Reform. Discussion,*Paper Prepared by the Cabinet Office Strategy Unit*,United Kingdom,2002.

31.Klijn,E.H.,Koppenjan,J.F.M.,Public Management and Policy Networks:Foundations of a Network Approach to Governance,*Public Management*, 2000,2(2).

32.Koopmans T.C.,On the Concept of Optimal Economic Growth,*Pontificde Academiae Scientarum Scripta Varia*,1965,28(1).

33.Kraatz M.S.,Learning by Association? Interorganizational Networks and Adaptation to Environmental Change,*Academy of Management Journal*,1998, 41(6).

34.Larry D.Terry,Why We should Abandon the Misconceived Quest to Reconcile Public Entrepreneurship with Democracy,*Public Administration Review*,1993,53(4).

35.Larson Andrea,Network Dyads in Entrepreneurial Setting:a Study of the Governance of Exchange Processes,*Administrative Science Quarterly*,1992,37 (1).

36.Larson Rikard,The Handshake between Invisible and Visible Hands: toward a Tripolar Institutional Framework,*International Studies of Management &Organization*,1993,23(1).

37.Laurence J. O'Toole,Treating Networks Seriously:Practical and Rresearch–Based Agendas in Public Administration,*Public Administration Review*, 1997,57(1).

38.Mandell M.P.,Steelman T,Understanding What Can Be Accomplished Through Interorganizational Institutional Innovations:the Importance of Typologies,Context and Management Strategies,*Public Management Review*,2003,5 (2).

39.Mark Granovetter,Economic Action and Social Structure:the Problem of Embeddedness,*American Journal of Sociology*,1985,91(3).

40.Myrna Mandell,Robyn Keast,Network Arrangements:towards Revised Performance Measures,*Public Performance and Management Review*,2007,30(4).

41.Myrna P. Mandell,Robyn Keast,Evaluating the Effectiveness of Interorganizational Relations through Networks,*Public Management Review*,2008, 11(6).

42.Nahapiet J,Ghoshal S.,Social Capital,Intellectual Capital and the Organizational Advantage,*Academy of Management Review*,1998,23(2).

43.Najam A. The Four-C's of Third Sector-Government Relations:Cooperation,Confrontation,Complementarity and Co-optation,*Nonprofit Management and Leadership*,2000,10(4).

44.Paul A.Samuelson,The Pure Theory of Public Expenditure,*The Review of Economics and Statistics*,1954,36(4).

45.Provan K.G.,Milward B.H.,A Preliminary Theory of Interorganizational Network Effectiveness:a Comparative Study of Four Community Mental Health Systems,*Administrative Science Quarterly*,1995,40(1).

46.Provan K.G.,Milward B.H.,Do Networks Really Work? A Framework for Evaluating Public -Sector Organizational Networks,*Public Administration Review*,2001,61(4).

47.Provan K.G.,Huang K,Milward HB.,The Evolution of Structural Embeddedness and Organizational Social Outcomes in a Centrally Governed Health and Human Services Network,*Journal of Public Administration Research and Theory*,2009,19(4).

48.Provan,K.G. and P. Kenis,Modes of Network Governance:Structure, Management,and Effectiveness,*Journal of Public Administration Research and Theory*,2008,18(2).

49.Provan,K.G.,Sebastian,J.G,Networks within Networks:Service Link Overlap,Organizational Cliques,and Network Effectiveness,*Academy of Management Journal*,1998,41(4).

50.Quinn R. K.Cameron,Organizational Life Cycles and Shifting Criteria of Effectiveness:Some Preliminary Evidence,*Management Science*,1983,29(1).

51.Ranjay Gulati,Social Structure and Alliance Formation Patterns:a Longitudinal Analysis,*Administrative Science Quarterly*,1995,40(4).

52.Richardson G.B.,The Organization of Industry,*The Economic Journal*,1972,327(82).

53.Ring Peter Smith,Andrew H. Van de Ven,Development Processes of Cooperative Interorganizational Relationships,*Academy of Management Review*,1994,19(1).

54.Robert B. Denhardt,Janet Vinzant Denhardt,The New Public Service,Serving rather than Steering,*Public Administration Review*,2000,60(6).

55.Robertson T.S.,Gatignon H.,Technology Development Mode:a Transaction Cost Conceptualization,*Strategic Management Journal*,1998,19(6).

56.Saxenian A.,Regional Networks and the Resurgence of Silicon Valley,*California Management Review*,1985,33(1).

57.Schneider M.,J.Scholz,M.Lubell et al.,Building Consensual Institutions:Networks and the National Estuary Program,*American Journal of Political Science*,2003,47(1).

58.Stoker G.,Public Value Management:a New Narrative for Networked Governance,*American Review of Public Administration*,2006 36(1).

59.Tanja A. Borzel,Organizing Babylon—on the Different Conceptions of Policy Network,*Public Administration*,1998,76(2).

60.Van Raaij D.,Norms Network Members Use:an Alternative Perspective for Indicating Network Success or Failure,*International Public Management Journal*,2006,9(3).

61.Venkatraman N.,Lee,CH.,Preferential Linkage and Network Evolution:a Conceptual Model and Empirical Test in the US Video Game Sector,*Academy of Management Journal*,2004,47(6).

62.Walter W. Powell,Neither Market nor Hierarchy:Network Forms of Organization,*Research in Organizational Behavior*,1990(12).

63.Yuchtman E.,S.Seashore,A System Resource Approach to Organizational Effectiveness,*American Sociological Review*,1967,32(6).